BELEGEXEMPLAR
Nr. 208
Druckauflage 1.890
Anlieferungsdatum 16.11.05
Preis 49.90 €
Nachdruck?
Hersteller/in Barche

Walter Masing · 1915 – 2004

Herbert Schnauber (Hrsg.)

Kreativ und konsequent

Walter Masing, ein Leben für die Qualität

HANSER

Bibliografische Information der Deutschen Bibliothek

Die Deutsche Bibliothek verzeichnet diese Publikation in der Deutschen Nationalbibliografie; detaillierte bibliografische Daten sind im Internet über <http://dnb.ddb.de> abrufbar.

Dieses Werk ist urheberrechtlich geschützt.
Alle Rechte, auch die der Übersetzung, des Nachdrucks und der Vervielfältigung des Buches, oder Teilen daraus, vorbehalten. Kein Teil des Werkes darf ohne schriftliche Genehmigung des Verlages in irgendeiner Form (Fotokopie, Mikrofilm oder ein anderes Verfahren), auch nicht für Zwecke der Unterrichtsgestaltung, reproduziert oder unter Verwendung elektronischer Systeme verarbeitet, vervielfältigt oder verbreitet werden.

© 2006 Carl Hanser Verlag München Wien
Internet: http://www.hanser.de
Lektorat: Lisa Hoffmann-Bäuml
Herstellung: Ursula Barche
Umschlaggestaltung: büro plan.it, München
Druck und Bindung: Kösel, Krugzell
Printed in Germany

ISBN 3-446-40587-9

In Dankbarkeit und zum Gedenken an Walter Masing

Am 22. Juni 2005 wäre Walter Masing 90 Jahre alt geworden. Leider war es ihm nicht vergönnt, die ihm seitens der Deutschen Gesellschaft für Qualität e. V. (DGQ) zu widmende Ehrung für ein langes, nie ermüdendes und sehr erfolgreiches Wirken zu Gunsten von Qualität und Qualitätsmanagement persönlich zu erleben.

Nicht nur in Deutschland, sondern weltweit hat sein Wirken hohe Anerkennung gefunden. Viele nationale und internationale Ehrungen wurden einem Manne zuteil, dem wahrhaft große Verdienste um das Thema Qualität zuzuschreiben sind. Wer kennt nicht den „Masing", der allen, die sich mit der Umsetzung des Qualitätsgedankens in Deutschland beschäftigen, zum Standardwerk geworden ist. Er war es, der die erste Professur für Qualitätslehre bereits 1965 in Berlin übernahm und später dann auch zusätzlich in Stuttgart vielen Studenten Qualität und Qualitätsmanagement nahe brachte. In einer kaum noch zu überblickenden Anzahl von Vorträgen hat Walter Masing vielen Organisationen, speziell Unternehmen, seine theoretischen und praktischen Erfahrungen übermittelt und damit wesentliche Beiträge zur kontinuierlichen Verbesserung der Qualität in Deutschland und darüber hinaus geleistet.

Seinen Namen darf man getrost in gleichem Atemzug mit den bedeutendsten Persönlichkeiten des internationalen Qualitätsgeschehens nennen, so z. B. mit Deming, Juran, Feigenbaum, Shewhart, Ishikawa, Kondo und Seghezzi. Seine weltweite Anerkennung ist gerade auch für die Deutsche Gesellschaft für Qualität eine große Auszeichnung und Verpflichtung zugleich, dem Thema Qualität im Sinne von Walter Masing auch weiterhin zu dienen und den Stellenwert zu verschaffen, der gerade für den Standort Deutschland von unschätzbarem Wert ist.

Für die Deutsche Gesellschaft für Qualität war es deshalb ein besonderes Anliegen, ihrem langjährigen Präsidenten und Ehren-Präsidenten, Herrn Professor Dr. rer. nat. Dr. oec. h. c. Dr.-Ing. E. h. Walter Masing, mit einigen nationalen und internationalen Beiträgen aus Wissenschaft und Praxis zu gedenken. Damit möchten wir seinem weltweiten Ansehen Dank zuteil werden und sein überaus erfolgreiches kreatives und konsequentes Wirken auch über seinen Tod hinaus weiterleben lassen.

Walter Masing hat sich um die Deutsche Gesellschaft für Qualität, die European Organization for Quality (EOQ) und die International Academy for Quality (IAQ) in höchstem Maße verdient gemacht.

Professor em. Dr.-Ing. habil. Herbert Schnauber

Dr. Walter Masing and the International Academy for Quality (IAQ)

Dr. Masing and I met for the first time on September, 1969. It was in Prague, Czechoslovakia at the EOQ Conference. Both of us were the keynote speakers. We again met in Tokyo in the same month of the year at the First International Conference of Quality Control. It was the big advancing period of modern quality control worldwide.

The six members of Armand V. Feigenbaum and E. Jack Lancaster (ASQC), Kaoru Ishikawa and Masao Kogure (JUSE) and Frank Nixon and George Borel (EOQ) gathered in order to establish the International Academy for Quality. Piling up their own experience and the result of discussion, IAQ was established.

The mission statement of the IAQ is to fully utilize the Leadership of the Academicians, individually and in term, to advance, worldwide, the knowledge, understanding and communication of the philosophy, theory and practice of all activities involved in achieving quality for the benefit of people.

Dr. Masing served the Chairman of the Board of Directors and the President of the Executive Committee of the IAQ for many years and contributed to the development of IAQ in the activities of research and development projects, publications, the international cooperation activities and so on. I am very pleased to tell that I have served and worked with him for many years as the Secretary General to the IAQ.

Dr. Masing was the very clear thinker, and his judgements and decisions were always correct. When I was nominated to the IAQ President in 1993, I proposed the move of the IAQ Administrative Office from Frankfurt, Germany to Milwaukee, USA. He immediately understood the meaning and importance of this proposal and agreed with, sympathized and assisted the proposal. Although it took several years before this move was finalized, I believe that it is his clever judgement and positive agreement as well as the assistance that made this mover successful.

We have lost the man of outstanding leadership and intimate friend of mine from the international field of quality. I am sure that his name will remain forever with the concept of quality.

Professor em. Yoshio Kondo

Ein Leben für die Qualität

1915 im russischen St. Petersburg geboren, studierte Masing Experimentelle Physik an den Universitäten Dorpat (heute Tartu in Estland), Rostock und Leipzig. Dort promovierte er 1940 bei Prof. Dr. Werner Heisenberg und begann seine berufliche Laufbahn als Forschungs- und Entwicklungsleiter am Laboratorium für Elektrophysik in Berlin. In diese Zeit fiel auch die Begegnung mit Wernher von Braun, unter dessen Leitung Masing im Bereich der elektronischen Steuer- und Regeltechnik an der Entwicklung der Raumfahrt von erster Stunde an beteiligt war. Weitere Berufsjahre verbrachte er als Leiter der Studiengesellschaft für angewandte Physik.

Dieses Wissen nutzte er, um sich aktiv an den Aufbaujahren nach dem Zweiten Weltkrieg zu beteiligen. 1949 gründete er als Mitinhaber und Technischer Leiter die Dr. Masing & Co. GmbH in Erbach im Odenwald. Schnell wurde die Masing-Steuerung zu einem Synonym für Qualität und made in Germany. Das mag nicht zuletzt daran gelegen haben, dass er u. a. 1953 W. Edwards Deming und 1955 Paul C. Clifford persönlich kennen lernte und es verstand, deren Ansätze zu Statistik und Qualität in seine Unternehmensphilosophie zu integrieren. So konnte er sein Unternehmen, in dem er vor allem Vorbild für seine mittlerweile 500 Mitarbeiter war, 1969 als Weltmarktführer an die Robert Bosch Industrieausrüstung GmbH verkaufen. Seine Anteile an der Masing-Kirkhof GmbH in Dietzenbach bei Frankfurt, einer Schweißmaschinenfabrik, verkaufte er 1983 an die schwedische ESAB-Gruppe.

Den dadurch entstandenen Freiraum setzte er ein, um sich noch stärker der Verbreitung des Qualitätsgedankens zu widmen. Denn ebenso wie für seine Unternehmen hat er die Bedeutung der Qualität für den Wirtschaftsstandort Europa frühzeitig erkannt und ihr breitenwirksames Umsetzen vorangetrieben.

Masing war von 1957 bis 1963 stellvertretender Vorsitzender der 1952 gegründeten DGQ und anschließend 20 Jahre deren Vorsitzender. 1956 konstituierte sich die European Organization for Quality (EOQ) in Bern, deren Gründungspräsident er war. Bis 1976 war er ständiges Mitglied des Präsidiums und ist erstes europäisches Ehrenmitglied dieser Organisation, denn 1996 ehrte ihn die EOQ mit der erstmaligen Verleihung der Goldmedaille Georges Borel Medal in Anerkennung seiner „invaluable contributions" für das Qualitätsmanagement in Europa.

Die International Academy for Quality (IAQ), eine international tätige Organisation mit der Zielsetzung, den Qualitätsgedanken weltweit weiterzuentwickeln und zu fördern, zeichnete ihr Gründungsmitglied Masing mit der Berufung zum „Fellow" aus.

Auch war er dort von 1978 bis 1981 Präsident und von 1981 bis 1984 Chairman of the Board. Masing erhielt zahlreiche Würdigungen wie die Edwards Medal (1975) und den Lancaster Award (1985), mit denen er als erster Europäer von der American Society for Quality (ASQ) ausgezeichnet wurde.

Deutschland hat ihn für seine zahlreichen Verdienste und herausragenden Leistungen u. a. mit dem Bundesverdienstkreuz am Bande und Erster Klasse und dem nach ihm benannten Walter-Masing-Preis (1988) geehrt, mit dem die Deutsche Gesellschaft für Qualität seit 1988 Nachwuchskräfte auszeichnet. Zu diesem Zweck hatte Masing 1990 gemeinsam mit anderen die Forschungsgemeinschaft Qualität (FQS) gegründet.

Besonders am Herzen gelegen hat Walter Masing immer der Nachwuchs. So lehrte er ab 1965 an der TU Berlin Qualitätslehre, nahm ab 1974 Lehrverpflichtungen an der Universität Stuttgart an, war an beiden Universitäten Honorarprofessor, las seit 1975 an der European Business School in Schloss Reichartshausen im Rheingau und war Dozent am Europäischen Institut für Unternehmensführung in Frankfurt. 1982 wirkte er am ersten Seminar Qualitätsmanagement der Hochschule St. Gallen mit und seitdem auch in den Doktorandenseminaren des Fachprogramms Technologiemanagement.

Richtungsweisend in der Qualitätslehre ist der „Masing", sein in vierter Auflage beim Carl Hanser Verlag erschienenes *Handbuch des Qualitätsmanagements*. Als ehemaliger Herausgeber der führenden deutschen Zeitschrift für Qualitätsmanagement *QZ – Qualität und Zuverlässigkeit* von 1970 bis 1997 und gefragter Referent sammelte er neue Anstöße zum Qualitätsmanagement und gab Impulse an Industrie und Forschung weiter. Kein Wunder, dass ihn das *manager magazin* als den Nestor der Qualität in Deutschland bezeichnete.

Er hat Qualität nie als Selbstzweck empfunden, sondern rückte immer ihre betriebswirtschaftliche Bedeutung in den Vordergrund. Seine eigenen unternehmerischen Erfolge gaben ihm Recht für den Brückenschlag zwischen Qualität und Betriebswirtschaft. Nicht zuletzt für diesen Brückenschlag hat ihm die Hochschule in St. Gallen den akademischen Grad eines Doktors der Wirtschaftswissenschaften Ehren halber verliehen. In der Begründung würdigt sie u. a. seine Pionierrolle bei der Entwicklung des Qualitätsmanagements von der technisch ausgerichteten Qualitätskontrolle zur unternehmerischen Führungsaufgabe.

Mit ihrem Ehrenvorsitzenden hat die DGQ nicht nur einen allseits anerkannten und geschätzten Wissenschaftler, Unternehmer und Mentor verloren, der der DGQ in den stürmischen Zeiten der frühen 70er Jahre nicht nur mit Rat und Tat, sondern auch mit finanzieller Unterstützung zur Seite stand. Sie verliert mit ihm gleichermaßen einen in der Schule Sokrates' stehenden Humanisten, der als charismatischer Rhetoriker seine Zuhörer faszinieren konnte. Vor allem aber verliert die DGQ mit ihm den Freund und Menschen, dessen Lebensweg immer von ungebrochener Schaffenskraft und polyglotter Lebensfreude gekennzeichnet war.

Prof. Dr. Walter Masing, seit 1983 Ehrenvorsitzender der Deutschen Gesellschaft für Qualität ist in der Nacht zum 30. März 2004 in seiner Heimatstadt Erbach im Odenwald gestorben. Masing war eine der großen Persönlichkeiten im nationalen und internationalen Qualitätsmanagement.

Dr. Jürgen Varwig, Präsident der DGQ

Inhalt

1 Armand V. Feigenbaum
The Importance of Consistent Management Innovation 1
About Professor Walter Masing 1
The Importance of Consistent Management Innovation 2

2 Gerd F. Kamiske
Globalisierung für Qualitätsmanager 7
Walter Masing – Mensch, Unternehmer und Lehrer 7
Konkurrent oder Partner? 8
Global Player mit Heimstärke 8
Qualitätsmanagement als Kernkompetenz 9
TQM bleibt unverzichtbar 10

3 Gregory H. Watson
Challenges for Quality Professionals in the 21st Century 11
Introduction 11
Business Competitiveness 12
Learning Process 12
Evolution of Knowledge 13
Strategic Imperative 14
Perspectives 14
Observations 15
Current State of Quality 17
Leveraging Learning for the Future 17
Future Trends in Quality 18
Concluding Comments 22

4 Tito Conti
Integration of quality concepts into systems thinking 23
Opportunity to Take a Further Look at the Basic Concepts of
Quality and Value 23
The Original Concept of Quality and its Connection with Value 25
Quality and Value in Economic Relations 27
The Concept of „Quality + Value" is Associated with Relations and
Can Be Extended to Meta-/Non-Economic Social Relations 32

Quality Management: This Concept too Can Be Extended
to Structured Social Relations 34
Quality Management and Systems Thinking 35
Looking at TQM Models in the Systems Perspective 38
Conclusions 39
References 41

5 *Herbert Schnauber*
Ganzheitliches Qualitätsmanagement für Deutschlands Zukunft 43
Einleitung 43
Qualität des Managements 45
Erfolge durch umfassende Qualität 47
Mit Konsequenz zum Erfolg! 54
Schlussworte 56

6 *Su Mi Dahlgaard-Park, Jens J. Dahlgaard*
In Search of Excellence – Past, Present and Future 57
Introduction 57
Tom Peters' Search for an Excellence Model 59
Lists of Best Practices 60
The Xerox Business Excellence Model 62
The European Excellence Model – Problems and Challenges 67
The „4P Model" for Building Organizational Excellence 70
Epistemology and Ontology behind the „4P Model" 72
The „4P Model" of the Toyota Production System 76
Conclusions – Past, Present and Future of TQM and Excellence Models 78
References 81

7 *Klaus J. Zink*
**Ganzheitliche Konzepte als Voraussetzung für nachhaltige
Veränderungen** 85
7.1 Relevanz des Themas 85
7.2 Anforderungen an ganzheitliche Veränderungsprozesse 85
7.3 Bausteine einer ganzheitlichen Unternehmensführung 87
7.4 Erste Überlegungen bezüglich einer schrittweisen Umsetzung 103
7.5 Zusammenfassung 104
    Literatur 104

8 *Tilo Pfeifer*
Qualitätsgerechte Gestaltung strategischer Veränderungsprozesse .107
8.1 Einleitung und Problemstellung 107

8.2	Begriffsdefinition	110
8.3	Bausteine des Modells	113
8.4	Zusammenfassung und Ausblick	132
	Literatur	133

9 Bernhard von Mutius
Kopf oder Zahl – Deutschlands Zukunft als Land der Ideen ... 135

Erster Gang: Wert und Vermögen in der Wissensgesellschaft ... 136
Zweiter Gang: Grenzüberschreitung und Vernetzungen oder: Wie können wir unser Vermögen kreativ vermehren? ... 138
Dritter und letzter Gang: Konsequenzen ... 140

10 Willi Fuchs
Kreativität und Innovation ... 143

Kreativität ... 143
Innovation ... 143
Innovationen brauchen einen Markt ... 145
Der Innovationsprozess ... 145
Innovationsfaktor: Politik und Gesellschaft ... 146
Innovationsfaktor: Arbeitswelt ... 148
Schlussbemerkung ... 151
Literatur ... 151

11 Hans Dieter Seghezzi
Innovation als erstrangiger Erfolgsfaktor exzellenter Organisationen ... 153

Bedeutung von Innovationen für Business Excellence ... 154
Erfolgsfaktoren für die Innovation ... 156
Zusammenfassung ... 159

12 Hans-Jörg Bullinger, Kristina Wagner, Peter Ohlhausen
Innovationsexzellenz – Qualität in Innovationsprozessen ... 161

Innovation zur Sicherung der Wettbewerbsfähigkeit ... 161
Herausforderungen der Unternehmen ... 164
Innovationsexzellenz zur Steigerung der Qualität im Innovationsmanagement ... 165
Nutzen der Analyse und Bewertung der Innovationsfähigkeit ... 171
Fazit ... 171

13 *Kevin B. Hendricks, Vinod R. Singhal*
Supply Chain Glitches and Shareholder Value 173
   Introduction 173
   Why Focus on Supply Chain Glitches? 174
   Methodology and Approach 175
   The Shareholder Value Loss Due to Glitches... 175
   Relationship between Firm Characteristics and Shareholder Value Loss 177
   Responsibility and Reasons for Glitches and Shareholder Value Loss........... 181
   The Long Term Effects of Glitches 183
   Drivers of Supply Chain Glitches 184
   What Can Firms Do to Mitigate the Chances of Glitches? 186
   Conclusions 189

14 *Regina von Diemer*
Nachhaltige Personalentwicklung... 191
   Dynamik und Komplexität.. 191
   Gebundene Energien in zwischenmenschlichen Beziehungen 193
   Das Ganze im Visier 195
   Wahrnehmung und Lernen im Wandel... 198
   Gestaltung des Lernens in der Erwachsenenbildung.................................... 199

15 *Robert Schmitt, Horacio Borghese*
Qualitätsorientierte Gestaltung der innerbetrieblichen Kommunikation... 203
15.1 Kommunikation: Schlüsselfaktor für Qualität... 203
15.2 Gestörte Kommunikation im Unternehmen 205
15.3 Konzept für eine praxistaugliche Kommunikationsverbesserung 206
15.4 Modellierung der internen Kommunikation.. 207
15.5 Werkzeuge zur Gestaltung und Verbesserung der internen Kommunikation 212
15.6 Zusammenfassung... 225
   Literatur 227

16 *Walter Masing*
Umfassende Unternehmensqualität im 21. Jahrhundert...................... 229
   Qualität im Kunden-Lieferanten-Verhältnis 230
   Qualität im Unternehmen selbst 231
   Lösungsansätze 232
   Menschenbedingte Grenzen.. 233

Autoren... 229

1 The Importance of Consistent Management Innovation

Armand V. Feigenbaum

About Professor Walter Masing

Professor Walter Masing was, for several decades, my great friend and my highly respected professional colleague. Through our work together, I soon recognized Dr. Masing as a great leader in the truest sense. His personal strength of character, of goodwill, of great intellect, and of clarity of expression – all built upon his wide experience with emphasis upon practical results – were immediately apparent to all who knew and who welcomed working with him.

For more than 50 years, Dr. Masing played a major leadership role in the development and application of key principles and activities that become the continuingly successful foundations throughout organizations worldwide for many of today's most effective activities in management, in quality control, and in technology itself.

A principal example that I recognized through our activity together was how Professor Masing's long experience in creating and in encouraging constant growth and improvement caused him to emphasize – and helped clarify for both his colleagues and his students – the overarching importance of the constancy of innovation. In particular, this applied to innovation in management itself. It was a principle on which he focused throughout his professional lifetime.

Professor Masing recognized the fundamental competitive difference between the occasional inspirational creation of big and important innovation by a firm – which can provide product and service leadership for a while until it becomes widely adopted or copied and consequently perhaps lead to competitive difficulties for the firm – and the clear capability to generate an ongoing stream of innovation through leadership and processes that can encourage and sustain constancy of competitive strength for the firm. Indeed, the last discussions I had with Professor Masing before his passing were on this subject of innovation. I had sent him one of the first copies of our book, *The Power of Management Capital*, much of whose emphasis is upon innovation, and we exchanged correspondence on various dimensions of the subject.

The Importance of Consistent Management Innovation

The following article is composed of excerpts from that book which emphasize this principle of the "Importance of Consistent Management Innovation".

The opening years of the 21st century have created one of the most turbulent and most challenging global economics, social and human environments in recent history.[1]

From the perspective of our General Systems Company's activity throughout the world this environment has been an incubator of great opportunities for those organizations which genuinely understand and respond in leadership to their new marketplace and international and human requirements. But it also has been the driver of shattering downward business experiences for those companies which have been slow to recognize and deal in these new economic and social and technological demands.

The results are reflected in the significant variation in the profitability and growth patterns of businesses in numerous industries throughout the world. Many organizations have continued to develop as powerful agents of business improvement. These are organizations that consistently, relentlessly and successfully recognize, emphasize and utilize competitively strong new ways of deploying and integrating their company's total resources in new and more effective category breaker way of management leadership and innovation to seize strong business opportunities in today's marketplace.

By comparison, with companies such as these, a number of other companies have declined significantly in growth and prospects and profitability in today's brutally competitive global economy. And still others, unfortunately, have become questionable in performance, leading to a new and more focused emphasis upon corporate quality governance.

In our experience in working throughout the world, two areas of overriding corporate strength have emerged that defines the nature of the difference among these companies. The first is the significant strength of their effectiveness in terms of their fundamentally new emphasis upon management innovation and upon the focus on quality that is its centerpoint.

The second area is the strong character of the leadership that sets apart companies such as these and is key to their success in innovation and in quality.

---

[1] This discussion is adapted from the book, *The Power of Management Capital*, by Dr. Armand V. Feigenbaum and Dr. Donald S. Feigenbaum and copyrighted by the MacGraw-Hill Book Company, New York City 2003

Beginning with the first subject, the common denominator emphasis among the corporate leaders is how systematizing management innovation has become the overarching theme for their constant corporate action today and of their competitive strength. It is a fundamental way through which they lead and manage their corporate way of life and their corporate mindset.

Let me emphasize that these developments have been driven by the hard facts of economics and market changes, not solely by philosophy or by management ideas in themselves.

It's driven by the gradual but nonetheless enormous shift in the character and content of business investment in the assets which drive business results and competitiveness today. For example, in America the investment of U.S. non-financial corporations in tangible "hard" assets – that is, buildings, equipment and inventories – has been gradually dropping from more than three quarters of the total – specifically 78 % – to slightly over one-half – specifically 53 % today.

The increase has been in the huge growth of corporate investment in intangible "soft" assets. For just some examples, this includes fully connected direct management leadership focus upon competitive leadership of the company's customer relationships, its human resources, its supplier integration, its quality as well as upon technology, brands, copyrights and patents and similar assets. This has brought about a huge change in the character of corporate emphasis upon the character of management innovation and quality value.

One of the earliest examples was much more systematic emphasis on recognizing suppliers as a potential competitive asset and establishing major new effectiveness of supply chain management processes in these times of extensive global outsourcing.

The systematic approach for this is very different from the old primarily single dimensioned "beggar the supplier" negotiate-them-down emphasis that characterized procurement practices of many companies in the past. The newer approach instead recognizes and provides corporate leadership in terms of joint management innovation with suppliers as an asset in term of innovation oriented to such areas as specifications, logistics, information processing, human resource effectiveness, distribution and inventory structuring. The business results in terms of both improved quality and cash flow have been outstanding and they continue to be so.

Taken together, all of this has been progressively fundamentally changing the character and meaning and skills and tools and strategies of the character of successful leadership and management in today's leading companies. Is has strikingly increased the importance of the effectiveness of their constant emphasis upon management innovation in the integration of soft and hard assets to provide strong customer value throughout today's leading and successful – while very different – companies.

One of the great competitive strengths of the corporate leaders we've been discussing is how they are successfully systematizing this constant emphasis upon management innovation for recognizing, developing, accumulating, deploying and measuring the capacity and effectiveness of these company total resources – soft assets as well as hard – so as to bring about the big improvement in customer quality value, in cost reduction and in market leadership that makes today's pacesetting companies the leaders they are.

In our work we have come to call this these companies' management capital. It's their overarching business strategic theme for relentlessly focusing their company on constant hard and soft asset integrated management innovation because as we all known in major companies unless you have an overarching theme to guide you, you run into a wall where you can constantly be sidetracked from your profitability and growth innovation objectives.

And this brings me to the second area of strength that sets aside leading companies. It's the overriding importance of their strong character of their leadership of management innovation.

Today's extremely effective companies with remarkable uniformity don't view their strength for enabling growth in terms of the quality of management of the hierarchical leadership that characterizes so many companies of an earlier day.

Their objective is not to establish a few more high level management departments on the company's organization chart. Nor is it to create a system bureaucracy with backsliding into the approach in which, for example, quality management sometimes meant documentation and manuals on the shelf and streams of quality audits and quality motivational sessions but without the vitality connected to the customer and to the business of the company.

Their emphasis is instead on a character of management, which recognized and is measured in terms of the leadership and networking capability for focusing the company's total resources on sustaining business growth.

In human terms it is characterized by leadership defines by what we have described as their passion, their populism and their responsibility.

The passion recognizes that the pursuit of quality excellence is the most powerful emotional motivator in an organization. This passion is expressed in leadership that has a bias for continuous action in implementing innovation and customer value throughout the organization – not just through speech making or periodic fireworks displays of interest.

The populism fully utilizes organization-wide knowledge, skills and attitudes to implement these results.

This populist leadership is expressed in creating openness, trust, and communication throughout the company to establish an environment for what might be thought of as individual improvement entrepreneurship. It encourages people to develop their own forms of teamwork and their personal ownership of competitive improvement. There is always a better way, and the people who are closest to the work and operations themselves are most likely to discover and implement that better way.

And the disciplined responsibility emphasizes the absolute importance of maintaining the consistency of innovation and of the measurements and management leadership tools that guide it relentlessly throughout all marketplace conditions. It places emphasis upon systematic data based tools for rigorously periodically evaluating the effectiveness of key company processes such as quality, supply, human resources, product development and others. This systematically guards against the danger of gradual backward creep in business performance and of the progressive creation of the organizational and the management disconnects that are one of its consequences. In General Systems we refer to backward creep as when the organization continues to follow its existing practices whether in supply or product development or marketing – without change or improvement – at times when the customers and markets and competitors are moving forward at a more rapid pace or in different directions and where immediate improvement becomes the primary corporate leadership priority.

With the data from these evaluations, the company's management can correspondingly focus management innovation emphasis upon the breaks and ambiguities within the company management structure that show up and upon measuring and eliminating the "business failure costs" that are their consequence.

To conclude by putting this experience in perspective, systematizing management innovation in today's leading companies is comparable today to the competitive importance of the systematization of product development a few decades ago.

New product development was one of the leadership success areas that differentiated the 20th century corporate leaders from their competitors. Systematizing management innovation together with customer quality value emphasis is a critical success factor that similarly differentiates today's leading companies.

2 Globalisierung für Qualitätsmanager

Gerd F. Kamiske

Walter Masing – Mensch, Unternehmer und Lehrer

Bewunderung, Verehrung und Dankbarkeit – diese drei Begriffe fallen mir in meinem Verhältnis zu Walter Masing ad hoc ein. Bewunderung über seine Lebensleistung als Wissenschaftler, Unternehmer und Lehrer. Verehrung dank der menschlichen Wärme, die ich über vier Jahrzehnte gleich bleibend empfinden konnte – bei seinen wegweisenden Besuchen in der Volkswagen AG, anlässlich des Zusammentreffens auf Fachtagungen z. B. der Deutschen Gesellschaft für Qualität und als Gast bei Promotionen an der Technischen Universität Berlin. Dankbarkeit für seinen unermüdlichen glaubhaften Einsatz für den rechten Weg der europäischen und insbesondere der deutschen Wirtschaft.

Unsere Wege liefen teilweise parallel, manchmal kreuzten sie sich. In einer Funktion durfte ich direkt in Walter Masings Fußstapfen treten und seinen Weg versuchen weiterzugehen, in der des Herausgebers der Zeitschrift „Qualität und Zuverlässigkeit". Masing hat in über vier Jahrzehnten in Zusammenarbeit mit begeisterten und fähigen Redakteur/innen und einem starken Carl Hanser Verlag als Partner die „QZ" zur führenden deutschsprachigen Fachzeitschrift entwickelt. Der Führungsanspruch artikuliert sich in zahlreichen Leitartikeln, die vielfach auch heute noch große Aktualität besitzen. Dies gilt insbesondere auch für die Leitartikel, die Walter Masing geschrieben hat. Seine jährlichen Zurufe an uns Qualitäter hörten sich wie folgt an:

1986	„Gefahr in Verzug"
1987	„Null Fehler"
1988	„Fehlleistungsaufwand"
1989	„Theorie und Praxis"
1990	„Voraussetzungen nicht vergessen"
1991	„Willkommen"
1992	„Altlasten"
1993	„Pionier oder Bremser"
1994	„Geschafft! – Wirklich?"
1995	„Auf dem Teppich bleiben"

1996 „Die Zukunft beginnt noch immer"
1997 „Wie geht es weiter"

Ja, wie geht es weiter?

Das neue Jahrhundert wird dem Qualitätsmanager keine Verschnaufpause gewähren. Er wird sich zu den Meriten der Vergangenheit neue hinzuverdienen müssen, um der Bedeutung seines Verantwortungsbereichs im Wandel von Unternehmensstrukturen gerecht zu werden.

„An ihren Früchten sollt ihr sie erkennen." Unsere Zeitrechnung stützt sich auf Christi Geburt, und wohl keiner hatte beim Übergang in das neue Jahrhundert Zweifel, ein richtiges Jubiläum gebührend zu feiern. Was Matthäus im Vers 16, Kapitel VII, formuliert, ist zugleich eine starke kundenbezogene Aussage, wie sie auch für viele Jahre im neuen Jahrhundert das Wirtschaftsleben bestimmen wird. Kein Zweifel, umfassende Qualität ist auch im begonnenen dritten Jahrtausend ein wichtiges Thema.

Konkurrent oder Partner?

Zwei mächtige Entwicklungen konkurrieren mit dem umfassenden Qualitätsmanagement (TQM) und drohen, dieses beiseite zu stellen. Zum einen bleiben erfolgreiche Unternehmen nicht immer auf dem Weg der Deming'schen Reaktionskette, sondern nutzen Gewinne zu Unternehmenskäufen und Fusionen. Zum anderen nutzen viele Unternehmen einen weiteren scheinbaren Fluchtweg fort vom Zwang zu TQM – die Globalisierung. Wertvolle Jahre können gewonnen werden, wenn von vornherein klar ist, dass das eine ohne das andere einen durchschlagenden Erfolg verhindert. Untersucht man die drei Vorgehensweisen – TQM nach Deming, Firmenzu- bzw. -verkäufe und Globalisierung –, so haben sie eines gemeinsam: ihr Potential für Unternehmenswachstum.

Deming stellte in seiner Reaktionskette dar, wie ein Unternehmen sich aufgrund seiner Leistungsfähigkeit bezüglich Qualität und Produktivität organisch weiterentwickelt, Marktanteile in seiner Kernkompetenz gewinnt und „jobs and more jobs provides". Dieser über Jahrzehnte übliche Weg zu wirtschaftlichem Erfolg mutet heute antiquiert an. Der Zwang, dem Wettbewerb schnell zuvorzukommen, oder auch die Furcht davor, als hinreichend kleiner Brocken selbst geschluckt zu werden, führt zu Unternehmensfusionen oder -aufkäufen. Wachstum ist also Lebenselixier.

Global Player mit Heimstärke

Der wohl beschwerlichste Weg ist Wachstum über Globalisierung. In diesem Wort enthalten ist, dass die Europäische Union schon zu klein scheint. Allerdings verlangt es dem Unternehmen einen langen Atem ab, die eigene Marke auf dem Weltmarkt attraktiv zu machen, dadurch Marktanteile zu gewinnen und mit Produktionsstätten vor Ort zum Global Player zu werden. Der Fortschritt auf diesem Weg lässt sich am Bekanntheitsgrad ablesen – nach wie vor führt hier weltweit Coca-Cola, bekanntester deutscher Markenname ist Mercedes-Benz. Um erst einmal Fuß zu fassen, stellt das Qualitätssiegel des „made in Germany" immer noch eine große Hilfe dar.

Gerade für die Verantwortlichen im Qualitätsmanagement und die Fachleute des Qualitätswesens bietet der Zwang zur Globalisierung ihrer Unternehmen eine große Herausforderung, Bewährungsprobe und Chance zugleich. Üblich ist es, dem Mutterwerk die Leitfunktion zu übertragen. Der mustergültige Qualitätsstand, der zu Erfolg und Selbstbewusstsein des Stammunternehmens geführt hat und die Expansion erst ermöglicht, soll konserviert und herausgetragen werden. Für die Original Equipment Manufacturer (OEM) und ebenso für deren Lieferanten bringt es der Kostendruck mit sich, dass die harten Bedingungen der schlanken Produktion weiterhin gelten. Dazu gehören Just-in-time- bzw. Just-in-sequence-Lieferungen. Die volle Qualitätsverantwortung trägt der Lieferant, da der Abnehmer keine Wareneingangsprüfung bezahlen möchte. Den Qualitätsmanagern der First Tier Supplier, der System- bzw. Modullieferanten der ersten Reihe, kommt in Bezug auf die Fehlerfreiheit der Erzeugnisse die erweiterte Aufgabe zu, die Lieferanten der zweiten und ggf. auch der dritten Reihe zu koordinieren. Auf einem anderen Kontinent gibt es zudem gewiss Unterschiede hinsichtlich der Mentalität der Menschen und der Unternehmenskulturen. Auch hier gilt, dass Qualität von den Menschen und ihrer Geisteshaltung sowie von ihrer Qualifikation abhängt. Allerdings sprechen sie nicht deutsch, daher sind gute Fremdsprachenkenntnisse nötig – in Wort und Schrift.

Qualitätsmanagement als Kernkompetenz

Ein besonderes Geschick benötigt der Qualitätsmanager, wenn nicht einfach ein Zweigwerk im Ausland errichtet wird, sondern ein Joint-Venture-Vertrag mit gleichberechtigten Partnern abgeschlossen wird oder eine Unternehmensfusion erfolgt. In Zukunft ist vermehrt mit der Bildung von Unternehmensnetzwerken zu rechnen. Kleine, leistungsfähige Betriebe erhalten sich ihre Selbstständigkeit, kommen aber durch Zusammenschluss in Netzwerken in den Genuss der Vorteile von Großbetrieben. Dafür ist eine besondere Netzwerkkompetenz nötig. Ein- und Verkauf in Netzwerken besitzen einen längeren Hebelarm als jedes Einzelunternehmen für sich. Dies verlangt die Koordination der Entwicklungskapazitäten mit den Design-Reviews hinsichtlich Qualitätsstand, Innovationsfähigkeit für Produkt und Technologie, Prozessbeherrschung und Flexibilität mit dem Ziel gemeinsamer kostengünstiger Wertschöpfung. Neben den Megafusionen der Finalproduzenten entsteht der Megalieferant. Das Aushängeschild bilden auch hier die gemeinsame Qualitätsanstrengung und ihr Ergebnis.

TQM bleibt unverzichtbar

Eine Studie von McKinsey & Co. Inc. und des Instituts für Kraftfahrwesen der RWTH Aachen über Automobilzulieferer ergab, dass der in den letzten Jahren vorherrschende Schwerpunkt des umfassenden Qualitätsmanagements, nämlich für operative Exzellenz zu sorgen, weiterhin eine notwendige, wenn auch nicht hinreichende Bedingung für Wachstum darstellt (siehe Bild 5.1).

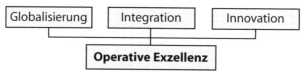

Bild 2.1 Operative Exzellenz bildet die Basis für alle weiteren Schritte

- Innovationen zur Erzielung von Kundenbegeisterung führen, wenn beherrscht, zu profitablerem Wachstum,
- Integration benachbarter Geschäftsglieder der Wertschöpfungskette in das eigene Unternehmen zur Unterstützung von Outsourcingmaßnahmen des Finalproduzenten bietet schnelleres Wachstum und raschere Unternehmenswertsteigerung,
- Globalisierung im Gefolge von Produktionsverlagerungen des Finalproduzenten in neue Märkte mit globaler Hochleistungslogistik verlangt strikte Kundenorientierung mit klaren regionalen Akzenten.

Damit schließt sich der Kreis zu TQM. Was diese Standortbestimmung für Qualitätsmanager so wichtig macht, ist die Feststellung, dass operative Exzellenz als Ergebnis des umfassenden Qualitätsmanagements unabdingbare Voraussetzung ist und bleibt, damit der Prozess der Globalisierung eines Unternehmens erfolgreich abläuft.

Die Stabilisierung von TQM nach der Sensibilisierungs- und Realisierungsphase ist also Grundvoraussetzung für den Aufbruch zu neuen Ufern. Sie stellt den festen Untergrund dar, von dem aus sich selbstbewusst operieren lässt. Gerade nach der Euphorie der Einführungsphasen, des Schaffens von Neuem, bedarf es der Geduld und Beharrlichkeit, das Neue für die Zukunft zu bewahren und zugleich den Prozess ständiger Verbesserung zu etablieren. Beides nebeneinander liest sich wie ein Widerspruch in sich. Es ist aber auch wohlverstandenes TQM, welches die Kräfte der Beharrlichkeit in die Kräfte der Bewegung umformen will.

Der Weltmarkt ist voller Anbieter, die sich gegenseitig das Leben schwer machen möchten, und voller Kunden, die es verstehen, die Spreu vom Weizen zu trennen. Denn „sie erkennen ihre Lieferanten an ihren Früchten".

3 Challenges for Quality Professionals in the 21ˢᵗ Century

Gregory H. Watson

This paper provides a synopsis of the articles presented in the IAQ book project published by ASQ Quality Press in 2003 as *Quality into the 21ˢᵗ Century: Perspectives on Quality and Competitiveness for Sustained Performance*. The paper will select and expound briefly upon ten of the perspectives mentioned in this book and provide a brief overview of the issues that quality professionals will confront based on social and technological challenges that they will face.

Introduction

The 20ᵗʰ century was one of change – from a generation that embraced the radio as the primary means of communication and the horse as a primary means of transportation to one that uses cellular telephones and commutes via airplanes. Enabling technologies that permitted this social transformation have made this past century one of remarkable progress in all dimensions as society has coped with the implications of these changes in its infrastructure and adapted to the new lifestyles that are possible with the advent of such breakthroughs.

Behind these technology shifts has been a „tacit enabler" of success for mankind – the inherent quality of products that have been produced and man's ability to deliver consistent service have also made quantum improvements. At the beginning of this century a transition was occurring in the business quality model. The shift was from a model based on a craftsman pouring personal energy into crafting works for individual customers – each item produced was an outcome of the personal knowledge of the needs and desires of that customer – to a business model for mass production in which all of the customers were considered to have exactly the same needs and desires (or as Henry Ford so aptly summarized this position – customers can have any color Model T Ford that they want „as long as it is black").

The end of the century is marked by a phrase that was first coined by Tom Peters: „mass customization". In this business model the individual needs of all customers are considered in the high-volume production of goods and services and the particular wants of these customers is provided through an adaptive process that is able to transform the mass goods and services into a personalized form that is acceptable to each customer.

Business Competitiveness

What is competitiveness? The American Council on Competitiveness, originally founded in 1983 by then Hewlett-Packard CEO John A. Young, defined competitiveness from both the micro- (the economic level of organizations) and macro-economic (the economic level of the market) viewpoints as: „the degree to which a [either a business or nation] can, under free and fair market conditions, produce goods and services that meet fair tests in international markets while simultaneously maintaining or expanding the real income of its [employees or citizens]". When describing the competitiveness of a firm, it is the long-term capability of the firm to compete that provides for enduring success. There have been many one-product or one-concept firms that have not lasted beyond their original idea. True competitiveness is based on establishing continuing relationships with customers so that the firm captures their customer's experiences and is able to use this knowledge to stimulate innovation and develop products and services that are even more useful for these customers. This process is inherently a learning or discovery process.

Learning Process

Throughout the course of this past century's transformation a learning process occurred that focused on quality. At least four cycles of learning can be observed that align with the transformation of the business model. In the first learning process the basic business model for mass production was transformed by the shift in operating philosophy from the craftsman model to the production model. In the craftsman model each and every piece produced was inspected for compliance to the customer's need or requirement while in the production model quality was accepted in batches of products that were produced at the same time using statistical sampling to select only a relative few products for a more detailed inspection. The learning that enabled this creation of quality control was based on the foundation principles of Taylor's scientific management as aided by discoveries in application of statistics for sampling.

The second learning cycle in the last century was able to transform production in a different way. The end-of-the-production-line test was inefficient in two ways: When products failed the inspection rework of products was required to bring them back to conformance for the failure that was observed and also valuable production time was lost as workers were diverted for these corrective actions. The principle of prevention and the use of process thinking lead to the discovery that in-process measurement could be used to establish quality management at the point where defects were produced. Process management, coupled with Dr. Walter A. Shewhart's discovery of the statistical process control chart, enabled quality to be more efficiently and effectively managed at the point of defect detection, thereby boosting production capability. This was the foundation for quality engineering.

The third learning cycle occurred when it was observed that the definition of the defect that was being used in their process did not assure market success. The real business need was not to assure compliance with the engineering description of the product, but to assure its success from the quality perspective of the customers who used it. This was a discovery that was stimulated largely by the Japanese focus on customers and their insistence on getting the product right from the customer viewpoint. Quality assurance linked the product requirement to customers and then encouraged engineering to figure out how to make the product to that requirement.

The fourth learning cycle was stimulated by the observation that quality was not an act that could be delegated to the workers – it required the active involvement of the entire organization. According to this concept employee involvement reached all the way from the front-line worker to the executive level and provided both team training and basic analysis tools for problem solving to the entire company. The idea of Total Quality was the concept of Dr. Armand V. Feigenbaum, but the Japanese took this idea and brought it to a higher level of performance leading to their strong economic growth following the Second World War. The maturing of Total Quality during the second half of the century involved four major ingredients: inclusion of the lean production methods associated with Just-in-Time management, adoption of ISO 9000 as a minimum standard recipe to define and document a quality management system, acceptance of Business Excellence Models as a guideline for challenging organizations to improve their business processes through rigorous self-assessment against objective criteria that were observed in best-practices, and the addition of advanced statistical tools for business process analysis combined with widespread use of statistical analysis packages due to growth in the Six Sigma set of tools and methods. The current state of quality is building a systems approach with all of these ingredients to add value for all the organization's stakeholders.

Evolution of Knowledge

The philosophies, methods, and tools of the quality movement did not appear on the work scene as a revelation – complete in all dimensions. Rather, they evolved and became part of a body of knowledge that lacked systematic integration until the closing years of the 20th century. As the new millennium begins, it is essential that we capture the knowledge and discoveries of the past to assure a strong foundation for the future. This is the basic purpose of this book.

Strategic Imperative

Strategy is the persistence of a vision – and quality requires the alignment of the entire organization to that vision as well as the consistent execution and performance of those activities that deliver the vision. For a business to sustain success it must be capable of overcoming the natural forces of entropy that stimulate the loss function – degradation in production capability through equipment wear out and technological obsolescence – and continuously improve performance so that the resulting customer experience is one that is consistently exceptional when compared with competing market alternatives and choices in value that customers can make. In the final analysis, true success sustains performance by delivering expectations for all the organization's stakeholders simultaneously – both short-term profits and long-term value for shareholders as well as delivered product and service quality and reliable long-term performance for products and services.

Perspectives

The perspectives identified and described in the book *Quality into the 21st Century: Perspectives on Quality and Competitiveness for Sustained Performance* include:

Perspective 1: The global eco-system will continue to deteriorate – accelerated by human intervention in the name of progress.

Perspective 2: Business performance will become more accountable to the entire spectrum of stakeholders as activism in corporate governance quality increases.

Perspective 3: Customer demand for „exciting quality" will escalate as the options for procurement consideration become more constrained due to the consolidation of companies due to the continuing trend of mergers and acquisitions.

Perspective 4: Technology will continue its trend toward micro-miniaturization and integrated systems and the factory-of-the-future will be driven by a nano-technology production engine.

Perspective 5: People issues will accelerate in importance and will require continued emphasis on „soft" issues like leadership, human motivation and performance, corporate culture, and the delivery of value to customers.

Perspective 6: To cope with the implications of dynamic hyper-competition and to maintain market leadership companies will need to become focused on „continuous innovation" not just continuous improvement and a stream of experiments that stimulate learning will be the most important asset of the future market leaders.

Perspective 7: Communication enhancements will lead to instantaneous exposure of problems and force the issue of improvement of customer service as a priority for effectively managing commercial risk.

Perspective 8: The reliance on electronic commerce for more business transactions will increase the public's level of concern about privacy of personal information – both financial and personal preferences for consumer products – and elevate information privacy and systems security to be core elements in quality management systems of the future.

Perspective 9: The level of global cooperation will increase among ad hoc groups of people who share a common interest (e.g., development of the Linux software system) motivated by a counter-trend to contribute to part of the „greater good" of society.

Perspective 10: The future generation of tools in quality will emphasize two paths: development of enhanced managerial systems to improve the quality of decision-making and integrated problem-solving and consolidated product and process design development under the banner of the Six Sigma initiatives of leading businesses.

Observations

Mankind, *Homo sapiens*, possesses genetic characteristics that appear to be unique among all living creatures. As thinking beings we have learned to preserve knowledge through recorded communications and to transfer this knowledge for use by future generations. Thus, mankind is capable of continuous learning across individuals and organizations. Learning is an adaptive and collaborative process whereby lessons come from both our success and failures – as well as through the success and failure of others – so we steer our future direction more soundly and do not repeat historical catastrophes. Where patterns exist in learning, it is important to understand how these patterns are created and what they imply – to an analytical thinker such patterns can identify potential root causes of process failure.

When a business or work process is continuously changing it is necessary to generate adaptive learning in order to discern the meaning of the entire system in which the process exits as it undergoes transformation and thereby learn the potential effects of change on the system as a whole. This is the problem that businesses encounter – a continuously changing environment that its working processes must learn and then adapt to their desired strategy so business may maintain progress toward achievement of its chosen performance target.

As the world moves from a value proposition based on „atoms" – where value comes from the physical nature of products – to one based on „bytes" where value is a function of services or software provided to support products which have become more generic – customization becomes deliverable concurrently in mass production processes. Today, this phenomenon is observable in the cellular phone industry where both after-market custom cases and user programmable options allow the phone to become truly unique and personalized. But, how will value be delivered in the future as we learn more about quality? At some time in the future will the knowledge of customer needs become so complete that correct insights are always gained into customer requirements so that value will be taken for granted? Will flawless execution of work become possible so that customers consistently receive the value that they individually desire? These two conditions define a utopian state for quality that is potentially closer now than it has ever been before.

Since mankind is able to learn and can both preserve knowledge and communicate, we must ask the question that follows – given the perspectives on quality that have developed over the past century, what will be the next developments? What is the obligation of our current generation of quality experts to preserve for the future and how should our knowledge be presented so that its meaning is most clearly communicated? This chapter provides some insight into this question, and focuses on both the current state of quality and describes what, from our perspective appears to be the coming developments.

Throughout the history of quality there has been a dialectic-like debate about the relative significance of the analytical and human dimensions of quality. The desired synthesis of these perspectives has been sought as a definitive combination of an analytically based „systems and statistical engineering approach" and a psychologically based „human relations approach". One thing is certain, the thesis and antithesis have not yet become integrated into this long-awaited synthesis. How well prepared are we for such an integrated quality management system? To understand this we will discuss first the current state of quality and then the future trends that will influence such an integrated system.

Current State of Quality

The purpose of this entire book has been to define the current state of quality – the context within which quality exists, the concepts and principles that establish the framework for a progressive quality management system, as well as the methods, tools, and techniques that facilitate the performance of a quality management system. All the chapters that precede this one have set the stage for the next discussion where a brief assessment is made of the lessons that should be learned and leveraged into the future.

Leveraging Learning for the Future

Where is quality today? As described in this book quality is becoming an integrated system where the best of all approaches are merged into unique quality systems that engage the entire business, rather than a single function, and an entire related operating philosophy and organizational culture is developed by the management team as the core dimension of its way of working. The formalization of toolkits and bodies of knowledge are only the beginning steps toward this integration. Development of customized business models based on quality system models such as business excellence and ISO 9000 is another step in this direction. The resultant business systems integration will be centered around the human cultural dimension of an organization and based on a process model for its critical business processes using measurement control points to link balanced scorecard metrics to indicators of actionable operating conditions that drive the routine performance which produces the desired output of the business value chain.

Such business system integration will not be driven by selection of an Enterprise Resource Program (ERP), but it will represent a choice for doing business that is identified and desired by management (process definitions, measurement systems and people systems) then embedded into the ERP. While the current generation of ERP systems can provide consistency of operation across a business, their generic solutions to operational problems may not provide competitive advantage if all the competitors are using the same process. Competitive advantage will come when the organization chooses a direction – different from the competition, yet aligned with realities of the desired customer experience – and then focuses its energies and talent in making this choice work well.

Service quality will be a growing dimension as the world becomes more and more technologically capable and customers can directly reach out to all competitors in a particular market. In the final analysis, all organizations are service organizations and all customer relationships require personal attention. Future business leaders will learn that Customer Relationship Planning (CRP) is more than a software package that identifies customers and their buying patterns and customer satisfaction measurement requires more than doing a survey to determine the average response to a couple of questions. Each customer will become viewed as an individual with unique needs that must be identified, addressed and then reviewed to assure that they experience the level of service that they require. The focus of technology on behalf of the customer will be the true driver of sustainable competitiveness in the coming century.

While the current age is technological, technologies will become increasingly integrated and able to deliver electronically to the point of need, the knowledge required for specific operating work. In the near future, technology will enable quality – placing solutions into the hands of workers at the time that they are needed – and anticipating problems through smart monitoring of all process performance parameters that contribute significantly to the customer-perceivable output. In order to achieve this integration organizations will become knowledge-based learning

In order for quality to be taken to the grass roots level of organizations, it must be assimilated into the entire business system and, most especially, into its senior leadership and their process of management. Continuous learning must be a value of the organization of the future – leaders must create an environment where everyone is a learner, everyone is a teacher and everyone takes responsibility to mentor those who need development. Such a proactive human-focused business environment can only be developed when both the „hard, analytical dimension of quality" and the „soft, psychological dimension of quality" come together in a unified approach for managing results through people. How will the future provide the context for this integration?

Future Trends in Quality

Some of the enabling factors in the future are already visible in the marketplace. Perhaps one of the biggest enablers of a new learning society will be the technological convergence of personal computing and telecommunications providing wireless connection and access to knowledge and content through information technology. This convergence is a fact of the current technology environment. Cellular phones now serve as personal data assistants and are able to send e-mail as well as take photographs and transmit them. Personal computers download and play music and movies with similar acoustics to high-fidelity stereo systems – and the games that the personal computer can play are as life-like as any arcade. The next step is integrating these two distinct, but related technological pathways and providing them with meaningful content to accomplish productive work. The direction has been set, but the implementation timing for convergence of these pathways is uncertain.

When these technologies do converge then the various dimensions of quality improvement will become engaged. Innovation, the quality that comes from creative destruction of our past ways of delivering value based on our knowledge of the true requirements of customers and the ability to formulate the market promise, and operational quality that is delivered through consistency of performance of these promises that organizations make to their customers combine with the human dimension that enables an organization to unfold its power from the technology, innovation and operational quality. When these dimensions of quality together drive organization performance, then they define the new value-delivery proposition of the future.

Organizations will evolve over time as stimulated by the catalyst of technological change that makes possible new directions and challenges the horizon of today's business goals. It will be the challenge of management to stimulate meaningful innovation that makes a difference to their targeted customers – to find what future markets will value – and then define what will be their own organization's unique value proposition or promise to the market. The operational challenge of management will remain essentially the same – once a promise has been made to the market in the form of a new product or specified service then management must assure that it has processes that will consistently keep their promise to their customers. However, the underlying challenge of business leaders will be to engage the power of their people to develop a collaborative effort that facilitates the shared vision.

Organizations are like weak casks that contain powerful bubbling wines: rapid technology development and social development. Organizations also badly need progress in cask and barrel technology to provide reinforcement for their growth. In plain terms organizations must be reinforced to make them able to manage continuous and turbulent technological and social change. Too many companies considered as quality champions have slipped back to performing business as usual. In general, this was not because of technology, but because quality was not really integrated into business.

There is no doubt that, for any organization, a culture that pursues a common vision – basically the direction in which the members of the organization are headed – and the consequent identification of shared values can be an advantage over the approach that advocates living for the day and everyone for himself. This is another example of how the quality culture, like any cultural concept, will be a factor for differentiation in the future. It will not spread in a uniform fashion around the world ... Some areas will be more receptive to the cultural factors that encourage quality results than others; and the scene will change over time in unpredictable cycles, as all cultural seasons do.

One thing we know, however, is that the future will not be sluggish – it will be fast-paced and complex as markets produce alternative technologies and applications diverge from the traditional knowledge base. This means that rapid choices must be made in the face of many types of risk – not just financial risk, but also operational risk, market risk and technological risk. Managing in this complex web of interrelated opportunities for both success and failure will become a strain on business leaders. The complexity of the environment will force leaders to address new or emerging quality issues such as quality in governance and ever improving the management of organizational change. It seems as though organizations have become proficient at defining the changes that they want to make, but fail during the implementation. Excellence in the future will be observed only through the actions taken by organizations as all these dimensions of quality are addressed simultaneously. The manager of the future must become the „changemaster" that was identified as a business need in 1983 by Rosabeth Moss Kanter in her book by the same title. Perhaps the challenge for the quality professional of the future will be to become more like a „professional change manager" than a quality manager!

Technology is not the only stimulus for change in the future. A second is the increasing emphasis placed on finance in interpreting the meaning of organizational performance. Nowhere is this more evident than in the Six Sigma initiative of General Electric. As quality becomes expressed more like a management concept in the language of finance (note that the „cost of poor quality" is still the language of quality as most financial management systems do not recognize it as a topic that is meaningful), it will become an imperative for quality professionals to learn and embrace this knowledge, even as today business professionals are learning and embracing the quality body of knowledge through their participation in Six Sigma initiatives.

Quality business cultures incorporate a number of key factors that will tend to differentiate one company from another. The first of these is the value attributed to long-range visions (five to ten years). Since we live in a constantly changing, unstable environment, some commentators believe there is little sense in talking about the long term. This may be true of products and services it is certainly not true of intangible critical success factors, which take time to be developed (and very little time to be destroyed). The first of these factors are the organization's distinguishing *values*, which are shared by its people and provide the foundation for creating a sense of belonging, of being part of a team, especially when major challenges arise. Strong leadership is necessary to implant these values, but when they are absorbed into the fabric of the organization, then the contribution of the organization's people increases enormously, in both qualitative and quantitative terms. The world is full of examples of enterprises that have not only managed to react quickly to severe competitive attack, but have turned the problem into an occasion for extensive renewal. Even in large organizations, deeply shared values can multiply the ability to achieve results.

Perhaps the next major catalyst for change in the future will be the combination of environmental and social responsibility of organizations. Organizations produce value in three different dimensions: value for markets and customers, value for shareholders and investors, and value for society. In this final area, there are no real measurement systems that define the overall „balanced scorecard" for performance. Many small indicators are used to determine if an organization is fulfilling its responsibility to employees, communities, government, and the public, in general (including the future generations of mankind). Will there be an indicator for the social value-added contribution of a firm as there are for market value-added (MVA or the brand value-added contribution) and economic value-added (EVA or the shareholder value-added contribution)?

Leaders will not be credible quality champions if they do not convert their unique focus on „the bottom line" into a focus on „a multiple bottom line" that extends the scope from financial results to people and society related results. Perhaps the almost exclusive focus of many American companies on shareholder value will become a big obstacle on the road to sustainable excellence. Conversely, many European countries focus more on stakeholder value than on shareholder value – and that too is an obstacle to excellence. „Society" as a stakeholder is going to become particularly important whenever the interest of mankind in a global world is at stake. Not just protection of the environment and social responsibility but also in the areas of bio-genetics and international relations. Mastering these changes will become more and more a quality-related issue. Quality will assume the role of protecting humanity from the risk of disruptive changes to the environment.

Customer satisfaction is the final goal of quality activities and the ultimate enabler of enduring competitiveness. While we have discussed stakeholder satisfaction there is a distinction between these two types of satisfaction that must be made. Stakeholder value focuses on intrinsic characteristics of an organization – display creativity within the framework of restrictive conditions that are imposed by society – it is compliance or obedience-based. However customer satisfaction is based on extrinsic characteristics and is the aim of work – it is achievement based. While the importance of stakeholder satisfaction will rapidly increase in the near future, it must be emphasized that when we achieve stakeholder satisfaction, this performance is nonsense if we have not first achieved customer satisfaction.

Quality models are used in both business excellence and ISO 9000 approaches for defining a quality system – as an indicator of differences between alternative implementations. Such models are always simplified representations of reality, but they can be useful to understand and interpret the business environment of an organization. While we can have physical, economical, social, organizational models, we can also have models for organizational performance improvement and the choice of the model used depends on the objective or the organization. Organizations with the cultural breadth to choose the right model at the right time have a competitive advantage while organizations that turn a model into a dogma typically find themselves penalized. No model can provide an ideal solution for all requirements – one size fits all: indeed, the latest organizational theories advocate a contingency view, whereby the business model is adapted to the specific organization. Useful business models are simplified representations of the real organization on which its people are going to apply quality tools to make change happen. These models aim at understanding the links between organizational causes and effects on customers, stakeholders as well as the company itself. Models help to move observations from empiricism to science – from personal opinion to shared perspective – and provide a basis for communicating abstract meaning about how organizations should function. Quality models will help to clarify the roles, responsibilities and actions of the next generation of managers.

No matter how this future becomes a reality, there will be a continuing need for professionals in the quality field! There appear to be two specialty areas for future quality professionals: one in the technological area with emphasis on statistical engineering and technology and the other with a more project management approach to manage organizational change in business processes.

Concluding Comments

What will be the role of the quality professional in this future? Quality professionals will be facilitators of this future as they take a major role in using the principles, methods and tools of quality to help resolve the toughest problems and focus their organizations on the right issues to and design their systems of the future. This role will call for quality professionals to master new elements of performance such as: Six Sigma problem-solving, lean thinking, asset management and financial accounting, systems dynamics and also the technologies that are causing disruptive change within their particular industry. The future quality professional will serve as an objective third-party facilitator of the cross-functional teams that are needed to resolve the complex issues identified in our perspectives for the 21st century. The quality professional plays a key role in stimulating the transformation required for a sustainable world and it is imperative that we become role models that epitomize the mastery of the skills of our trade in order to enable the world to make better choices about its future than it has about the past that created this present day world.

4 Integration of quality concepts into systems thinking

Tito Conti

> *The Need: Further Innovation in Quality Management*
> *The Answer to the Need:*
> *A Stronger Injection of Systems Thinking into Quality Thinking*

After the waves of innovation that took place along the past century, under the umbrella names of Quality Control, Quality Assurance, Continuous Improvement, Total Quality Management, quality seems now to have lost momentum. The author believes that the next wave of innovation should be the integration of quality thinking into systems thinking. Recalling previous papers, the author discusses the rationale for such integration. The paper is a tribute to the memory of Dr. Walter Masing, a creative mind, a pioneer of quality management in Europe, an eminent Academician and an example of dedication to the progress of mankind.

Opportunity to Take a Further Look at the Basic Concepts of Quality and Value

Innovation, whatever the area, normally proceeds by fits and starts: waves of innovation followed by periods of stabilization and diffusion. It was so also with quality. A wave of innovation started in a high-tech environment in the 1920s – 1930s, the wave of statistical quality control, and gained momentum through the large scale experimentation that took place during the Second World War, mainly in the USA, in the military sector. Then, in the 1950s, the wave diffused worldwide, in all type of industry. It was a turning point in the history of quality management, marked by the creation of many national and international quality organizations. The European Organization for Quality Control, EOQC (now EOQ) was created in 1956 and Dr. Walter Masing was among its founders and became its first President. Followed and completed by the wave of Quality Assurance, Quality Control penetrated into most large Western and Japanese companies, with a natural ramification to their suppliers. The next wave of innovation took place in the 1970s – 1980s. It started from Japan, with the „industrialization" of management approaches that were born in the USA (thanks mainly to Deming, Juran, Feigenbaum), but had not encountered management favor over there. Quality was brought to the level of a competitive strategy, based on the concepts of Total Quality Control (Feigenbaum), lately Total Quality Management, the dynamics of Continuous Quality Improvement (Juran), the combination of sound management principles with a statistical mindset (Deming).

The move from a standard-based to a competitive view of quality management was sharper in the USA, where some strategic industries had been badly hit by the quality-based Japanese competition, slower in Europe, where standard-based quality assurance remained for many years the preferred approach (due mainly to the importance gained by the new ISO 9000 Standards in relation to the new European unified market and its need to eliminate all technical barriers to trade). However, the European Quality Award Model (now EFQM) and its evolutions were effective in bringing the TQM concepts to those companies who were involved in the international competition.

The beginning of the new century is seemingly in a low tide in relation to innovation in quality management – and even in the implementation of what we already know. Is that due to the fact that we have reached the top, that we have saturated all the possibilities in relation to quality? Far from it! The author believes that even in the traditional areas of product and service related quality management, we have not exploited yet all the possibilities of quality management. But beyond that we can foresee new areas in strong need for an injection of a sound quality culture and the adoption of appropriate quality management methods. The reference here is to sociopolitical organizations in general; not just local, regional, sometimes central administrations, where something has been done in the last decades. The need for quality is high in managing the „res publica" and increases exponentially when crossing the national borders, in international relations. The so called „global village" is still far away from a quiet and peaceful place. Globalization, that is the progressive opening of traditionally closed political systems and the consequent increase of the interrelations between the international actors, poses tremendous challenges to mankind. A quality-based culture (that is a culture based on the search of mutual satisfaction in relations), would certainly contribute to solve the problems. Is that utopia? It may be. But without it we go on caring about the trees and ignoring the forest.

In the past couple of years the author, through articles and papers presented at international conferences, has developed his views about the changes that are needed in our quality concepts and quality management models to make the extension of quality and quality management concepts to sociopolitical systems possible. Such changes are urgently needed. They could represent the next important step in the lifecycle of the idea of quality, the new wave of innovation in quality thinking and quality management. If it is so, presenting some new thoughts about the future of quality can be an appropriate way to honor the memory of Dr. Masing, a person who never gave up in front of new challenges, remaining young, enthusiastic and creative till his latest days.

The above mentioned past papers proposed a multi-stage journey, taking merging of quality thinking with systems thinking as a goal. This paper focuses on the first stage: reviewing the basic quality and quality management concepts, to highlight the rationale for the integration of quality thinking into systems thinking.

The Original Concept of Quality and its Connection with Value

To start our journey we are bound to remove the psychological conditioning that may limit or distort our views about quality – a typical *unlearning* process. To renew our learning, we should, among other things, look into the past, what quality meant to our ancestor, before the „*Homo oeconomicus*" (the economic side of man) took the lead among the many facets of human beings. When man started to open his mind to philosophical speculations, the concept of quality was naturally related not only to the surrounding objects but also to the thinking subject, man himself. And it continued to be so, till the growing importance of economy cast a shadow on the other aspects. Wanting to recoup the full meaning of quality, not for theoretical reasons but for the very concrete purpose of extending *quality management* thinking to social relations, we believe it useful to revisit the concept of quality and in particular its connections with the concept of value.

We owe Aristotle the first systematic analysis of the concept of quality (Aristotle/1 and /2). His views, further elaborated and sometimes subjected to criticism by following philosophers (like St. Thomas Aquinas; Hobbes; Locke; Galilei; Newton, and Cartesius), still remain as a valid foundation for the concept of quality. Criticisms in fact mostly came as a consequence of the evolution in the knowledge of physical phenomena, where some „qualities", like gravity or other forces that were before considered as „occult", finally found a physical explanation. Similarly, characteristics that were considered sensible but not measurable at Aristotle's time entered the „measurable" category after Galilei and Newton.

Aristotle observes that the concept of quality is extremely wide and can be hardly reduced to a unitary definition. It should be considered as *a family of concepts that have in common the property of answering a common question* (Abbagnano, 1964). Put in Latin, that question is: „*Qualis?*" This word has the same root as quality („*qualitas*") and means: „Which property, or character, or nature, or attribute?" Put in Greek – the original Aristotle's language – the question spells „*poios*" (ποιoζ), which, too, has the same root as the Greek word for quality: „*poiotes*" (ποιoτηζ). That means that in the original languages of Western thinking, Greek and Latin, it was clear that the concept of quality relates to those properties, characters, attributes of a person, or an object, or a situation that are relevant to a given purpose. The English language seemingly misses a single word for the expression „which property", sharing the same root as the word quality.

For the sake of our discussion we do not need to enter into the details of the four categories of Aristotle. However, to give an idea of what they are made up of, it may be useful to mention three of them, shared and further elaborated by Locke (Locke, 1690): *personal characters*, like habits, attitudes, faculties, virtues; *sensible characters*, like colors, sounds, tastes; *measurable characters*, like extension, geometric form, and movement. Apart from the discussion on the nature and different types of qualities, what is significant for us is that from Aristotle to our days, philosophers and philologists agree on defining quality as *a property that characterizes a person, an animal, an object, a situation*.

As such, quality has neither positive nor negative implications. It is neutral. It gets such implications when associated with the concept of „*value*". Many of the ambiguities that we encounter in the realm of quality are due to lack of understanding of the connections between quality and value.

Quality and value always imply the presence of man, or organized groups of men (social systems), since only human beings – in our world and within the limits of our knowledge – are able to *both experience* and *judge* values. The concepts of quality and value apply then to *relations*: between persons and objects or between persons. When entering into relations with an object, personal attention and interest naturally privileges those „qualities" (i.e. features) of the object that the subject perceives as related to his/her needs and wishes, or more generally perceives as „interesting qualities" (the degree of interest generated by the object on the subject is in fact an indicator of the perceived value). A selection process of those „qualities," among all the features of the object which awake the interest of the subject, takes place and in relation to them a perception of value, positive or negative, arises. A similar but deeper and richer process takes place in person to person relations. It is worth to underline that while man shares with higher animals *the experiential character* of value, its *reflective character*, that follows the experience and is a *statement* on experience, a judgment, is typical of man; it deals with the concept of *evaluation* (Laszlo & Wilbur, 1973).

Moral/ethical values are typical of *human and social relations* (typical but not exclusive, since relations of man with the global ecosystem too have great moral relevance). An extremely relevant issue about moral values is their *absolute* (transcendental) or *relative* character. The debate on that subject went on for centuries and will probably remain an open question for ever, a matter of personal belief. That again may seem a theoretical problem, but it becomes very concrete when the issue of quality of life (in particular peaceful co-existence, the basis for all other qualities) in the global social system – the world – is considered.

Relations of man with objects can take different forms (artistic, scientific, or economic). From the value perspective, the debate regarding such relations was and is about the *subjective* or *objective* nature of value judgments. Subjectivity is commonly accepted in arts (*sensible qualities* of Aristotle and Locke); objectivity is clearly more diffused in science (*measurable qualities*). In economics both the objective and subjective views have been advocated, more linked to the concept of *exchange value* the first, of *use value* and *experience value* the second. When economic relations are considered from the quality perspective, as we do here, the use and experience views of value (subjective, but with a continuous effort by the suppliers to make them as much inter-subjective as possible, i.e. widely shared) is the most appropriate.

In another paper the author reviewed the history of the concept of value from the philosophical, psychological, economic perspective, in relation to those aspects that are significant if an extension of quality and value concepts to social relations is claimed (Conti, 2004). Here we start our journey of „unlearning and learning again" by analyzing, with the aid of simple figures, the basic *economic* relations.

Quality and Value in Economic Relations

Economic relations can be schematically represented as in Figure 4.1, where the upper part of the figure refers to the primitive form of transaction – bartering – and the lower part to the modern form, where money is used as a conventional standard for measuring exchange value.

Figure 4.1 Value exchange in economic relations, from bartering to purchasing. In modern purchasing relations, money represents a "standard" for measuring exchange value

Economic relations (person to person, person to organization, organization to organization) always imply another relation, that is schematically represented in Figure 4.1 with the dotted lines and in more detail in Figure 4.2: the relation between the purchaser and the „object" of the transaction, aimed at appreciating the object's value (for sake of simplicity we consider here only the values associated with the object, ignoring those values that are associated with those personal relations – like fairness, or courtesy – that take place within an economic context, that we define as *meta-economic*). Figure 4.2 describes the first step of the mental process, where the potential purchaser identifies the „qualities" he/she is interested in.

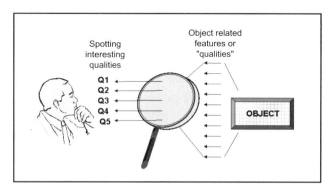

Figure 4.2 Entering in relation with an object, a person mentally selects those "qualities" he/she is interested in

We already noticed that quality is a neutral attribute, until it comes into relation with a subject – or a multiplicity of subjects, sharing the same requirements in relation to use – who (even unconsciously) identify or attribute *value* to it, depending on his/her needs, wishes, interests. Such value can be: *use value*, relative to goods for which *fitness for use* is what counts more to the purchaser (as for example computers or manufacturing equipment); *possession value*, relative to goods for which possessing or exhibiting them is the main purpose (like jewelry or pieces of art); *experience value*, where the intimate experience that the good or service allows is what counts most for the potential customer (like a unique cultural/tourist experience).

The judgment of value arises in the subject's mind by comparison with a *pattern of values*, that can be personal, or shared within a given population (market segment), or an accepted standard. In theory the purchaser uses two criteria for his/her value judgments: the *importance* attributed to a given quality (for example in relation to use) and the *expectations* about it (Figure 4.3). They are normally closely correlated, but sometimes they can diverge, typically when we give a certain value for granted, downgrading its importance if explicitly requested, but keeping our implicit expectations high; or when we explicitly say that some feature is important, but experience suggests us to be realistic in terms of value expectation, taking into account the state of the art of technology or the selected price range.

As far as *importance* is concerned, the problem with the purchaser is that he/she unconsciously obeys the „marginal utility law", tending to underestimate (or even ignore) the importance of some qualities, just because the state of the technology in relation to them is such that „high quality" is a common standard. They are taken for granted. Consumers statistically face that risk, since they usually rely on personal patterns of values, subjective and based on limited experience (more often than not, influenced by publicity). Business customers usually make more objective analyses, when important purchases are at stake. But apart from the customers, *those who should not miss the „importance" analysis are the vendors*, since customer satisfaction – in particular customer loyalty – depends on post-purchasing experience with the product (when the user can run into the problems caused by lack of preventive analysis of qualities' importance).

The marginal utility law is one of the aspects of value that was examined in the above mentioned paper (Conti, 2004). That law states that value of a thing varies according to scarcity or plenty of it in relation to needs; that the „marginal" value of each new unit depends on the number of units already existing in relation to demand (Menger, 1884; Wieser, 1884; Jevons, 1879). Then value decreases for each additional unit, reaching zero when it becomes superfluous (a classical example is water, highly valuable when it is scarce, barely appreciated when abundant; a more actual example is the rapid fall in price of successful high-tech consumer products due to oversupply by a multitude of competitors). The marginal utility law applies not just to the whole product but also to each of its „qualities" (features). The „life cycle of quality" theorized by N. Kano (Kano, 2001) can be easily explained by the marginal utility law. When a quality is given for granted, users will not consider it as a priority; their attention will move to other qualities that are rarer or critical today (the tongue ever turns to the aching tooth).

Vendors should carefully estimate *importance* in relation to the full spectrum of product qualities. They should do that with properly chosen panels of users. Doing that allows to understand which are the „must be qualities" that absolutely need full implementation – and which are the qualities that can be implemented at different value levels, making the performance/cost ratio a critical competitive variable. The result of the importance analysis is a pattern like that represented in the lower diagram of Figure 4.3. The „expected qualities" placed along the horizontal axis form the same basic framework that will later be used for customer satisfaction surveys. That allows easy comparison of the importance and performance patterns (identifying critical points, where high importance combines with low performance).

In addition to the *importance* pattern, Figure 4.3 displays the *expected value* pattern too (upper diagram). Importance and value expectations are the two factors that influence purchaser attitude in front of the object of the transaction. In reality, individual purchasers seldom do such double analysis: their selection (and value judgment) is normally made by an unconscious (and often deficient) combination of the two, taken as expected value. On the contrary, conscious vendors consider both patterns. They make precise research to estimate the importance pattern (interviewing panels of competent users) and the expected value patterns (through both interviews and analysis of customer satisfaction surveys on one's own and competitors' customers). In the following, for sake of simplicity, we will consider one curve only, the expected quality, assuming that it combines the two effects.

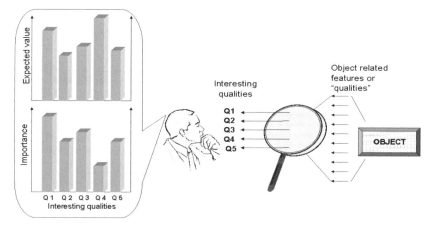

Figure 4.3 Two criteria are set in motion in relation to the "interesting qualities". "Importance" and "expected value". They do not necessariliy show similar patterns

Importance and value expectations are „a priori" concepts: They are independent from any quality judgment on the specific object and logically come before them. Let us then consider the next step: the „quality judgment" that leads to the purchasing decision. Figure 4.4 represents this stage, which consists of a mental comparison between the two patterns of *value perceptions* and *value expectations*. We know that the individual purchasing decision is quite often based on limited information, which may impair the significance and extent of value judgment. Only the post-purchasing experience will lead to a better informed judgment. In this analysis we assume a well informed customer, since we put ourselves in the shoes of the vendor who wants to gain the well informed customer perspective, to be able to satisfy customer expectations. We leave social psychologists to explore individual behavior and possibly the effect of manipulation of consumer value expectations. We look at the relation from

4 Integration of quality concepts into systems thinking

the perspective of the vendor who pursues customer satisfaction and loyalty and then does not exploit customer lack of information.

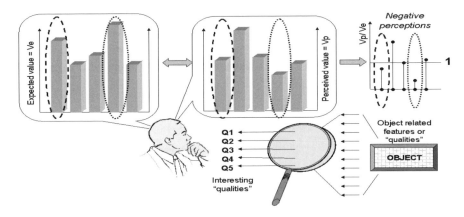

Figure 4.4 Value judgment derives by the comparison of perceived value with expected value. The potential purchaser is attracted by ratios vp/ve higher than 1

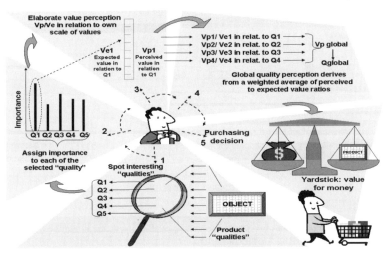

Figure 4.5 An overview of the whole process An overview of the whole process

The final steps are depicted in the right-end part of Figure 4.5 (which in the left-hand part summarizes the steps already described). For each „quality" the ratio Vp/Ve (between perceived and expected value) can be higher or lower than 1, where a higher than 1 figure means that value perception exceeds value expectation (see Figure 4.4). A weighted combination of the Vp/Ve ratios leads to a global judgment, if value received is higher or lower than the expected. What is normally called „quality perception" is in fact a kind of weighted sum of the value perceptions in relation to the interesting qualities. Finally, global quality perception is balanced against price (*value for money*) for the final purchasing decision, possibly taking alternative offerings into account.

Customer satisfaction obviously depends on the confirmation of the positive purchasing decision through direct experience with the product, both *fitness for use* and *reliability*. Since customer satisfaction is a precondition for the vendor's success in business, understanding such logic process and managing quality accordingly is also key to vendor satisfaction in the long run.

Figure 4.6 visually summarizes the concepts given in this chapter: The potential customer compares two similar objects on the basis of the interesting qualities. Using common language he says that quality of object 1 is better than quality of object 2, but what he really means is that the value carried by the interesting qualities is higher with object 1.

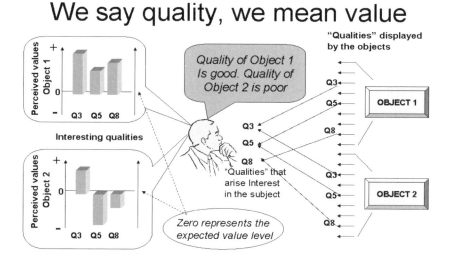

Figure 4.6 When choosing between two similar objects, the value perceived in relation to the same interesting qualities determines the "quality judgment"

The Concept of „Quality + Value" is Associated with Relations and Can Be Extended to Meta-/Non-Economic Social Relations

The basic concepts of quality and value that we have discussed in relation to economic transactions are by no means restricted to that area. They seem reasonably applicable to non-economic and meta-economic relations as well. What in the latter case changes is the nature of value and the fact that satisfaction is not based on „value for money" (and, for the vendor, „money for value"), but on „value for value" (a fair balance between received and given value). In dealing with meta- and non-economic areas we will restrict our scope to human/social relations within organizations and to relations between organizations. We will then ignore both the relations between individuals outside organized contexts (for example: friendship, love) and the relations between man and nature (for example: artistic and scientific).

We believe that the following characteristics that have been identified in economic relations apply to non-economic and meta-economic relations as well:

- Each party is sensitive to – and spontaneously selects – those „qualities" exhibited by the other parties in the relation that are perceived as „vehicles of value", positive or negative.
- A hierarchy of importance among such qualities is at least implicitly created in the parties' mind and can be rendered explicit through appropriate questioning.
- Each party has expectations about each value that he/she can receive in the relation. Within organizations each member needs – for example – information in order to accomplish her/his job and highly appreciates cooperative and friendly attitudes. Expectations can even be made explicit to the other party if a fair dialog is kept.
- Finally, when the relation takes place, an instinctive comparison is made by each party between the received and the expected values, resulting in satisfaction or dissatisfaction.
- Both parties' satisfaction should always be the aim, if „quality relations" are pursued. Mutual satisfaction derives from the perception of a fairly balanced bi-lateral flow of values.

From the above discussion on quality and value the following conclusions can be drawn:

- What we call a quality perception is in fact a perception of value associated with the considered „quality" or „qualities".
- The perception can become a judgment of value if a rational reflection is made, following the perception (a process that is typically human).
- The „quality + value" concept is intrinsically associated with any type of relations, among men and between man and the surrounding environment.
- Of paramount importance is the subject of quality and value in social relations, both economic and non-economic.
- Relations involving persons *consist of* the exchanged values, which can be material or immaterial (moral, spiritual), positive or negative, related to those qualities the involved parties are sensitive to.
- Whatever the relation, we should qualify it as a „quality relation" if and only if both parties aim at a fair value exchange, that is at mutual satisfaction.

We are well aware that economic transactions quite often do not aim at mutual satisfaction; sometimes they are even predatory. Egocentrism in relations is human (and in fact largely diffused) but has nothing to do with quality. We are not bound to apply the attribute „quality" to whatever relation. Let us use it only in the case of relations where mutual satisfaction is pursued. Do not we spontaneously apply that criterion to non-economic relations? Apart from love and friendship, where value exchange is the obvious basic ingredient, even in generic relations politeness (a basic driver of mutual satisfaction) is taken as a basic quality requirement.

Quality Management: This Concept too Can Be Extended to Structured Social Relations

Extension of quality and value concepts to meta-economic and non-economic social relations (i.e. human relations that take place within an economic or a non-economic context) is important in itself, but we are also looking for concrete benefits. We submit that two important outcomes of our discussion should be the following: 1) the possibility to extrapolate consolidated *quality management* concepts and methods to sociopolitical areas; 2) the integration of quality thinking with systems thinking. The two outcomes are closely interconnected: In fact the second reinforces the first, inasmuch as it brings the additional power of systems thinking into quality management.

Traditionally, quality management has grown as a discipline aimed at assuring that *customer expectations* are properly identified and, based on that, products and services meeting or exceeding those expectations are delivered. In the last decades of the 20th Century, increasing competition made quality management evolve into Total Quality Management (TQM), with a renewed emphasis on customers and the new message that, for the enterprise to be successful, quality management concepts should be extended to the company's *stakeholders*, to enhance their involvement and pursue their satisfaction.

Getting a balanced satisfaction of the company's stakeholder was – and still is – one of the most critical aspects of TQM. A lot of lip service has been paid to such things as employee involvement, empowerment and finally satisfaction, but in most cases very little changed in the way people were managed, both in times of plenty and in times of crisis. In most cases companies continued to be seen as hierarchical, pyramidal organizations, with emphasis on formal relations described by organization charts. In other words, while the most tangible aspects of the TQM models (like process management, supply chain management, better planning) were generally accepted and sometimes applied, the intangible were hard to digest. But, what is a company in the first place? It is a social organization, where relations among its members are extremely critical with regard to its value generation capability. If that is true – as it is –

extension of quality management concepts to social systems is necessary not only to bring the quality culture outside the realm of economics and business, but even more to revive TQM within enterprises, highlighting their nature of social systems. In fact enterprises *are* social, multi-minded systems (Gharajedaghi, 1999). If we continue to treat them as mechanistic or at most organic systems they will reject our efforts aimed at excellence. We have called „meta-economic" the human/social relations that take place within an economic context, to distinguish them from non-economic relations that take place for example in sociopolitical organizations; in fact the different nature of the systems asks for specific interpretations of the basic TQM models. But they have a lot in common and the systems view of the organizations helps to understand all of them better. It also helps to give TQM a more solid basis and then facilitate its development in the traditional business areas as well as its acceptance in new areas.

Quality Management and Systems Thinking

While analytical thinking aims at separating variables to understand specific cause-effect relations, systems thinking considers the system's global behavior and performance as a combined effect of all its variables and – most of all – of *their mutual relations* (Bertalanffy, 1983; Ackoff, 1972; Gharajedaghi, 1999). In fact, *interdependence* among the system's elements is the main factor in determining its characteristics, behavior and performance. Human/social relations – the relations between persons and groups of persons – are by far the most important relations within organizations („multi-minded systems", as Gharajedaghi calls them). *Since relations are the place where qualities are perceived and value is generated, on them quality management should primarily be focused.*

Figure 4.7 is a schematic representation of the *organizational system*, its *transactional environment* (the part of the external environment that can be influenced by the organization) and the *independent environment*. Within the organizational systems, elements and groups of elements are represented (people and formal and informal groups of people). Their interrelations are key to the generation of value: for the customers, the stakeholders and the organization itself. Employees and business partners only are represented among stakeholders, for the sake of simplicity. Employees straddle the border between the organization and its transactional environment (they must be considered as both part of the system and independent subjects), while business partners are located within the latter. Customers are mostly in the independent environment, except those who are linked to the organization by a contract or by a voluntary, loyalty link.

For our purpose, the most important parts of the figure are the areas of intense relations between elements and groups of elements. The author calls them „value generation clusters". They are the key to any organization's success. They are the link between quality thinking and systems thinking. In any purposeful system, people and groups of people work together to achieve results, to generate the expected values. They are normally formal group, sometimes informal. In excellent organizations informality complements formality, quite often overcoming it.

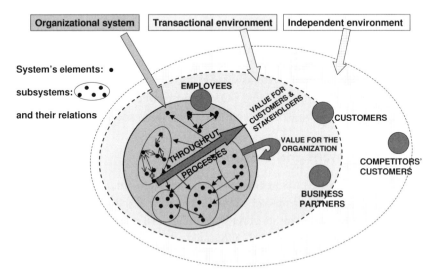

Figure 4.7 The organizational systems, its elements and its internal relations; the organization's transactional system and the independent environment

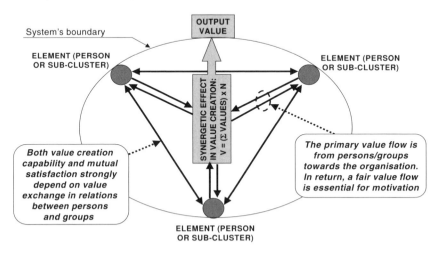

Figure 4.8 The "value cluster". The dynamics of value creation and value exchange in purposeful relations

Figure 4.8 schematically illustrates the rationale of the „value clusters" or „value generation clusters". Three elements only are represented in the figure, for simplicity. They can be either individuals or groups of individuals (sub-clusters). They co-operate to generate the expected value. From their co-operation – because of the synergetic effect typical of social systems – the value that is generated is different from the sum of the values that each individual could generate in isolation. It can be more – sometimes much more – and that is what is expected of a co-operative system; or it can be less, when people do not co-operate, when they destroy value. The synergetic effect is represented in the figure by a multiplying factor N (in the central box). Such factor, that represents the effectiveness in generating the expected value, depends on a number of ethical/cultural factors – and here we come to the heart of the matter: *human organizations can produce fruits only if those who hold power understand the ethical/cultural implications of putting human beings together for a shared purpose and honestly face the challenge.*

The three elements of the simple system considered in the figure are located on the vertices of a triangle. Two types of relations take place within this small system. The first is the relation between each „element" and the organization: a bi-lateral relation, represented by a couple of radial arrows for each element, pointing in opposite directions. The primary value flow is from the person to the organization: the value that the organization has the right to expect from any individual who freely joins it. What is a fair contribution is difficult to say since, particularly in the case of intellectual activity, defining performance standard can be difficult. But it is here that the reverse value flow, from the organization to the individual, comes into play. Psychology tells us that people motivation to contribute to the collective value generation process is proportional to the gratification that they get in return. Gratification depends on many factors: One is certainly how interesting for the person is the value generation process in itself, but of paramount importance is the perception of value received through appropriate recognition: economic, career related, appreciation from the boss, public acknowledgment. The Maslow pyramid (Maslow, 1953) is a good guide to understand how gratification works depending on the situation. Anyhow, the perception of a fair balance between received and given value is fundamental for keeping the level of employees' contribution high. Understanding the cultural dimensions of value is particularly important today, with the ever increasing rate of internationalization and the consequent challenge of managing multi-ethnical, multi-cultural systems. Value patterns depend on the culture. Creating a well accepted cultural environment, with shared basic values and respect for non-shared values is fundamental for the success of any purposeful system.

The second important type of relations illustrated in the figure is that between the members (elements) of the „value generation cluster" (bi-directional arrows between the elements). To enhance value generating capabilities, such relations should be based on trust, openness, willingness to share information and to build knowledge together, mutual respect, empathy. Clearly, for mutual relations to take such character, an environment like the one depicted above is essential, where the basic social values are clearly indicated and exacted. But individual behavior remains central. It can be screened through proper recruiting; it can be reinforced trough education and exposure to a clear recognition system; but, at the end of the day, the leadership role of those who have responsibility for the system emerges as fundamental. Leading a purposeful multi-minded system is perhaps the most difficult job and the biggest challenge for a person today. That is why leadership and people relations' management, already a dominant factor in TQM models, should be even more emphasized through a deeper understanding of multi-minded systems' dynamics. How to create the favorable environment for high value relations, how to foster the creation of value generating clusters: these are the major challenges for managers who consciously aim at excellence.

In this period, where the word excellence is often used (or, more exactly, abused) as a synonymous for quality, we should better understand that excellence is – in the systems' language – an „emergent property". With this name those unique properties of a system that cannot be explained in terms of the properties of its parts are indicated. They are properties of the whole. They are a product of the interactions, not a sum of the actions of the parts (Gharajedaghi, 1999). Life is a typical example of emergent property, as it is love. Excellence of organizations is not the necessary consequence of excellence of the individuals that make them, nor superiority in mastering technology. Excellence is an emergent property that may dawn from rare synergetic effects among the organization's members, favored by the leader.

Looking at TQM Models in the Systems Perspective

When, in 1990, the author made his proposal to differentiate the European Quality Award model from the Malcolm Baldrige that was all the rage at the time, a main point was grouping the systemic factors and processes together (the so called „enablers" group), separating them from goals/results. The idea was separating all the system's (or organizational) variables from the outcomes, mainly destined to the environment (customers and stakeholders). It was a first step in modeling the organization as an open system, immersed in its environment – the supra-system – and highlighting all the vital exchanges that take place between the two. In fact, the purposes of an open system are mostly to be found in its environment, where it takes energy and resources from and gives it outcome to. Subsequently, the evolution of TQM models pursued by the author was always in line with the systems view (Conti,

1997). However, it was only the encounter with systems thinkers – Ackoff, Gharajedaghi and Laszlo in particular – that led to a kind of „illumination".

Figure 4.9 of 1997 (Conti, ibid.) is in fact conceptually similar to Figure 4.7, that represents the most recent author's representation of TQM models (Conti, 2003), after exposure to with systems thinking, Gharajedaghi in particular. Processes considered in the model of Figure 4.9 are those serving the organization's customers (upper block on the right-hand side) and stakeholders (lower block) as well as those that aim at the institutional goals of the organization (its fundamental „mission") and at safeguarding long term development of the organization itself (central block).

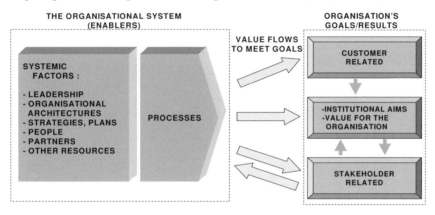

Figure 4.9 Schematic representation of TQM models in the system perspective

Conclusions

Systems thinking is a way of thinking that strives to understand the complexity of the reality we are immersed in, in particular the reality of socio-cultural systems. With the ever increasing complexity of man-made systems, the dynamics imposed by the exponential growth of technology, the progressive opening of once closed sociopolitical systems, we cannot escape the systems thinking challenge. Quality, as a quest for a rational balance of value in human relations, seems to be an important factor for the development of social systems, a process that requires „dynamic stability". Quality management, as a process aimed to enhance organizations' „fitness for purpose", is obviously important in the context of purposeful systems in general and in particular to meet the above mentioned quality goal, that is the system's ability to develop, in a dynamic balance between order and chaos. This paper aimed at discussing the rationale for the integration of quality concepts into systems thinking and at enhancing the systems perspective in TQM models.

Now the author looks for a wide debate on this subject, that is important both to contrast the decline of the interest for quality in business and to promote the extension of quality management concepts and practice to sociopolitical organizations, up to the international level.

References

(References to classical texts do not quote any publishers, since they are published in most languages and the reader can easily access to the national publications)

Abbagnano, N. (1964): *Dizionario di filosofia*, UTET, Torino

Ackoff, R. L. et al. (1972): *On Purposeful Systems*, Aldine-Atherton, Chicago

Aristotle/1: *Metaphysics*, Book V, Chapter 14

Aristotle/2: *Categories*, Chapters: 8, 9 to 14, 27

Bertalanffy, L. von (1983): *General System Theory*, 14th ed., George Batziller, New York, 2003

Cartesius (Descartes, R.) (1644): *Principia Philosophiae*

Cole R., (2003): From Continuous Improvement to Continuous Innovation, *Quality into the 21st Century: Perspectives on Quality and Competitiveness for Sustained Performance, Chapter 6*, Quality Press, Milwaukee

Conti, T. (2003): Extending Quality Management Concepts To Social And Political Systems, *3rd International Conference on Systems Thinking in Management*, University of Philadelphia, PA

Conti, T. (1997): *Organizational Self-Assessment*, 2nd ed. Kluwer Acad. P.shers, Dordrecht NL

Conti, T. (2004): Reviewing quality and value concepts to lay the groundwork for a better convergence between quality management and systems thinking, *Proceeding of the 48th EOQ Quality Congress, Moscow, 2005*

Gharajedaghi, J. (1999): *Systems Thinking*, Butterworth Heinemann, Boston, M

Hobbes, T. (1651): *Leviathan, I*

Jevons, W. S. (1871): *Theory of political economy*

Juran J. M., Godfrey B. A., (2000): *Juran's Quality Handbook, 5th Edition*, McGraw Hill, New York

Kano N. (2001): Life Cycle and Creation of Attractive Quality, *Proceeding of the 55th American Quality Congress*, ASQ, Milwaukee, WI

Lazslo, E.; Wilbur, J. B. (1973): *Value Theory in Philosophy and Social Sciences*, Gordon and Breach Science Publishers, New York, London, Paris (see in particular the section „The experience and judgement of values", by Arnold Berleant)

Locke, J. (1690): *Essay on human intellect*

Maslow, A. (1953): Theory of human motivation, *Psychological Review*, vol. 50

Menger, C. (1874): *Grundsätze der Volkswirthschaftslehre*, Wien

Newton, I. (1704): *Opticks, III, 1*

St. Thomas Aquinas: *Summa Theologica, III*

Wieser, F. von (1874): *Über den Ursprung und die Hauptgesetze des Wirthschaftlichen Werthes*, Wien

5 Ganzheitliches Qualitätsmanagement für Deutschlands Zukunft

Herbert Schnauber

Einleitung

Die Zukunft hat längst begonnen – aber sind wir ihr gewachsen? Zu lange schon verlassen wir uns auf das zugegebenermaßen weltweit anerkannten Qualitätssynonym „made in Germany". Andere Wirtschaftsräume sind an Deutschland vorbeigezogen und belegen heute Spitzenplätze (Bild 5.1). Und das nicht nur in wirtschaftlicher, sondern auch in bildungspolitischer Hinsicht.

1	Finnland	17	Österreich
2	USA	18	Neuseeland
3	Schweden	19	Israel
4	Taiwan	20	Estland
5	Dänemark	21	Hongkong
6	Norwegen	22	Chile
7	Singapur	23	Spanien
8	Schweiz	24	Portugal
9	Japan	25	Belgien
10	Island	26	Luxemburg
11	Großbritannien	27	Frankreich
12	Niederlande	...	....
13	Deutschland	102	Bangladesch
14	Australien	103	Angola
15	Kanada	104	Tschad
16	Verein. Arab. Emirate		

Bild 5.1 Die besten Wirtschaftsstandorte (Einschätzung des Weltwirtschaftsforums 2004)

Die PISA-Studie z. B. hat die Schwächen des Bildungssystems offen gelegt und quasi mit einem Paukenschlag das Image der Deutschen als Volk der Dichter und Denker stark in Mitleidenschaft gezogen. Die letzte Gallup-Studie aus dem Jahr 2004 über das Verhältnis der Deutschen zu ihrer Arbeit lässt starke Zweifel in Sachen Mitarbeitermotivation aufkommen. Auf weit über zwei Milliarden Euro beziffert das Institut den daraus resultierenden Schaden. Die Ursachen, die von den Wissenschaftlern in der Studie ausgemacht werden, liegen darin begründet, dass sich die Mitarbeiter nicht informiert und eingebunden fühlen, dass ihre Vorgesetzten kein sonderliches Interesse für sie und ihre Meinungen haben. „Deutsche Chefs sind zu autoritär und lassen andere Meinungen zu selten zu", sagte Gallup-Deutschland-Chef Gerald Wood. Es fehlten Lob und Anerkennung für gute Arbeit. Auf den Punkt gebracht: In Deutschland wird zu wenig systematische Mitarbeiterorientierung gelebt.

Als wesentlicher Grund für diese Malaise wird die fehlende Qualität im umfassenden Sinn identifiziert. Einst Markenzeichen für Deutschland, befindet sich die Qualität heute scheinbar in der Krise. Ist „made in Germany" kein Gütesiegel mehr, sondern ein Märchen aus vergangenen Zeiten? Soll man aufgeben und damit der Mittelmäßigkeit gänzlich verfallen oder aber sich auf die eigenen Fähigkeiten besinnen, sie bewusst einsetzen und durchstarten? Wir haben keine andere Wahl, als uns in allen Bereichen zu engagieren.

Wenn auch in Zukunft schwierige Zeiten gemeistert werden sollen, braucht Deutschland ein neues Qualitätsbewusstsein. Hans-Olaf Henkel plädiert „nachdrücklich für eine Qualitätsoffensive", denn, so sagt er, „wer in Sachen Qualität nachlässt, steigt ab". Ist deshalb eine Wiederbelebung der Qualität erforderlich? „Wo immer deutsche Produkte, Systeme und Dienstleistungen noch weltweit konkurrieren können, zeichnet sie ein Merkmal aus: Qualität. Deutsche Automobile, deutsche Werkzeugmaschinen, Chemieprodukte, die deutsche Medizin und Medizintechnik haben sich ein überlegenes Qualitätsimage erworben, das ihnen den notwendigen Wettbewerbsvorsprung gibt", das sagte Ulrich Lehner, Vorsitzender der Geschäftsführung der Firma Henkel.

Mehr und mehr wird offenkundig, dass Deutschland ein neues Qualitätsbewusstsein braucht, um den Weg aus der Krise zu schaffen. Denn wo erfolgreich gearbeitet wird, steht nachhaltige wirtschaftliche Erfüllung von Kundenwünschen und Marktforderungen im Mittelpunkt des Denkens und Handelns.

In Deutschland hatte die Qualität stets einen hohen Stellenwert. Seit es 1887 in England im Merchandise Marks Act, quasi als „Brandmark" für deutsche Produkte, zur Schöpfung des Begriffs „made in Germany" kam, hat sich dieser Begriff als herausragendes Qualitätssynonym weltweit verfestigt. Die Diskussion der letzten Zeit um den Begriff „made in Germany" sollte nur umso deutlicher machen, dass man sich in unserem Lande auf seine Qualitäten besinnen sollte. Erfolgreich wird ein Land ebenso wie ein Unternehmen nur sein, wenn es den Qualitätsgedanken als allumfassende Maxime aufgreift und ständig nach höchster Qualität strebt. Und exzellent wird man erst dann, wenn Qualität nicht immer hinterfragt wird, sondern eine Selbstverständlichkeit darstellt.

Qualität des Managements

Im Rahmen der dringend gebotenen „Wiederbelebung der Qualität" kommt insbesondere der Qualität von Führung – auch der politischen Führung – eine ganz entscheidende Bedeutung zu. „In Zukunft wird der Erfolg im Wettbewerb fast ausschließlich auf die Qualität des Managements zurückzuführen sein", diese Aussage des ehemaligen Nestlé-Chefs Helmut Maucher verdeutlicht das Folgende: Wenn die eigene Organisation Hervorragendes leisten soll, muss das Management die Herausforderung zur höchsten Qualität der eigenen Führung unbedingt annehmen. Leider entziehen sich Führungskräfte nur allzu oft der unmittelbaren und persönlichen Beteiligung und geben die Probleme an nachgeordnete Ebenen weiter. Im Falle des Scheiterns ist man dann exkulpiert.

Den Erfolg sichert der Kunde. Seine Zufriedenheit, seine Loyalität und damit sein Beitrag zum positiven wirtschaftlichen Ergebnis der eigenen Organisation aber werden entscheidend durch die Zufriedenheit und die Fähigkeiten der eigenen Mitarbeiter beeinflusst. Die Mitarbeiter wiederum unterliegen in ihrer Motivation und damit ihrer Leistung ganz entscheidend dem Führungsverhalten ihrer Vorgesetzten. Allein schon deshalb kommt es zuallererst einmal auf die Qualität des Managements an. Die vielen negativen Beispiele der jüngeren Vergangenheit haben uns nur zu deutlich gezeigt, wie schnell durch unachtsame Handlungsweisen und Reden Demotivation unter den Beschäftigten nicht nur in der eigenen, sondern durchaus auch in vielen anderen Organisationen entsteht.

Qualität im umfassenden Sinn muss unbedingt Chefsache sein und bleiben. Nur dann, wenn die Führung einer Organisation alles dafür tut, dieses Thema permanent zu besetzen und zu verfolgen, das Thema antreibt und ein entsprechendes Klima schafft – nur dann wird der Rest mitziehen.

Um Ludwig Georg Braun zu zitieren: *„Die Krise Deutschlands manifestiert sich in allen seinen Teilen, auch im Management. Es ist tödlich, wenn Manager sich nichts Neues einfallen lassen, sich auf die Verwaltung bestehender Märkte und Produkte reduzieren. Deshalb braucht Deutschland erheblich mehr unternehmerische Dynamik als bisher. Gleichzeitig brauchen wir weniger Eitelkeit und mehr Demut. Die Unbescheidenheit der Manager sollte sich bei den Ansprüchen an der eigenen Leistung niederschlagen."*

Bild 5.2 zeigt, dass die meisten Ideen der Mitarbeiter in deren Freizeit entstehen. Das gilt allerdings nur für den Fall, dass die Beschäftigten mit ihren Arbeitsbedingungen, dem Betriebsklima und dem Führungsverhalten ihrer Vorgesetzten zufrieden sind, sie Anerkennung und eine leistungsgerechte Entlohnung erfahren dürfen.

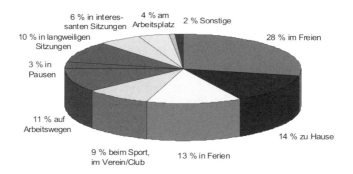

Bild 5.2 Wo entstehen Ideen? (Quelle: DIW, Zeitschrift für Vorschlagwesen 5/96)

Es ist ein typisches Phänomen, dass oberste Führungskräfte zu einem hohen Prozentsatz davon überzeugt sind, es geschafft zu haben, ihre Vision und Mission im eigenen Unternehmen allen Mitarbeitern zu verdeutlichen (Bild 5.3). Die Wirklichkeit aber sieht dann doch etwas anders aus (Bild 5.4).

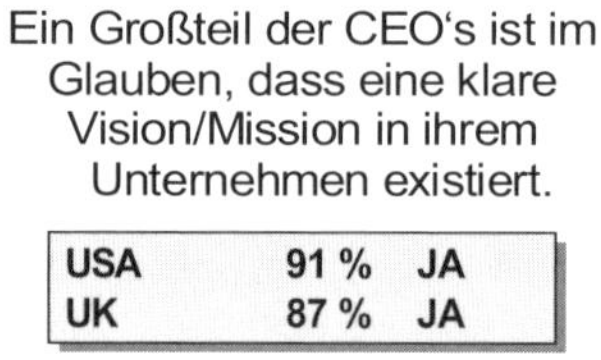

Ein Großteil der CEO's ist im
Glauben, dass eine klare
Vision/Mission in ihrem
Unternehmen existiert.

| USA | 91 % | JA |
| UK | 87 % | JA |

Bild 5.3 Antworten der CEO's auf die Frage, ob eine Vision/Mission in ihrem Unternehmen existiert (Quelle: CFO Magazine and Renaissance Consulting)

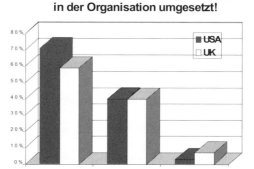

Bild 5.4 Prozentsatz der Mitarbeiter, die die Vision/Mission verstanden haben (Quelle: CFO Magazine and Renaissance Consulting)

Gleiches gilt sicherlich auch für viele andere Aspekte, so z. B. für zu vereinbarende Ziele und die zugehörigen Strategien einschließlich der regelmäßigen Überprüfung des Arbeitsfortschritts.

Ständiges Hinterfragen erst schafft die Garantie dafür, dass die Dinge, die man den Mitarbeitern verdeutlichen möchte, die man von ihnen erwartet, auch tatsächlich verstanden wurden. Und dies ist noch lange kein Garant dafür, dass die erforderlichen Handlungen auch danach ausgerichtet werden. Führungskräfte müssen sich auch als „Helfer in der Not" beweisen, d. h. Unterstützung den eigenen Mitarbeitern angedeihen lassen, insbesondere dann, wenn diese mit ihrer Arbeit und den gesteckten Zielen nicht recht vorankommen.

Erfolge durch umfassende Qualität

Einer Umfrage unter 2.500 repräsentativ ausgewählten Vorständen, Geschäftsführern und leitenden Angestellten zufolge werden die in Bild 5.5 dargestellten Kriterien als sehr wichtige Erfolgsfaktoren angesehen. Qualität sowohl als Produktqualität als auch als Managementqualität wird nach der Kundenorientierung als der wichtigste Erfolgsfaktor genannt.

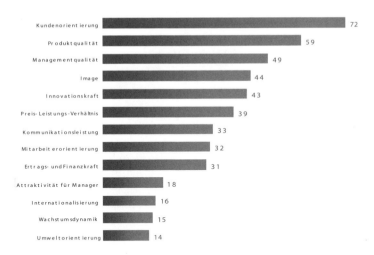

Bild 5.5 König Kunde - wichtige Erfolgsfaktoren (Angaben in %, Quelle: manager magazin 2/04)

Nur dann, wenn in der gesamten Organisation gleiches Qualitätsverständnis herrscht, lassen sich herausragende Ergebnisse erzielen. Deshalb ist eine unternehmensweite Qualitätsstrategie, d. h. umfassendes Qualitätsmanagement erforderlich.

Einen Trend, Qualitätsstrategien im gesamten Unternehmen zu verankern, gibt es natürlich insofern schon einige Zeit, als durch die verschiedenen Normen und Richtlinien in der Vergangenheit Tatsachen geschaffen wurden, die im Anschluss an die „Pflicht" durch die geforderte DIN EN ISO 9000 bei vielen Weiterdenkenden den Wunsch nach der „Kür" entstehen ließen. Sehr viele Lieferanten müssen sich zertifizieren lassen, nutzen jedoch nicht immer die hierin liegenden Chancen. Doch dort, wo der externe Druck deutlich über die gewöhnlichen Anforderungen der DIN EN ISO hinausgeht, dies gilt vor allem für die Automobilzulieferindustrie, denkt man schon seit langem über weitere Maßnahmen des Besserwerdens nach. So hat der VDA „Automotive Excellence" propagiert und hierzu als Grundlage das Excellence-Modell der European Foundation for Quality Management empfohlen. Dem lag nicht nur der Wunsch nach weniger Audits zugrunde, sondern vor allem die Entwicklung hin zu Excellence.

Es wäre für unser Land sehr förderlich, wenn nicht nur in einigen Industriebetrieben, sondern in der Öffentlichkeit anerkannt würde, dass Qualität in allem, was wir tun, eine „Conditio sine qua non" darstellt, wenn wir unseren gewohnten Lebensstandard auch weiterhin aufrechterhalten wollen. Ohne das Bemühen um Qualität im Sinne exzellenter Vorgänge, Prozesse und Handlungsweisen ist alles Tun nur unvollständig, infolgedessen keineswegs wertschöpfend und damit wenig nützlich im internationalen wie nationalen Wettbewerb.

Die positive Entwicklung unseres Wohlstandes in den zurückliegenden Jahren wird heute als verbriefte Selbstverständlichkeit angesehen, was bei unserer Spaß- und Vergnügungsgesellschaft ohne Berücksichtigung des immer schärfer werdenden weltweiten Wettbewerbs schon morgen mit drastischen Abstrichen am Lebensstandard verbunden sein könnte. Anzeichen hierzu existieren bereits. Doch wir haben nach wie vor enorme Möglichkeiten, Deutschland neu zu ergründen, wenn wir nicht auf Durchschnitt, sondern auf Spitzenleistungen setzen.

Allerdings bedarf dies auch im öffentlichen Leben der konsequenten Anwendung des Leistungsgedankens, wie er ja auch von allen Unternehmen verlangt wird, vor allem aber der Umkehr vom *„Anspruchsdenken hin zum Anspruch ans Denken"* im Sinne Ludwig Erhards, der es so formulierte: „*Öffentliche Voraussicht und private Initiative müssen sich verbünden, um Deutschland gegen Krisen gefeit sein zu lassen und für die Mehrheit seiner politischen Kraft, seiner geistigen und technischen Leistung, seines ökonomischen Fortschritts einstehen zu können.*" Leider wurde politisch zu viel des vermeintlich Guten getan und uns suggeriert, die Verantwortlichen würden es schon richten. Übrigens ein gravierendes Beispiel für reichlich wenig Weitsicht, zudem wenig Qualität im Handeln, sollte jeder doch aus eigener Erfahrung wissen, dass Saturiertheit noch nie eine Quelle von innovativem und leistungsbezogenem Handeln war. Ob und in welcher Zeit es gelingt, zur besseren Einsicht zurückzufinden, vermag ich nicht zu sagen. Bekannt ist, dass personal-organisatorische Veränderungen auch in Unternehmen die meiste Zeit in Anspruch nehmen. Um wie viel schwerer ist es erst, Besitzstände, die aus politisch intendiertem Grunde versprochen wurden, rückgängig zu machen bzw. zu relativieren. Dies erleben wir gegenwärtig jeden Tag. Ich meine jedoch, *„zur Einsicht ist es nie zu früh und nie zu spät, zur Einsicht ist es immer höchste Zeit".*

„Mittelmaß darf nicht das Maß aller Dinge werden." Dies hat zuallererst einmal der bildungspolitische Sektor einzusehen. Hier ist die Führung aller politischen Parteien gefordert, überzeugend und nachhaltig zu verdeutlichen, dass man in unserem Lande der „nachwachsenden Ressource Mensch" alle Aufmerksamkeit widmen muss. Andere „Bodenschätze" haben wir nun einmal nicht in nennenswertem Umfang zur Verfügung.

In Industriebetrieben und anderswo wird Qualität leider des Öfteren als unnötiger Kostenfaktor gesehen, eine völlig unnütze Diskussion, die durchaus dazu führen kann, dass nicht auf die erforderliche Qualität geachtet wird. Allein deshalb darf es den Gegensatz zwischen Qualität und Kosten nicht geben.

Wie bereits ausgeführt, gibt es gegenüber der Forderung der Kunden nach höchster Qualität keine Alternative. Dies bedeutet, dass der Hersteller von Produkten für höchste Qualität Sorge tragen muss und überhaupt keine Chance hat, von diesem Grundsatz abzuweichen, sofern er auch weiterhin bestehen und seine Produkte absetzen möchte. Die Automobilzulieferindustrie hat dies über Jahre erfahren müssen und erfährt es täglich neu.

Jedem von uns ist klar, dass man in Produktionsanlagen investieren muss, wenn sie auf dem Stand der Technik bleiben und hohe Produktivität erreichen sollen. Investitionen in die Mitarbeiter aber werden sehr oft als unnötige Kosten gesehen, die z. B. der Qualitätssicherung anzulasten sind. Wenn Mitarbeiter wissen, worum es geht, sie entsprechend geführt und qualifiziert werden, können sie eher „Qualität von Anfang an" erzeugen als umgekehrt. Dies ist die kostengünstigste Variante überhaupt und führt zu einem hohen Qualitätsbewusstsein mit entsprechend geringen Fehlerraten. „6 Sigma", 3,4 fehlerhafte Einheiten auf eine Million Vorgänge bedeutet einen Kostenfaktor von unter 1 % des Umsatzes, während man bei nur 5 Sigma (233 Fehler) schon 5 bis 15 % und bei 4 Sigma (6.210 Fehler) bereits 15 bis 25 % des Umsatzes in Anrechnung bringen muss, um die jeweilige Qualitätsgarantie überhaupt abgeben zu können.

Was also verursacht die Kosten, die man der Qualität ungerechtfertigterweise immer wieder zuschreibt? Es sind der Ausschuss und die sonstigen Fehler sowie die unausweichlich damit verbundenen Fehlerentdeckungs- und -beseitigungsmaßnahmen,

d. h. es sind die Kosten für inakzeptable „Nicht-Qualität". Was Qualitätsprobleme insgesamt kosten können, wird an dem in Bild 5.6 dargestellten Beispiel verdeutlicht.

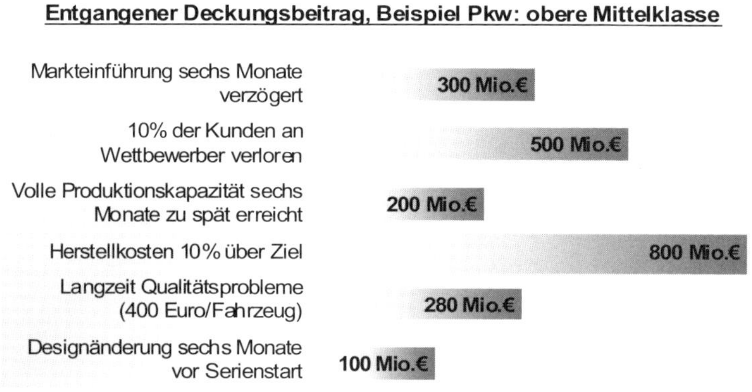

Entgangener Deckungsbeitrag, Beispiel Pkw: obere Mittelklasse

Markteinführung sechs Monate verzögert	300 Mio.€
10% der Kunden an Wettbewerber verloren	500 Mio.€
Volle Produktionskapazität sechs Monate zu spät erreicht	200 Mio.€
Herstellkosten 10% über Ziel	800 Mio.€
Langzeit Qualitätsprobleme (400 Euro/Fahrzeug)	280 Mio.€
Designänderung sechs Monate vor Serienstart	100 Mio.€

Bild 5.6 Was Qualitätsprobleme kosten können (Quelle: McKinsey)

Es geht kein Weg daran vorbei, die entscheidende Rolle für eine erfolgreiche Organisation mit hohem Qualitätsstandard spielen vor allem die Führungskräfte, die ihr Ziel und die damit verbundenen Wege aufzeigen müssen, um diese mit ihren Mitarbeitern zu besprechen und zu vereinbaren.

Sie müssen sich persönlich dafür einsetzen, dass jeder Mitarbeiter im Unternehmen ein möglichst hohes Qualitätsbewusstsein verinnerlicht, er Fehler jederzeit aufdecken darf, um unnötige Verschwendungen, Kosten und Imageverluste zu vermeiden, d. h. um rechtzeitig Fehlerquellen zu entdecken und sie als Chance für ständige Verbesserungen zu nutzen. In den Mitarbeiter zu investieren oder, deutlicher zum Ausdruck gebracht, den Mitarbeiter dazu zu bringen, dass er sich mit seiner Aufgabe voll identifiziert, bedeutet für mich vor allem, Wertschöpfung durch Wertschätzung zu erzielen. Denn ohne diese Identifizierung kann eine Organisation, ein Unternehmen kaum auf Dauer erfolgreich agieren. Hierbei wird seitens der Führungskräfte Überzeugungs- und Durchsetzungskraft, Konsequenz im Reden und im Handeln, eben „Management-Qualität" erwartet.

Untersuchungen von Hendricks und Singhal (QZ 45 [2000] 12, S. 1537–1540) zeigen, vorausgesetzt Total Quality Management wird von den Führungskräften konsequent praktiziert, auch über einen längeren Zeitraum deutlich bessere wirtschaftliche Ergebnisse (Bild 5.7).

Auch die Ergebnisse von Joyce, Nohria und Robertson förderten in ihrer Veröffentlichung *What (Really) Works* (im Deutschen bei Klett-Cotta unter dem Titel *Wie erfolgreiche Unternehmen arbeiten* erschienen) ähnliche Werte der sogenannten Sieger gegenüber den Verlierern zutage wie wir sie schon bei Hendricks und Singhal gesehen haben. Es lohnt deshalb sehr, sich um „Total Quality Management" zu bemühen.

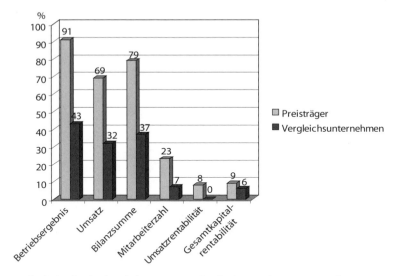

Bild 5.7 Vergleich der durchschnittlichen prozentualen Änderung der Leistungen der Preisträger und der Vergleichsunternehmen nach Einführung des „Award-Modells" (Quelle: Hendricks und Singhal)

Bemerkenswert hierbei ist zudem, dass sich diese Erfolge auf einige wenige Managementmethoden zurückführen lassen. Es sind dies die Strategie, die Prozessgestaltung, die Kultur und die Struktur (Bild 5.8) sowie die Qualifikation, die Führung, die Innovation und die Allianzen oder Partnerschaften (Bild 5.9). Die Nähe zu den Hauptkriterien des EFQM-Modells ist unverkennbar. Joyce, Nohria und Robertson nennen das Ergebnis ihrer Studien zu nachhaltigem Geschäftserfolg „The 4+2-Formula for Sustained Business Success". Von den genannten acht Managementmethoden realisieren die Sieger wenigstens sechs.

Damit wird zugleich der Beweis dafür angetreten, dass der nachhaltigste „Shareholder-Value" auf dem „Stakeholder-Ansatz" beruht.

Gründe für das Scheitern von Führungskräften lassen sich – ebenfalls nach einer US-amerikanischen Studie – vielfach in der fehlenden Vision, der schlechten Kommunikation, der Führungsschwäche, dem geringen Verständnis für die Kunden, der nicht vorhandenen sozialen Kompetenz und der Unfähigkeit zur Teambildung finden.

Bestätigt werden diese Ergebnisse übrigens auch durch die bisherigen ExBa-Studien, die hinsichtlich der Qualifikation des Managements – auf deutsche Verhältnisse bezogen – ebenfalls verdeutlichen, dass es insbesondere an der sozialen Kompetenz fehlt.

Bei den vielen negativen Aspekten, die uns immer wieder begegnen, soll nicht verschwiegen werden, dass es auch in Deutschland zahlreiche vorzeigenswerte Unternehmen und Organisationen gibt, die eine Vorreiterrolle übernommen haben. Bekannt sind die von Hermann Simon in seinem Buch *The Hidden Champions* beschriebenen Weltmarktführer.

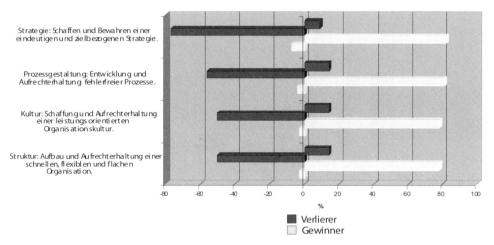

Bild 5.8 Unterschiede in den primären Managementpraktiken zwischen Gewinnern und Verlierern (Quelle: What Really Works, Joyce, Nohria, Robertson)

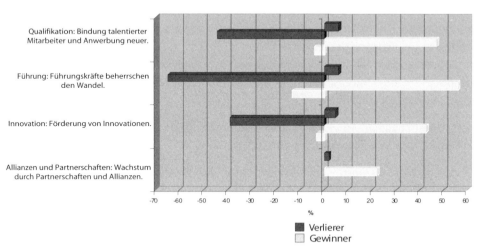

Bild 5.9 Unterschiede in den sekundären Managementpraktiken zwischen Gewinnern und Verlierern (Quelle: What Really Works, Joyce, Nohria, Robertson)

Für mich ist insbesondere auch die Automobilzulieferbranche diejenige, die in den zurückliegenden ca. 15 Jahren eine enorme Reorganisation hin zu exzellenten Produktionsstätten erfahren hat. Dies bewies bereits der Wettbewerb „Fabrik des Jahres 1996" und setzte sich in den Folgejahren bis heute fort.

Es war der äußere Druck, der insbesondere die Automobilzulieferer traf und dazu führte, dass der Fokus auf Kundennähe und Kostenreduzierung gelegt wurde (siehe Bild 5.10).

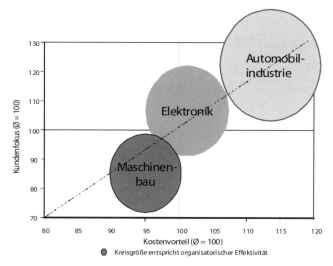

Bild 5.10 Die Automobilindustrie ist führend Kundennähe und Kostenreduzierung (Quelle: A. T. Kearnay, 1996)

Verschweigen möchte ich an dieser Stelle allerdings auch nicht, dass einer der Gewinner des European Quality Award der European Foundation for Quality Management im Jahr 2003 ein türkisches Unternehmen innerhalb der Bosch-Gruppe war. Es lässt sich auch nicht von der Hand weisen, dass uns längst bekannte Methoden in anderen Ländern allein schon deshalb besser umgesetzt werden, weil man den bisherigen Abstand zwischen den typischen Industrienationen und dem eigenen Land schnell verringern möchte. Viele weitere Beispiele belegen dies sehr deutlich. Umso wichtiger ist es, bei uns zu Lande höchstes Qualitätsbewusstsein zu schärfen und immer wieder darauf hinzuweisen, dass umfassende Qualität alle angeht und nur durch sie nachhaltiges Wachstum zu erreichen ist. Dies sollte in unserem Land doch möglich sein; die Gewinner verschiedener Wettbewerbe beweisen dies doch (siehe hierzu z. B. auch „Zahlt sich Qualität aus?" von H. Wildemann in QZ 5/2005, S. 21–25). Allerdings fehlt es in Deutschland an der nötigen Unterstützung durch die politische Repräsentanz und damit an der Durchdringung dieses existentiellen Themas in der Bevölkerung. Wenn man sieht, wie ernst man in anderen Staaten das Bemühen um höchste Qualität in allen Bereichen des öffentlichen wie des industriellen Lebens nimmt und in welch großer Zahl die Medien bei den diesbezüglichen Verleihungsveranstaltungen vertreten sind, dann kann man sich über das teilweise erschreckende Desinteresse unserer politischen Repräsentanten an umfassender Qualität nur wundern. Hier wäre wirklich einmal die Chance in nachhaltiger Weise gegeben, sich zu profilieren.

Viele Wege führen sicherlich nach Rom. Doch der gemeinsam im Führungskreis ausgewählte Weg ist der beste und sollte konsequent verfolgt werden. Das Motto kann deshalb nur heißen:

Mit Konsequenz zum Erfolg!

Zugegeben, es ist nicht leicht, bei der Vielzahl der angebotenen, sogenannten „todsicheren" Managementmethoden die geeignete Vorgehensweise für die eigene Organisation zu finden und anschließend unbeirrbar seinen eigenen Weg zu gehen.

Deshalb möchte ich abschließend darstellen, dass es zur Verbesserung nicht immer wieder neuer Managementmethoden bedarf, die oft doch mehr verwirren als helfen. Wenn sich die Führungskräfte konsequent selbst der Aufgabe stellen, ihre Organisation zu analysieren und hierbei gezielt ihre Mitarbeiter einbinden, werden sie der Durchführung erkannter Verbesserungspotentiale sicherlich weit weniger im Wege stehen, als das oft der Fall ist, wenn Externe Maßnahmen empfohlen haben. Und gemeinsam wird man mit Sicherheit die Methoden herausfinden, mit deren Hilfe die erkannten Schwächen dann auch ausgemerzt werden können.

Ansätze zur konsequenten Selbstbewertung der eigenen Organisation liegen z. B. mit dem Excellence-Modell der European Foundation for Quality Management nunmehr schon seit fast 14 Jahren vor. Ich plädiere für die Nutzung dieses Modells, wenn man nach einem ganzheitlichen Ansatz strebt und in kontinuierlichen Schritten besser werden möchte. Im Übrigen lassen sich alle bekannten Werkzeuge darin abbilden. Unsere Erfahrungen mit dem EFQM-Modell zeigen z. B. sehr deutlich, dass der Vergleich zwischen der Selbst- und der Fremdbewertung die hohe Kompetenz der Führungskräfte in der Beurteilungsfähigkeit ihres Unternehmens sehr gut erkennen lässt und allein schon deshalb ganz gezielt genutzt werden sollte. Was sehr oft fehlt, das sind die Kapazitäten zur Umsetzung der erkannten Potentiale. Warum also sollten Externe das eigene Unternehmen analysieren, wenn die Führungskräfte dies selbst doch genauso gut, vielleicht sogar noch besser tun können, da sie ja „Herr des Geschehens" sind oder sein sollten. Beweisen möchte ich diese meine Feststellung durch das in Bild 5.11 gezeigte Ergebnis, nach dem sich die Selbstbewertung durch die Führungskräfte mittels der von uns entwickelten Vorgehensweise mit denen der externen EFQM-Assessoren, denen die Bewerbungsbroschüre um den EQA und das sich anschließende eigene Site-Visit zur Verfügung standen, in hohem Maße decken.

Wenn ich davon sprach, dass sich die Führungskräfte persönlich einbringen müssen, so sollte man sie damit aber auch nicht allein lassen. Umfangreiche Erfahrungen in der praxisnahen Anwendung arbeitswissenschaftlichen Gedankengutes und des Qualitätsmanagements in der Vergangenheit haben uns vor etwa sechs Jahren dazu gebracht, die erwähnte Vorgehensweise (System-Analyse und -Bewertung, SAB) zu entwickeln, die auf dem europaweit anerkannten Excellence-Modell der EFQM beruht. Bereits in weit über 100 Fällen in der Industrie, im Handel, an Krankenhäusern und im öffentlichen Dienst wurde sie erfolgreich eingesetzt.

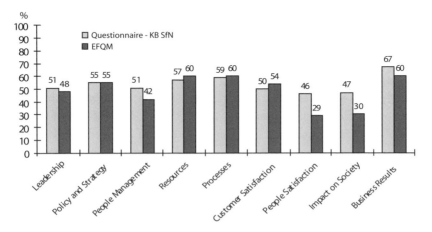

Bild 5.11 Vergleich Self-Assessment mittels SAB® vs. EFQM-Assessment (Ergebnis: KB SfN Group)

Vorteil von SAB ist, dass es zusammen mit den Führungskräften jeder Organisation in sehr kurzer Zeit, an einem bis zwei Tagen je nach Umfang der möglichen Schritte gelingt, die Stärken und Verbesserungspotentiale der jeweiligen Organisation herauszuarbeiten und daraus ganz gezielt Verbesserungsmaßnahmen abzuleiten und sie zu priorisieren. Der erste Schritt ist, „die richtigen Dinge" herauszufinden, die getan werden sollten, um anschließend dazu zu kommen, „die Dinge richtig zu tun".

Das gezeigte Beispiel und die vielen anderen Anwendungen verdeutlichen, dass SAB geeignet ist, nicht nur Verständnis bei den Führungskräften für ganzheitliches Qualitätsmanagement zu erzeugen, sondern dass mit SAB vor allem auch die Einbindung der obersten Führungskräfte einer jeden Organisation unter Berücksichtigung der für diese geltenden zeitlichen Restriktionen möglich ist und auch gelingt. Die Führungskräfte bekommen so die Chance geboten, sich auch in Anbetracht beengter zeitlicher Ressourcen einzubringen und ihre Verantwortung für die Qualität ihrer Führung wahrzunehmen.

Bei dieser Art der Analyse bzw. „Diagnose" wird im Übrigen Zeit und Geld eingespart, um der Umsetzung, der „Therapie", die nötige zeitliche und finanzielle Zuwendung widmen zu können, denn nicht die Analyse verbessert die Situation innerhalb der jeweiligen Organisation, sondern nur die diesbezüglichen, alsbald in Angriff genommenen und erfolgreich abgeschlossenen Maßnahmen.

Nur dann, wenn sich die Führungskräfte persönlich mit der Analyse und Bewertung ihrer Organisation gemeinsam auseinander setzen und sie nicht externen Dienstleistern überlassen, wird sich eine Kultur entwickeln, die das Gemeinsame in den Vordergrund stellt und das im Unternehmen vorhandene Wissen und die damit verbundenen Ressourcen schöpfen hilft und gezielt nutzt.

Schlussworte

Der Weg zu nachhaltigem Erfolg ist steinig, beschwerlich und wenig spektakulär. Entscheidender Faktor hierfür ist das zu keiner Zeit nachlassende und für alle Mitarbeiter sichtbare Engagement der Unternehmensleitung und ihrer Führungsmannschaft. Nur wenn dieses Engagement überzeugend und dauerhaft gelebt wird, gelingt es, Total Quality Management als eine die ganze Organisation erfassende dauerhafte Bewegung zu etablieren, wertvolle Ressourcen zu schöpfen und nachhaltigen Erfolg zu erzielen.

6 In Search of Excellence – Past, Present and Future

Su Mi Dahlgaard-Park, Jens J. Dahlgaard

Some of the leading models and frameworks about *excellence* from the last 25 years are presented and discussed: Peters' and Waterman's eight excellence attributes (1982), Peters' and Austin's simplified excellence model (1985), Lists of Best Practices, Xerox Excellence Models (1990, 2002), the European Excellence Model (1992) and two different but overlapping „4P Models" (1999, 2004). At the end of the paper past, present and future of TQM and excellence is discussed.

Introduction

Today, many organizations are „searching" for *excellence* but not many organizations have been able to achieve this goal, seemingly because management does not have a profound understanding what it really means to be excellent. Since 1982, where Peters and Waterman published their famous book *In Search of Excellence – Lessons from America's Best-Run Companies,* there have been many suggestions for a definition of *Excellence*, and for the success criteria behind excellence.

The starting analysis model or framework used by Peters and Waterman was McKinsey's *7-S Framework*. The models comprised the following seven success criteria for excellence:

Hardware	1. Structure and 2. Strategy.
Software	3. Systems, 4. Shared Values, 5. Skills, 6. Staff and 7. Style.

During their study Peters and Waterman observed that managers are getting more done if they pay attention with seven S's instead of just two (the hardware criteria), and real change in large institutions is a function of how management understand and handle the complexities of the 7-S Model. Peters and Waterman also reminded the world of professional managers that *soft is hard* meaning that it is the software criteria of the model which often are overlooked and which should have the highest focus when embarking on the journey to excellence.

We know today that many of the excellent companies (*America's Best-Run Companies*) identified in the studies by Peters and Waterman later on became unsuccessful. This observation tells us what should be obvious that any model and/or lists of attributes have limitations, because they are always simplifications of reality (the context) in which the companies are operating. Hence, the observation also tells us that there is a need to analyze Peters' and Waterman's findings and to compare with later excellence models which may have been designed in response to the problems and new knowledge acquired when companies have struggled to adopt or adapt early versions of excellence models and/or lists of excellence attributes. The purposes of this article have this need as a background. Thus, the first purpose of this paper is to present and discuss/reflect on some well known excellence frameworks or models in order to understand the development in the contents of excellence during the last 25 years and to understand the problems or limitations which such kind of models still have. To complement Peters' early findings we have chosen to present and discuss a few selected lists on *best practices* together with the following *excellence models:*

The Xerox Excellence Models representing one of the early excellence pioneering companies, and *the European Excellence Model* as a representative of international quality award models. We will, after a short presentation of these three models/frameworks, reflect on these models together with Peters' and Waterman's findings from the early 80s. This reflection may be regarded as a status description of excellence of both the past and the present.

Another purpose of the paper is to present and discuss a relatively new quality strategy model (the „4P Model") for achieving Organizational Excellence (Dahlgaard/Dahlgaard-Park, 1999). The basic assumption behind the model is that Organizational Excellence is a result of building excellence into the following „4P" – People, Partnership, Processes and Products. The suggested model is compared with another „4P Model" – the „4P Model of the Toyota Production System" (Liker, 2004) – which focuses on the following 4Ps: Philosophy, Process, People and Partners, Problem Solving. As Toyota is regarded as the most excellent company within the car industry today and maybe the best managed company in the world, it is logical to recognize the Toyota „4P Model" as an example of today's excellence models.

At the end of the paper past, present and future of TQM and Excellence will be discussed in a concluding chapter.

Tom Peters' Search for an Excellence Model

Peters and Waterman identified the following eight attributes which characterized the excellent, innovative companies in their study (op cit pp. 13–16):

1. *A bias for action,* meaning that although companies' approach to decision making may be analytical, they emphasize the importance of experiments. It is believed that too many detailed analyses may be barriers against problem solving. Thus their approaches to solve problems and challenges are often experimental and dealt with immediately or in a relatively short time through establishment of cross functional teams where also external partners like customers or suppliers may participate.
2. *Close to the customer,* meaning that the successful companies really listen to the voice of the customer and also use *the voices* as input for continuous improvements and new product and service development.
3. *Autonomy and entrepreneurship,* meaning that all employees – not only people in R & D – are expected to be creative and innovative in their daily jobs.
4. *Productivity through people,* meaning that people are expected to come up with ideas for waste reductions and productivity growth by providing the proper framework i.e. respect, involvement and empowerment.
5. *Hands-on, value driven,* meaning that the company's philosophy, vision and values are seen as the main guideline and to be far more important than technological or economic resources for the daily activities and challenges.
6. *Stick to the knitting,* meaning that the excellent companies stay close to the business they know.
7. *Simple form, lean staff,* meaning that the underlying structural forms and systems in the excellent companies are *elegantly simple* and top-level staffs are lean.
8. *Simultaneous loose-tight properties,* meaning that the excellent companies are both centralized and decentralized. On the one hand for example *they have pushed autonomy down to the shop floor or product development teams,* and on the other hand, *they are fanatic centralists around the few core values they hold dear.*

Peters and Waterman complemented the above eight attributes with the following overall conclusions (op cit p. 13):

The excellent companies were, above all, brilliant on the basics. Tools didn't substitute for thinking ... Rather, these companies worked hard to keep things simple in a complex world. They persisted. They insisted on top quality. They fawned their customers. They listened to their employees and treated them like adults.

Tom Peters and Nancy Austin published in 1985 the second book on excellence called *A Passion for Excellence*. The findings from the first book were now simplified into the simple model or scheme shown in Figure 6.1 below.

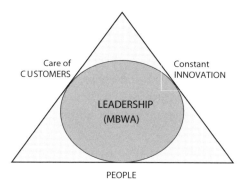

Figure 6.1 A simple model of excellence (Peters/Austin, 1985)

As indicated in Figure 6.1, Peters and Austin regarded excellence as being the result of the following four critical success factors:

1. PEOPLE, who practice
2. Care of CUSTOMERS and
3. Constant INNOVATION.
4. LEADERSHIP which binds together the first three factors by using MBWA (Management by Wandering Around) at all levels of the organization.

There is no doubt that Tom Peters, through his early publications and his management seminars, has had an effect on *excellence thinking* in North America during the 1980s. We will see, through this article, if his and his co-authors' findings also have affected the excellence models and frameworks which we have included in this article.

Lists of Best Practices

Since Peters' and Waterman's extracts of excellence characteristics several others have tried to identify such lists of excellence. Such lists typically describe the key enabler characteristics, which differentiate organizations with excellent results from organizations with mediocre or poor results. The British Quality Foundation published such a list in a report about Business Excellence (1998), and the differentiating characteristics (criteria) were shown as follows:

1. Management commitment to the business excellence „journey"
2. Effective strategic planning
3. An emphasis on people issues through empowerment and training

4. Unprecedented levels of employee participation through effective communication of and involvement in the organization's goals, mission and objectives.
5. Process understanding, management, measurement and improvement
6. Deliberately avoiding „jargon" to ensure a seamless integration of business excellence practices
7. Nurturing a culture which focuses implicitly and explicitly on anticipating and serving customers' needs
8. Demonstrating concern for better environment management
9. Making the internal spread of best practice contagious

Lists like the BQF list, or Peters' and Waterman's list on eight characteristics concerning *organizational excellence* or *best practices*, can be found in several areas of the literature. Such lists may be valuable for organizations, which decide to embark on „the Journey to Excellence", but they may also be misleading. Managers may misunderstand that the shown characteristics are exhaustive, and they may not understand the interrelationships and logical linkages between them, as the lists mixture various elements together and does not provide a proper guiding framework. It is also important to understand that the best practices in the list may not always be a „good medicine" for an organization and hence the lists may both be misleading or biased and risky for companies to apply. The risk of bias has recently been reported theoretically by Denrell (2005), and was earlier reported by Harrington in an empirical study almost 20 years ago.

Harrington (2004) reports on 60 organizations from Japan, Germany, US and Canada which he and others at that time (1987) believed were setting the standards for *best management practices*. The selected companies were from two manufacturing industries (automotive and computer equipment) and two service industries (acute-care hospitals and commercial banks).

The analyses of this study showed that only five practices were significant when correlated with performance where performance were measured with *Return on Investment, Profits, Value Added per Employee,* and *Customer Satisfaction*. These performance measures were measures on profitability, productivity and quality.

The five *universal best practices* were the following:

1. Cycle-time analysis
2. Process value analysis
3. Process simplification
4. Strategic Planning (deploying the strategic plan)
5. Formal supplier certification programs

Organizations that made frequent use of *Process Improvement methods* (1., 2. and 3.) tended to have higher performance than the other organizations, and the positive impact was on all performance measures – profitability, productivity and quality.

Regarding *Strategic Planning* the statistical analyses showed that *widespread understanding of the strategic plan by people inside and outside the organization had a broad beneficial impact. The two groups whose understanding showed the strongest impact on performance are middle management (or the medical staff among the hospitals in the study) and customers. Understanding of the plan by suppliers was also generally beneficial.*

This finding is in our view important because we have found in too many cases that top management still do not use enough time and resources to involve lower management in a real *Policy Deployment* process where lower management are invited to comment and come up with suggestions for improvement of the company's strategic plan (*Hoshin Planning* with *Catch Ball* [Kondo, 1995]). We regard such a process as one of the critical indicators of excellence, and as one of the most critical preconditions for a real people involvement, where people's competencies and creativity will be released to the benefit of all stakeholders of the company.

Another important finding in the study was that many of the practices considered being basic principles of the quality movement (TQM, Six Sigma etc.) proved to be ineffective or even detrimental under certain conditions. Examples were empowerment of the workforce, use of natural work teams, benchmarking, eliminating quality control inspection, and not inspecting quality into the product service. The conditions for what is a best practice depend on the company's situation. The analyses proved that *it takes a very different set of activities and beliefs to move a low-performing up to the medium-performance level than it does to move a medium performing organization up to the high-performance level.*

We agree with this finding, and we recommend therefore organizations to be very critical against long lists of so-called best practices. It is always better to identify what are the most important general principles for achieving excellence in the long run, and then use these general principles as the basic work principles when specific practices are being tailored to organizational contexts.

The Xerox Business Excellence Model

In the 1960s Rank Xerox appeared as *the sweetheart of Wall Street* (Dahlgaard et al, 1998). The company had developed a product, the photocopying machine, which became a real milk cow. The company entered the Fortune 500 in 1962 as No. 423 and worked its way up to No. 70 in 1970. The result of this rising was, however, that the company fell asleep. Much money was lost on adventures outside the core business, and the control of vital functions such as product development and production were lost. Furthermore, the company forgot to keep an eye on the competitors. The company lost market shares when the world patents expired and especially the Japanese competitors were really cost competitive when they entered the world markets offering new products at prices less than the production costs of the existing Xerox products. The company was near to bankruptcy. However, Xerox did not give up and Mr. David Kearns, the managing director, said: *We are determined to change significantly the way we have been doing business.* By using Benchmarking and later on a well designed self-assessment process Xerox became very successful during the following about 15 years.

During these survival years Xerox first learned from W. E. Deming, P. Crosby, the Japanese Quality Award framework (the Deming Prize), and later on from the Malcolm Baldrige Quality Award Model (1987). Xerox became recognized for its *Leadership through Quality* program and the success with application for several quality awards. Hence it seems to be a good idea to look at what were the main characteristics of the Xerox Management Model in 1994, after incorporation of some key features of the EFQM model.

Xerox related Business Excellence to certification (1994) as they defined *excellence as being certified with a high score* on the following *six excellence criteria*:

1. Management Leadership
2. Human Resource Management
3. Business Process Management
4. Customer and Market Focus
5. Information Utilization and Quality Tools
6. Business Results

The excellence criteria 1–5 were called *enablers* – a wording which clearly shows the roots back to the EFQM Quality Award Model developed in the period 1990-1991. The sub-criteria of the six excellence criteria can be seen in Figure 6.2 below which shows the details of the so-called Xerox Management Model (XMM). The XMM model was introduced in Xerox as *A Mechanism for Integrating Quality into the Daily Business Operations.*

The *Business Results* sub-criteria were measured every month, and *the enablers* were measured by self-assessment every three months. The results of self-assessment were input to: 1. the quarterly review and correction process, 2. the yearly strategic planning process. The Xerox Business Excellence Model became a mirror of how Xerox was managed, and a holistic diagnosing tool for sustaining Business Excellence. The process of certification, where top managers from other Xerox companies were external assessors, proved to be very effective in spreading best practices within the whole corporation.

By comparing The Xerox Business Excellence Model with Peters' and Austin's simplified excellence model we find both similarities and differences. The criterions 1, 2, 4 and 6 seem to cover very well Peters' and Austin's model of the most critical success criteria for excellence. The Criterions 4 and 6 – *Business Process Management* and *Information Utilization and Quality Tools* – do not seem on the surface to be included in their model. The reason may be that those two criterions is based on sub-criterion 1.4 under Leadership – *Fact-Based Management* – and Tom Peters and his co-authors did not seem to pay too much attention to measurements.

In fact, as we see it, fact-based management is necessary when balancing the *Hardware* and *Software Factors* in *the 7-S Model* shown in the introduction. But we also agree with Peters' and Waterman's findings that focusing too much on tools and measurements, which are important in the criterions 4 and 6 in Xerox Business Excellence Model, can have a negative effect on the software factors, which are highlighted in Peters' and Austin's simplified excellence model. We agree with Peters and Austin that the four software factors included in their model are among the most important success criteria for excellence because they are often pre-requisites for successful fact-based management.

When we look at criterion 6, Business Results, it is important to know that the sub-criterions have been ranked in order of bonus importance. Top managers' bonuses were dependent on how well the business results were achieved and 6.1 Customer Satisfaction, and 6.2 Employee Motivation and Satisfaction had higher weights than 6.3 ROA (Return on Assets) and 6.4 Market Share. This ranking seems well in accordance with Peters' and Austin's simplified excellence model. It seems as if Xerox, with the Xerox Business Excellence Model, had developed a reasonable business excellence model which tried to balance hardware and software factors when running its business.

The Xerox quality program called *Leadership through Quality* was not a static one, but it became continuously improved during the 90s. In the late 90s, Six Sigma and Lean were adopted locally by Xerox's supply chain and manufacturing operations, and finally in 2002, it was integrated across the corporation by committing the resources required to enable a robust deployment.

The name of the Xerox quality program is now *Xerox Lean Six Sigma Quality* (see: Fornari/Maszle, 2004). Customer focus is at the heart of Xerox Lean Six Sigma framework (Figure 6.3). The outer ring sends the message that:

1. *People* providing
2. *Customer Value* leads to improved
3. Business Results.

The four components surrounding the customer focus circle signal what people must do in order to improve customer value and business results. *Benchmarking and Market Trends* provide the best practices for setting performance targets and finding better ways to improve processes, while the *DMAIC process* (Define-Measure-Analyse-Improve-Control) provides the roadmap, principles and tools for process improvements. The Xerox *Performance Excellence Process* supports the alignment of strategies and performance objectives, and the *Leadership* component is critical in supporting all components of the framework.

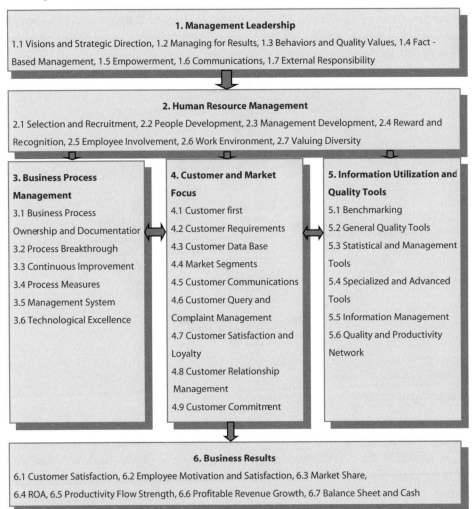

Figure 6.2 The structure and criteria of the Xerox Excellence Model (1994)

By comparing the Xerox Business Excellence Model from the early 90s and the Xerox Lean Six Sigma framework from 2002 we find that the former model focused on what had to be measured, and the Xerox Lean Six Sigma framework communicates what are the guiding principles and practices for staying in business and achieving excellent performance. We find this simplification natural and important seen from a communication point of view.

The message highlighted in the outer ring is the *People First* message, which became more and more common and accepted during the 90s as being one of the most important principles of excellence. This principle was easy to support orally but not so easy to practice. Xerox' revised excellence model may have come up because of problems with real people involvement/empowerment.

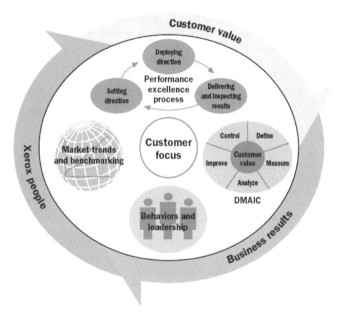

Figure 6.3 Figure 6.3: Xerox Lean Six Sigma framework

By comparing the revised excellence model in Figure 6.3 with Peters' and Austin's simplified model in Figure 6.1 we find both similarities and differences. The similarities are related to the overall messages of the two models, which are almost identical. The differences are related to the details which have been taken away in Peters' and Austin's simplified model. The arguments for their simplification are shown here at the end of this section because these arguments may also partly be used for understanding the necessary simplification of the Xerox Business Excellence Model:

Many accused „In Search of Excellence" of oversimplifying. After hundreds of post-In Search of Excellence seminars we have reached the opposite conclusion: „In Search of Excellence" didn't simplify enough! In the private or public sector, in big business or small, we observe that there are only two ways to create and sustain superior performance over the long haul. First take exceptional care of your customers via superior service and superior quality. Second, constantly improve. That's it ... Both are built on a bedrock of listening, trust and respect for the dignity and the creative potential of each person in the organization (Peters/Austin, op cit p. 4).

The European Excellence Model – Problems and Challenges

In Europe, one of the most used models for self-assessment and strategic change is the EFQM Excellence Model, which was developed in the period 1990-1991 and used as the European Quality Award model since 1992. The model is based on the following *8 fundamental concepts*:

1. Results orientation,
2. Customer focus,
3. Leadership and constancy of purpose,
4. Management by processes and facts,
5. People development and involvement,
6. Continuous learning,
7. Innovation and improvement,
8. Partnership development and public responsibility.

The model consists of nine criteria (see Figure 6.4).

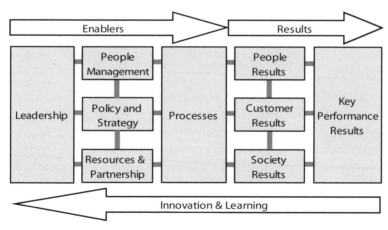

Figure 6.4 European Excellence Model

The first five criteria on the left are called *enabler criteria*:

1. Leadership,
2. People,
3. Policy & Strategy,
4. Partnerships & Resources,
5. Processes.

The four criteria on the right of the enabler criteria are called *result criteria*:

1. People Results,
2. Customer Results,
3. Society,
4. Key Performance Results.

The clear and logical classification of the model's nine criteria into *enablers* and *results* was quite innovative at that time, and we know that the suggestion for this innovative classification can be attributed to Tito Conti, who was the main brain behind the EFQM model (Conti, 1991). TQM models had been, till then, lists of critical factors in relation to excellence, according to the views of the promoters. The separation between enablers and results brought them the character of organizational models, where the organization (an open system) is represented on the left – and its goals/results are represented on the right. By doing that, the discussion on which are the critical factors in relation to excellence (the real difference between the different models) should be confined to the enablers' side.

By analysing and comparing this model with the two previous models we have come up with a number of observations and comments which will be discussed in the following. On the result side of the model we see a difference to the criterion 6 of the Xerox Business Excellence Model. Society Results – or Impact on Society – is missing in the Xerox Model. As results are not included in Peters' and Austin's simplified excellence model it is logical that we have the same difference when comparing with this model.

The European Foundation for Quality Management (EFQM) stresses in their training material that an *assumption* behind the model is that the results of the organization are achieved through excellent performance in the enabler criteria. An organization achieving excellence in the enablers will experience *sustainable developments* through improved customer, people, society and financial results. That sounds logical and easy, but reality or practice is not always that easy. There is among others no consensus on how to start up and how to continue with the implementation of the EFQM Excellence Model. Companies are struggling with a lot of problems and many companies skip the model because the model seems too complex to understand and too time consuming to implement.

One of the reasons behind these problems is maybe that the self-assessment approach suggested by consultants or other experts trained as EFQM assessors is often an award based approach even if the companies need quite a different approach. In most cases companies do not aim to receive a quality award, but rather need to initiate and carry out sustainable quality improvements. In these cases the strategic intent of the company will determine what is most important in the self-assessment process (Conti, 1997, 2002), and the standard weights of the model's criteria suggested by EFQM are meaningless and misguiding. Weights and global scoring should be ignored, while the emphasis should be solely on organisational diagnosis, to identify the causes of weaknesses to address them - as well as strength, to exploit them at best ("Diagnostic – or right-left - self-assessment", Conti, 1994). Furthermore the model generally pays little attention to contextual factors. The right approach for implementation varies depending on the current maturity level of the company and existing organizational culture (Dahlgaard/Dahlgaard-Park, 2003).

Another problem is linked to the management paradigm. Although it is stressed by EFQM that the model is based on *eight fundamental concepts*, the actual approach will vary depending on the interpretation and understanding of the model, and the existing management paradigm often determines the character and direction of the interpretation. For instance, if the existing and dominant (Dahlgaard-Park, 2003) management paradigm is a rational and measurement oriented one, the model will be interpreted favouring those aspects, while other aspects such as people and culture which are rather irrational and intangible aspects will be more or less undermined or ignored. In fact in most quality literature those irrational aspects of conflicts, power issues as well as peoples' political interests are either ignored or unseen and remain as untouched areas. The accusation as being a new „Scientific Management", which TQM received from some organization theorists, can be understood in this context (Boje/Winsor, 1993; Steingard, 1993; Dahlgaard-Park, 2002, 2003).

One major problem, when implementing the model, is especially to balance the human oriented approach with a fact and measurement based approach. This problem is also related to a tendency to focus on tangible and objective aspects while underestimating the more intangible and subjective aspects. Several authors (Corrigan, 1995; Evans, 1995; Shin et al, 1998; Dahlgaard et al, 2001) have argued that the unbalance where the human dimension is underestimated while tools and techniques are prioritized in implementation processes can be one of the main causes of TQM failures. The consequence of that is not only failure with implementation, but people's contribution may not be maximized because people development and involvement are far from being fulfilled.

The critics of the European Excellence Model do not mean that we reject the model as such. The critics we have come up with may be the same for other quality award models as for example the Malcolm Baldrige Quality Award model. Our point is that the model in the future should be used more like a business/management control model where the main aim is improvements, not an award application. Under this condition we regard the model as one of the best management control models, which definitely can help companies in improving competitiveness and the financial performance (Dahlgaard-Park, 2003). Research by Hendricks and Singhal (2000) shows major impact on financial performance of striving for quality awards in North America. We expect similar impacts will be shown when analysing the financial impacts using the European Quality Award, a research project which is running right now (Boulter/Singhal/Dahlgaard, 2004).

The „4P Model" for Building Organizational Excellence

One important motivation behind the „4P Model" has been to create a model that provides an integrated approach between various, and often conflicting aspects, such as soft (intangible) and hard (tangible) aspects, subjective and objective aspects, rational and irrational aspects, individual/personal and collective/organizational aspects etc. As mentioned above existing models have often been misinterpreted and the result has been organizational prioritizing on certain aspects while other equally important aspects are unseen and/or ignored. Among others the human aspect has been one of the most underestimated aspects (Sparrow/Marchington, 1998; Dahlgaard-Park 2000). With these considerations in mind, we felt a need to construct an alternative more people oriented model of organizational excellence. The result became the „4P Model" (Dahlgaard/Dahlgaard-Park, 1998, 1999, 2003) in which the people dimension is recognized and emphasized along with other critical excellence variables. According to the model *building excellence into the following 4P develops Organizational Excellence* (OE):

1. People,
2. Partnership,
3. Processes,
4. Products.

The „4P Model" is suggested based on the recent awareness on human resources and their role in an organizational context as one of the most critical issues for any organizational improvement activity. From this viewpoint it is argued that the first priority of any quality or excellence strategy should be to build quality into people as the essential foundation and catalyst for improving partnerships, processes and products. But what does that really mean? In order to answer that question we need to understand human nature, human needs, motivation, human psychology, environmental and the contextual factors of human behavior because the project of „building quality into people" can only be carried out when we have a profound knowledge of people and psychology (Deming, 1993).

The quality strategy should preferably be implemented multi directional, i.e. through a top-down, middle-up-down and a bottom-up strategy (Dahlgaard et al, 1994, 1998). The strategy should follow the Policy Deployment approach (Hoshin Kanri), which has both the top-down and the bottom-up strategy included. Such an approach provides a framework for building quality into the following three levels (Dahlgaard-Park, 1999): individual level, team level and organizational level. An efficient quality strategy aiming at improving „the 4P" can only be developed based on an understanding of the interrelationships and interactions between these three levels as well as the critical contextual factors at each level in each given situation.

Figure 6.5 below indicates that building Organizational Excellence (OE) is initiated by *Building Leadership*, which means recruiting leaders with the right values and competencies and developing leaders through education and training so that proper leadership is practiced. Leadership impacts throughout organizations are huge. For instance, leaders' behaviors will largely determine if core values (as for example trust, respect, openness etc.) will be diffused and will become a part of the organizational culture (Dahlgaard/Dahlgaard-Park, 2003).

The next level is *People,* which involves recruitment of „the right people", training and education with the right values and competencies. Education and training of employees is essential for giving people understanding of the company's philosophy and values as well as the competencies (skills and know-how) needed for performing their job. Working on the people level also includes intangible aspects of individual persons' mental processes such as perceptions, thoughts, intentions, beliefs, motives, willingness, desires, self-motivation etc. along with more tangible aspects of behavior and patterns of interaction with others.

Building Partnership/Teams means that teams are established and developed, so that each team is able to practice the right and needed values and competencies in their daily activities. *Partnership* is established in all people relationships – within the team, between team members (intra-team), between teams (inter-team) and with other people or groups outside the team. Partnership also includes external stakeholders such as suppliers, customers, society and community stakeholders.

Figure 6.5 The „4P Model" for building Organizational Excellence (OE)

Building Processes means that leaders, individuals and teams day by day try to practice the needed values and competencies based on the principle of continuous improvement and the *speed* is continuously improved and at the same time *costs* are reduced through improved people relationships in the system. The strategy, for simultaneously improving quality and speed and reducing costs, is to identify and reduce waste everywhere in the supply-chain processes from suppliers to the customers. Here the overlapping principles, tools and methods of TQM (Dahlgaard et al, 1998), Lean Thinking (Womack/Jones, 1996) and the Six Sigma Quality methodology (Dahlgaard/Dahlgaard-Park, 2001, 2005) are used.

Building Products means building quality into tangible and intangible products/services through a constant focus on customers' needs and market potentials, and to practice the principles of continuous improvement parallel with innovativeness in new product development.

The foundation (building leadership) supports the four other factors represented by „the 4P" and all together the five factors comprise a roadmap to the „result", which is called *Organizational Excellence* (OE). It is assumed by the model, that all five factors are necessary for achieving Organizational Excellence.

Epistemology and Ontology behind the „4P Model"

In this section we will reflect on our paradigms and assumptions which the „4P Model" is based on. One of the basic assumptions behind the „4P Model" is the principles of open systems theory that recognizes the importance of interrelationships, processes, contingency and integrative aspects between various parts of a system (Luhmann, 1995; Deming, 1993; Morgan, 1986; Scott, 1986). More specifically we adopt the purposive and goal seeking socio-cultural system view (Buckley, 1967) in which organizations are supposed to intentionally searching and receiving information and making efforts in order to keep moving toward their goals. The positioning of *Building Leadership* in the model should be understood from this point of view, as we recognize the decisive influence and authority of leadership in shaping goals and designing the vision, mission and strategy for achieving the goals. Although we recognize the decisive role of leadership in shaping the vision, mission and organisational culture, the influence and interaction aspects of all levels and subcultures should not be underestimated. The above mentioned multidirectional approaches of the „4P Model" are based on this view.

Seen from this perspective all activities and interactions are information exchange activities, which organizations try to utilize in order to not only maintain their existing standards and processes (morphostasis), but also to improve and change (morphogenesis) (Buckley, 1967: pp. 58–62; Scott, 1981/2003: pp. 90–91). Thus keeping the system's capability moving towards a state of negentropy is essential, as in the state of negentropy organization's energy in terms of information is mobilized and utilized to restore, maintain and improve structures, processes and routines (Buckley, 1967; Scott, 1981/2003; Morgan, 1986).

Another assumption in relationship with the model is the aspect of organizational reality. The quality movement has often been explained and characterized as a quality evolution from a rather mechanical view with a focus on objective and rational elements to a more holistic and organic view with a focus on both subjective and objective elements of organizational reality (Dahlgaard, 1999, 2002). TQM can be explained as an ongoing process of fusion between western and eastern ways of seeing, thinking, interpreting, understanding, and doing. It is argued (Dahlgaard, 2002), that the rational and logical approach is a heritage from the western tradition mediated by pioneers such as Shewhart, Deming and Juran, and the more holistic and humanistic approach is a heritage of the eastern tradition, mostly transmitted by Japanese practices. As a result of this quality evolution, which also comprises the fusion between western and eastern traditions, TQM as well as the Business Excellence Models came to recognize this multifaceted reality (Dahlgaard, 2002). The multifaceted reality means here that the various aspects of organizations, e.g. subjective, irrational, objective, logical, rational, emotional, formal, and informal aspects are all recognized as representing organizational reality, and are thereby candidates for consideration in relationship with implementing TQM and building organizational excellence.

As many theoreticians in quality still seem to misinterpret seeing excellence models from a one-sided „reductionist" view, we emphasize that the „4P Model" should be viewed as an integrative model where the distinctions between subjective/mental and objective/physical as well as between micro/individual and macro/collective aspects of reality are abandoned. Instead of dichotomies between these aspects we suggest an integrative approach where subjective and objective as well as micro and macro aspects are seen as a dynamic continuum of organizational reality, and thereby are all parts of the reality.

As can be seen in Table 6.1 below the various elements of the „4P Model" can be interpreted as parts of the dynamic continuum between the micro-macro and the subjective-objective pole of organizational realities. The micro/individual – macro/collective continuum is shown vertically and the subjective/intangible – objective/tangible continuum is shown horizontally.

Table 6.1 The „4P" and the four aspects of organizational realities

	Subjective/intangible	**Objective/tangible**
Micro/individual	Individual feelings, perceptions, assumptions, values, thoughts, intentions and will, beliefs, motives, meaning creations, desires, motivation, commitment, loyalty (*Building Leadership, Building People, Building Partnership*)	Individuals' patterns of behavior Leadership behavior and patterns, Patterns of interactions Patterns of partnership Individual work processes Individual work performance (*Building Leadership, Building People, Building Partnership, Building Processes*)
Macro/collective	Groups, departmental and organizational norms, values, political interest, power relationships, informal power structure, conflicts, interpersonal/intergroup meaning creations (*Building Leadership, Building People, Building Partnership*)	Vision, mission statement, Symbols, Ceremony, Traditions, Patterns of intergroup/interdepartmental interaction and partnership, Patterns of interorganizational partnership, Groups, departmental and organizational work processes, Training and education programmes, Rules, Techniques, Communication channel, Structures, Manuals, Technology, Routines, Products (*Building Leadership, Building People, Building Partnership, Building Processes, Building Products*)

Because the table may be misinterpreted as four distinctive areas we emphasize the importance of interactions and interrelationships among and between the four areas. The micro/subjective area of organizational reality involves individual persons' mental processes such as perceptions, thoughts, intentions, beliefs, motives, willingness, desires etc. These realities are often difficult to observe, as they are mostly intangible. The micro/objective area of organizational reality involves the more tangible aspects of individual processes such as behavior and interaction patterns. The macro/subjective area of organizational reality involves intangible collective processes e.g. norms, values, political interest of groups, departments and organizations. The macro/objective area involves tangible collective organizational realities such as vision, mission statements, the visible part of organizational cultures in terms of the way of celebrating success and failures, the way of using symbols, work processes, rules, routines, technology, manuals, structures, collective behavior patterns, communication channels, reward systems, products, profits etc.

Seen from the „4P Model", large parts of Building Leadership and the two Ps – People and Partnership Building – belong to the micro areas, and large parts of the last two Ps – Processes and Products – belong to the macro areas of organizational realities. However as the organizational realities are not divided into different categories or levels, they are overlapping in all areas. Thus the most important point is here that all four aspects of realities are important, and there are mutual interrelationships between all four areas.

The micro/subjective realities will often be *key performance indicators* and input for micro/objective realities and vice versa. Similarly micro/subjective realities are also closely interrelated to macro/subjective realities. Individual persons can initiate an action (micro objective) driven by some personal motives (micro subjective), however those personal motives might have been shaped, modified and constrained by the organizational culture (macro subjective) or the existing hierarchical structure (macro objective). In other words, individuals' behaviors and actions are often constrained and shaped by the environments. Thus interrelationships between them are multidirectional and not a clear linear cause-and-effect or enabler-results relationship. These relationships can be explained as an ongoing process of „becoming" (Sztompka, 1991) or „emergence" (Wiley, 1988) where feedback and feed-forward flow constantly at all levels through interactions. Externalization, internalization, sympathy, socialization, combination, articulation etc. are some main mechanisms in interactions that make this becoming/emergence possible.

Although we are careful and reluctant to make priorities at any level, we can observe from table 1 that the impact of Leadership is obvious within and between all four levels. This is the reason behind our argument of leadership to be considered as the foundation of the model indicating that leadership is the most influential factor of the model.

The „4P Model" and the idea of integrating micro-macro and subjective-objective aspects of organizational realities has been inspired and motivated by previous research from both organizational and management areas as well as from the area of sociology.

The century-long history of organizational and management studies can be seen as a series of polemics and controversies between the following two dominating schools of thoughts: The mechanic/rational/deterministic/objective school and the organic/humanistic/normative/subjective school[1] (Burns/Stalker, 1961; Burrell/Morgan, 1979; Barley/Kunda, 1992; Astley/Van de Ven, 1983; Dahlgaard, 2002). Similarly, conflicts and divisions between micro-macro, subjective-objective or agency-structure[2] have dominated debates and discussions in the sociological area during many decades. In order to overcome this extreme division and dichotomy several theoreticians attempted to link those conflicting aspects and tried to introduce more holistic and integrative approaches within managerial areas (Nonaka/Takeuchi, 1995; Barley/Kunda, 1992; Astley/Van de Ven, 1983; Senge, 1990; Deming, 1993; Dahlgaard, 2002).

When integrating these conflicting aspects we have taken these conditions, ideas and suggestions into consideration, and in particular we used as input for our model ideas from Giddens (1984), Alexander et al (1987), Sztompka (1990), Bourdieu (1977; 1989), Wiley (1988) and Ritzer (2000/1983). More specifically Giddens' and Sztompkas' attempt to integrate agency and structure, Bourdieu's effort to overcome the dichotomy between subjective-objective, and Alexander's et al, and Wiley's and Ritzer's efforts to integrate micro and macro perspectives have been useful inputs for our work with the suggested „4P Model".

The „4P Model" of the Toyota Production System

In his book called *The Toyota Way* (2004) Jeffrey K. Liker describes the 14 management principles behind the world's most successful car manufacturer. These 14 principles have by Liker been divided into four categories, all starting with „P" – Philosophy, Process, People/Partners and Problem Solving (see Figure 6.6). An overview of the 14 management principles related to the four categories is presented in Table 6.2 below.

By comparing Liker's „4P Model" with our model it is obvious that there is a lot of overlap. First the „4P", which in fact in Liker's model comprises „5P". But when we regard the first P (Philosophy) as part of Leadership, the two models have the same number of Ps. *Problem Solving* is not a specific category in our model because it is integrated in the categories of *Processes* and *Products*. Instead we have a specific cate-

---

[1] One of early sociologists, Durkheim, introduced the concepts of mechanical and organic solidarity in his analysis in *The Division of Labor in Society* (1893). The two concepts are then borrowed to managerial and organization study by Burns and Stalker (1961) and many others.
[2] European theorists have widely implied terminologies of „agency and structure", while American theorists adopted terminologies of „micro and macro". At a superficial and general level, they can be interpreted as interchangeable. However if we make an in-depth analysis on how they are implied, there are many differences beside the terminological differences.

gory on *Products*, which is both a result of the company's manufacturing, administrative and service processes, and the process of new product development.

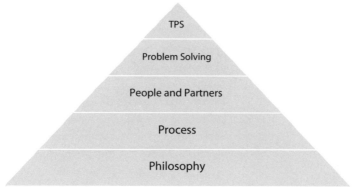

Figure 6.6 The „4P Model" of the Toyota Production System (TPS)

The order of the Ps in the two models differentiates a little bit, but the models have the same start with relation to the importance of *Leadership* and *Philosophy* which guides strategies, activities, problem solving etc. in the other levels of the two models. In fact it seems wrong to focus too much on the order of the Ps because neither we nor Liker regards our respective models to be simple mechanistic models which always must be used in a certain order. This is obvious when reading through Liker's book on the Toyota Way and when comparing with the epistemology and ontology behind our „4P Model". The assumptions behind the two „4P Models" seem to be almost the same.

The 14 principles of the Toyota Production System have been important principles in building excellence into Toyota Corporation and the whole supply-chain. We recognize these 14 principles as important principles to understand for any company and the successes of Toyota compared to other car manufacturers indicate that managers should study these principles carefully before they eventually try to adapt them or other overlapping principles. However, we do not regard the 14 principles as being the ultimate number of principles which companies must work with in order to embark on and have success with the long *journey* to organizational excellence. Even if it may be argued (as Liker does), that all 14 principles are important and none of them can be ignored, it is refreshing to consider the overall simple model in Figure 6.6, which are presented in Toyota's own brochures about the Toyota Vision and Mission (2001). People can remember two principles but not 14! Nevertheless the 14 principles can be abstracted and may be regarded as a detailed check list which supplements the simple overall model in Figure 6.7.

Table 6.2 The categories and the 14 management principles of *the Toyota Way*

Category	Management Principles
Philosophy (Long Term Thinking)	1. Base management decisions on a long-term philosophy, even at the expense of short-term financial goals
Process (Eliminate Waste)	2. Create process „flow" to surface problems
	3. Use pull systems to avoid overproduction
	4. Level out the workload
	5. Stop when there is a quality problem
	6. Standardize tasks for continuous improvement
	7. Use visual controls so no problems are hidden
	8. Use only reliable thoroughly tested technology
People and Partners (Respect, Challenge, and Grow Them)	9. Grow leaders who live the philosophy
	10. Respect, develop and challenge your people and teams
	11. Respect, challenge, and help your suppliers
Problem Solving (Continuous Improvement and Learning)	12. Continual organizational learning through Kaizen
	13. Go see for yourself to thoroughly understand the situation
	14. Make decisions slowly by consensus, thoroughly considering all options; implement rapidly

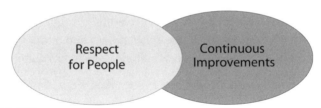

Figure 6.7 Toyota's DNA

Conclusions – Past, Present and Future of TQM and Excellence Models

This article is a result of two different brains' – the two authors' brains – struggle to understand each other, and a joint struggle to understand the different paradigms behind various excellence models. Our struggle to understand each other and the reviewed excellence models was not always easy, but it was always interesting. It was interesting for us, because our problems to understand each other's paradigms may be regarded as a reflection of the same problems as various people experience daily when a company's management starts the implementation of TQM by using an excellence model in a pursuit for excellence. In the article we have reviewed a sample of excellence models and lists of best practices presented during the last two decades –

starting up with Peters' and Waterman's (1982) model called McKinsey's *7-S Framework* and ending up with *Toyota's 4P Model* (2004).

One major contribution of Peters and Waterman (1982) is their early recognition of the importance of the soft dimension of organizational realities, in terms of systems, shared values, skills, staff and style along with the hardware of structure and strategy. By focusing on the soft dimension, and thereby recognizing many intangible organizational phenomena such as values, beliefs, norms, patterns of behaviors and styles, Peters and Waterman are considered to have initiated culture studies in organization areas together with several other authors in the early 80s, e.g. Deal and Kennedy (1982), Schein (1985), Sergiovanni and Corbally (1984). Peters and Austin simplified (1985) Peters' and Waterman's earlier findings on excellence as being the result of the following four critical success factors: 1. PEOPLE, 2. Care of CUSTOMERS, 3. Constant INNOVATION, and 4. LEADERSHIP which binds together the first three factors by using MBWA (Management by Wandering Around) at all levels of the organization.

During this early period of a focus on excellence TQM gradually evolved inspired by the Japanese management philosophy called CWQC (Company Wide Quality Control). As mentioned in section 7 the conceptual and philosophical foundation of TQM recognizes the importance of intangible and cultural aspects of organizational realities in contrast to earlier theories and practices of quality, which ignored or underestimated those aspects. Numerous descriptions of the quality evolution, i.e. from a rather mechanistic narrow framework to a more broad and holistic framework, are related to the integration of intangible aspects of the TQM framework (Dahlgaard, 1999, 2000, 2002). The European Excellence Model is a further development of the TQM philosophy, and should be understood from the ongoing evolutional continuity of the quality movement.

Seen from a meta-level, TQM and the excellence approach require a fundamentally different managerial paradigm and mental model compared to earlier quality approaches. Earlier quality approaches were rooted in a positivistic and reductionist paradigm which is well matching when focusing and understanding the formal and tangible aspects of organizations. However this positivistic paradigm is not suitable for understanding intangible and cultural aspects. As we have discussed through this article, one major problem with the various excellence models and the managerial practices of these models seems to be that people still interpret these models from a positivistic and mechanistic paradigm. The high failure rate with implementation of TQM and excellence models seems to be related to this problem (Dahlgaard-Park, 2002; Dahlgaard-Park/Noronha, 2003). The phenomenon can be illustrated by an analogy of a doctor who tries to cure a mental sick person by carrying out a physical surgery. In order to understand the complex realities of organizations and its environments organizations need a new cure (framework) which can capture both depth (qualitative) and breadth (quantitative).

The suggested „4P Model" is our attempt to provide such a framework which may help to overcome organizations' current problems when trying to implement TQM by using existing excellence models. With this model and its related principles we have tried to simplify the integration of tangible and intangible aspects (objective and subjective) as well as individual and organizational levels (micro and macro) into the framework. The „4P Model" can be used as a guideline for implementing TQM by integrating the paradigm level with the methodological level. The successful transformation of Post Denmark's company culture in the period 1998 to 2004 from a bureaucratic commanding culture to a TQM and Excellence culture was guided by an educational framework designed by the „4P Model" and complemented by measurements of more than 500 managers' perceptions (mindsets) of selected critical success factors for excellence inspired by the European Excellence Model (Dahlgaard/Dahlgaard-Park, 2003). Post Denmark received in 1999 the Danish Human Resource Prize, and in 2004 the Danish Quality Award. Post Denmark is today regarded as one of the best managed post companies in Europe.

Toyota's „4P Model", suggested by Liker (2004), seems to have the same theoretical foundation and paradigms as our „4P Model" and the factors are almost the same. The main difference is that in Liker's model *Problem Solving* (Continuous Improvement and Learning) is a specific factor which in our „4P Model" is regarded as an important sub-factor integrated into all factors starting with the Leadership Factor. We have instead suggested the last P of the model to comprise the *Product Development and Innovation* processes including *Continuous Improvements and Learning*. Both „4P Models" can be characterized as having a balanced focus on the soft side of management, such as values and culture, with the hard side such as tools, measurements and logical analyses. Both „4P Models" have a high focus on the People factor which also was of high importance in Tom Peters' and Nancy Austin's simplified excellence model and the revised Xerox excellence model from 2002. We believe that understanding and recognizing the full range of realities always includes the company culture and respect for people's values, and we believe that corresponding paradigms is a prerequisite for having success with the journey towards excellence.

In order to capture and understand the full range of realities we recommend that various *qualitative ideas and approaches* such as *sense making* (Weick, 1969/1979, 1995), *imagination* (Morgan, 1986), *story telling* (Czarniawska, 1995, 1997), a *symbolic-interpretive approach* (Pfeffer, 1981; Gagliardi, 1990) etc. to be adopted along with already well adopted *quantitative approaches*. Managerial tools and techniques can be more properly utilized and hence people better mobilized when there are consistencies between realities, intentions, people's basic beliefs (paradigms) and the chosen approaches. This is the challenge of the future for TQM and Excellence and for managers in the too many bad managed companies all over the world.

At the end of this article we show the text from an embroidery, which we have found at the public market in Seattle after the manuscript was finished. The embroidery text definitely shows some wisdom contributing to the understanding of what is *Excellence*.

> *Excellence*
> *Can be attained if you …*
> *Care more*
> *Than others think is wise.*
> *Risk more*
> *Than others think is safe.*
> *Dream more*
> *Than others think is practical.*
> *Expect more*
> *Than others think is possible.*

References

Alexander et al. (eds.) (1987): The Micro-Macro Link, University of California Press, Berkeley

Astley, G.; Van de Ven, A. (1983): Central perspectives and debates in organization theory, *Administrative Science Quarterly*. Vol. 28: pp. 245–273

Barley, S.; Kunda, G. (1992): Design and Devotion: Surges of Rational and Normative Ideologies of Control in Management Discourse, *Administrative Science Quarterly*. Vol. 37: pp. 363–399.

Boje, D. M.; Winsor, R. D. (1993): The resurrection of Taylorism: Total quality management's hidden agenda, *Journal of Organizational Change Management*. Vol. 6(4): pp. 58–71

Boulter, L.; Singhal, V.; Dahlgaard, J. J. (2004): „The Effective Implementation of Organizational Excellence Strategies on Key Performance Results", the 9th World Congress for Total Quality Management, 27.–29. September, Abu Dhabi

Bourdieu, P. (1977): Outline of a Theory of Practice, Cambridge University Press, London

Buckley, W. (1967): Sociology and Modern Systems Theory, Prentice-Hall, Englewood Cliffs, N.J.

Burns, T.; Stalker, G. M. (1961): The Management of Innovation, Tavistock, London

Burrell, G.; Morgan, G. (1979): Sociological paradigms and organizational analysis, Heinemann, London

Conti, T. (1991), Company Quality Assessments, *TheTQM Magazine*, June 1991 and August 1991, IFS, London

Conti, T. (1994) Time For a Critical Review of Quality Self-Assessment, *First EOQ Forum on Qulaity Self-Assessment*, Milan

Conti, T. (1997): Organizational Self-Assessment, Chapman and Hall, London, UK

Conti, T. (2002): „Quality Models and Their Role in Organizational Improvement", in *The Best on Quality*, International Academy for Quality Vol. 12, Quality Press, Milwaukee

Corrigan, J. P. (1995): „The Art of TQM", *Quality Progress*, July, 1995: pp. 61–64

Czarniawska, Babara (1997): Narrating the organization: Dramas of institutional identity, The University of Chicago Press, Chicago/London

Dahlgaard, J. J.; Dahlgaard-Park, S. M. (1999): „Core Value and Core Competence Deployment – a Pre-condition for achieving Business Excellence", *International Conference on TQM and Human Factors*, Linköping University, Sweden

Dahlgaard, J. J.; Dahlgaard-Park, S. M. (2001, 2005): „Lean Production, Six Sigma Quality, TQM and Company Culture – a Critical Review", First published in the proceedings of *Shanghai Quality Conference*, Shanghai, China, and later on in: The TQM Magazine, Vol. 18, number 1

Dahlgaard, J. J.; Dahlgaard-Park, S. M. (2003): „The „4P" Quality Strategy for Breakthrough and Sustainable Development", *the 7th QMOD Conference*, Monterrey, Mexico

Dahlgaard, J. J.; Kanji, G.; Kristensen, K. (1994): The Quality Journey, Carfax, London

Dahlgaard, J. J.; Kristensen, K.; G. Kanji (1998): Fundamentals of Total Quality Management, Chapman & Hall, London.

Dahlgaard-Park, S. M.; Kondo, Y. (2000): „Re-conceptualization of Human Needs and Motivation – a Need for a New Renaissance", in *The Best on Quality*, Vol. 11. ASQ Quality Press, Milwaukee

Dahlgaard-Park, S. M. (1999): „The evolution patterns of quality movement", *Total Quality management*, Vol. 10 (4 & 5): pp. 473–480

Dahlgaard-Park, S. M. (2000): From Ancient Philosophies to TQM and Modern Management Theories, Linköping University Press, Sweden

Dahlgaard-Park, S. M. (2002): The Human Dimension in TQM – Training, learning and motivation, Linköping University Press, Sweden

Dahlgaard-Park, S. M. (2003): „Management Control Theories and the European Business Excellence Model", *The Asian Journal on Quality*, Vol. 4 (1)

Dahlgaard-Park, S. M.; Noronha, C. (ed.) (2003): Special Issues on Quality Management: „Learning from Failures", *Euro Asia Journal of Management*, Vol. 13. No. 2

Dahlgaard-Park, S. M.; Bergman, B.; Hellgren, B. (2001): „Reflection on TQM for the New Millennium", in *The Best on Quality,* International Academy for Quality. Vol. 12: pp. 279–312, ASQ Quality Press, Milwaukee

Deal, T. E.; Kennedy, A. A. (1982): Corporate Cultures, Addison-Wesley, MA

Deming, W. E. (1993): New Economics, Center for Adv. Engineering Study, Cambridge, MA

Denrell, J. (2005): „Selection Bias and the Perils of Benchmarking", *Harvard Business Review*, April

Durkheim, E. (1893): The Division of Labour in Society, Free Press, New York

Evans, R. (1995): „Perspectives in defence of TQM", *The TQM Magazine*, Vol. 7 (1)

Fornari, A.; Maszle, G. (2004): Lean Six Sigma Leads Xerox, http://www.asq.org/pub/sixsigma/past/vol3_issue4/ssfmv3i4xerox.pdf

Gagliardi, P. (1990): „Artifacts as pathways and remains of organizational life", in P. Gagliardi (ed.): Symbols and Artifacts: Views of the corporate landscape, Walter de Gruyter, Berlin, pp. 3–38

Giddens, A. (1984): The Constitution of Society: Outline of the Theory of Structuration, University of California Press, Berkeley

Harrington, H. J. (2004): „The Fallacy of Universal Best Practices", *Total Quality Management & Business Excellence*, Vol. 15, No. 5-6

Hendricks, K. B.; Singhal, V. R. (2000): The Impact of Total Quality Management (TQM) on Financial Performance: Evidence from Quality Award Winners, „Don't Count TQM Out", Quality Progress, April 1999, pp. 35–42.

Kondo, Y. (1995): Companywide Quality Control – its Background and Development, 3A CORPORATION, Tokyo

Liker, J. K. (2004): The Toyota Way – 14 Management Principles from the world's Greatest Manufacturer, McGraw-Hill, New York

Luhmann, N. (1984/1995): Social Systems, Stanford University Press, California

Morgan, G. (1986): Images of Organization, Sage Publications, London.

Nonaka, I.; Takeuchi, H. (1995): The Knowledge-creating Company, Oxford University Press, Oxford

Peters, T. J.; Austin, N. (1985): A Passion for Excellence – The Leadership Difference, HarperCollins Publishers, London, UK

Peters, T. J.; Waterman, R. H. (1982): In Search of Excellence – Lessons from America's Best-Run Companies, HarperCollins Publishers, London.

Pfeffer, J. (1981): „Management as symbolic action: The creation and maintenance of organizational paradigms", in Cummings, L. L.; Staw, B. W. (eds.): Research in Organizational Behaviour, 3: pp. 1–52

Ritzer, G. (1983/2000): Sociological Theory, McGraw Hill, London

Schein, E. H. (1985/1993): Organizational Culture and Leadership, Jossey-Bass, San Francisco

Scott, R. (1981/2003): Organizations – Rational, Natural, and Open Systems, Prentice Hall, London

Senge, P. (1990): The Fifth Discipline: The Art & Practice of the Learning Organization, Doubleday Currency, London

Sergiovanni, T. J.; Corbally, J. E. (eds.) (1984): Leadership and organizational culture, University of Illinois Press, Urbana, IL

Shin, D. Y.; Kalinowski, J. G.; El-Enein, G. A. (1998): „Critical Implementing Issues in Total Quality Management", *Advanced Management Journal*. Winter

Sparrow, P.; Marchington, M. (1998): Human Resource Management – The new Agenda, Prentice Hall, London

Steingard, D. S. (1993): „A postmodern deconstruction of total quality management (TQM), *Journal of Organizational Change Management*, Vol. 6(4): pp. 72–87

Sztompka, P. (1991): Society in Action: The Theory of Social Becoming, University of Chicago Press, Chicago

Weick, K. E. (1995): Sensemaking in organizations, Thousand Oaks, Sage, CA

Wiley, N. (1988): The Micro-Macro Problem in Social Theory, *Sociological Theory*, Vol. 6: pp. 254–261

Womack, J. P.; Jones, D. T. (1996): Lean Thinking, Touchstone Books, London

Womack, J. P.; Jones, D. T.; Roos, D. (1990): The Machine that Changed the World, MacMillan Publishing Company, New York

7 Ganzheitliche Konzepte als Voraussetzung für nachhaltige Veränderungen

Klaus J. Zink

7.1 Relevanz des Themas

Analysiert man die Veränderungskonzepte der letzten Jahrzehnte, so muss man feststellen, dass es sich in nahezu allen Fällen um Partialkonzepte handelte, die einzelne, spezifische Fragestellungen wie Kostensenkung oder Prozessgestaltung in den Vordergrund der Betrachtung stellten. Zwar war an nicht wenigen Stellen auch von einer kontinuierlichen Verbesserung die Rede, eine genauere Analyse zeigte jedoch ein punktuelles Eingreifen unter einem wiederum spezifischen Rahmenthema. Umfassendere Ansätze wie Business Reengineering oder Lean Management scheiterten in vielen Fällen zumindest im ersten Anlauf. Für alle etwas breiter angelegten Konzepte, wie die zuvor genannten, lassen sich in aller Regel nur bescheidene Erfolgsquoten konstatieren. Das Scheitern dieser Ansätze wird von den jeweiligen Autoren mit einer Vielzahl von Gründen beschrieben, die sich mit dem Fehlen eines Organisationsentwicklungskonzeptes zusammenfassen lassen (vgl. Zink, 2004, S. 13–41). Dies betrifft sowohl die erforderliche Zeit für die Umsetzung, aber auch die Einbindung der betroffenen Mitarbeiter. Wenn man davon ausgeht, dass das mehrfache Scheitern von Veränderungsprozessen bei den Mitarbeitern mit einer hohen Wahrscheinlichkeit zum Phänomen der inneren Kündigung führt – und somit weitere Veränderungsprozesse in der Regel (auch) zum Scheitern verurteilt sind, zeigt sich die Notwendigkeit der Überwindung von Partialkonzepten zu Gunsten eines ganzheitlichen Ansatzes, der u. a. tatsächlich Kontinuität verwirklicht.

7.2 Anforderungen an ganzheitliche Veränderungsprozesse

Die Analyse der Fehlschläge bzw. der sehr begrenzten Erfolge von Veränderungen in der Vergangenheit liefert die Grundlage, um schon einige wesentliche Defizite beschreiben zu können:

- Verbesserungsmaßnahmen als punktuelle Eingriffe im Sinne von Programmen – und damit Fehlen einer Nachhaltigkeit,
- fehlende Transparenz der Maßnahmen bezüglich ihres Beitrages zur Realisierung der (längerfristigen) Politik und Strategie der Organisation (z. B. Sicherung der Zukunftsfähigkeit),
- fehlende Transparenz der Maßnahmen bezüglich ihrer Passung zu anderen Maßnahmen in Gegenwart und Vergangenheit (Logik des Zusammenhangs),
- fehlende Einbindung wesentlicher Zielgruppen in die Konzeptentwicklung und -umsetzung (insbesondere der betroffenen Mitarbeiter),
- fehlendes Verständnis für Organisationsentwicklungskonzepte, die auf die Veränderung von Strukturen *und* Verhalten abzielen, was bedeutet, dass die alleinige Veränderung von Organisationsstrukturen („Restrukturierung") ohne entsprechende Änderungen in der Unternehmenskultur nicht ausreicht.

Aus diesen Schwachstellen lassen sich die Forderungen an ganzheitliche Veränderungskonzepte ableiten:

- Stringente Ableitung aller Maßnahmen aus Politik und Strategie der Organisation,
- Integration der Einzelmaßnahmen in ein stimmiges und passungsfähiges Gesamtkonzept,
- Überwindung von Programmen zu Gunsten kontinuierlicher Verbesserungsmaßnahmen,
- Verständnis von Organisationen als offene soziotechnologische Systeme mit ihren Interdependenzen zwischen Strukturen und Verhalten bzw. Unternehmenskultur sowie ihre Interaktion mit der Umwelt,
- Integration der Interessen aller relevanten Anspruchsgruppen („Stakeholder"),
- Nachhaltigkeit der Veränderungen und damit Zukunftsfähigkeit als (weiteres) wichtiges Beurteilungskriterium.

In einem nächsten Schritt kann man nun nach theoretischen Konzepten suchen, die als Grundlage für die Umsetzung dieser Forderungen dienen können. Da es dabei um die Überwindung von Partialkonzepten geht, sind vor allem integrative Ansätze der Gestaltung und Bewertung von Bedeutung. Im Einzelnen sind hier anzuführen:

- das Konzept Integriertes Management von Knut Bleicher unter Berücksichtigung der Grundlagen einer soziotechnologischen Systemgestaltung und des Policy Deployment,
- Strategisches Management auf Basis einer Stakeholder-Orientierung,
- umfassendes Change Management bzw. entsprechende Konzepte der Organisationsentwicklung,
- ganzheitliche Bewertungskonzepte, die die vorgenannten Aspekte berücksichtigen.

7.3 Bausteine einer ganzheitlichen Unternehmensführung

Zur Überwindung bisheriger Defizite in der Unternehmensführung und als Basis für die Diskussion eines Veränderungsprozesses, der die obigen Anforderungen erfüllt, müssen zunächst die einzelnen Konzepte beleuchtet werden, die in diesem Kontext von Relevanz sind. Obwohl es (natürlich) einen inneren Zusammenhang zwischen den einzelnen Bausteinen gibt, sollen diese zunächst getrennt erörtert werden.

7.3.1 Das Konzept Integriertes Management

Auf der Grundlage verschiedenster Publikationen, die sich unter der „St. Galler Schule" zusammenfassen lassen, hat Knut Bleicher sein Konzept Integriertes Management entwickelt. Dieses geht u. a. von der Prämisse aus, dass nur ganzheitliches Denken zur Bewältigung komplexer Probleme beitragen kann. Ganzheitliche, systematische Betrachtungen sind dabei charakterisiert durch (vgl. Ulrich, 1984, S. 52 ff.):

- Unternehmen als offene Systeme, die in ihrer Verflechtung mit der Umwelt akzeptiert werden,
- die Verbindung von analytischem und synthetischem Denken unter Berücksichtigung vernetzter Strukturen,
- die Substitution von linearem Denken in einfachen Ursache-Wirkungs-Ketten durch Denken in Verknüpfungen (z. B. Führung als Regelkreis der kontinuierlichen Verbesserung),
- die Interdisziplinarität im Denken wie in der Zusammenarbeit,
- Vorstellungen von Strukturen und Prozessen zur Erfassung der steigenden Bedeutung der Information.

Mit Bezug auf die drei Dimensionen des Managements nach Ulrich werden normative, strategische und operative Aufgabenfelder im Sinne einer schwerpunktsetzenden Abgrenzung von Problemfeldern unterschieden (vgl. Ulrich/Fluri, 1992, S. 18 ff. sowie Bild 7.1). Dabei wird deren gegenseitige Abhängigkeit ausdrücklich betont. Die integrierende Klammer für diese Aufgabenfelder bildet eine Managementphilosophie, die für alle Beteiligten Klarheit „über die paradigmatischen Grundlagen ihres Handelns" schafft. Dies führt zu einer Vision, also der Formulierung einer Vorstellung vom „Ziel der Reise", und einem Leitbild, das für alle eine Möglichkeit der Identifikation eröffnet.

Von dieser Vision ausgehend, werden generelle Ziele normativer Art abgeleitet. In der strukturellen Dimension beinhaltet dies die Unternehmensverfassung (z. B. Kompetenz- und Verantwortungszuordnung auf Leitungsebene), die Einbindung von (internen und externen) Interessenvertretern und die Art der Konfliktlösung. *Normatives Management* in der personellen Dimension spiegelt sich in der Unternehmenskultur wider. Die Operationalisierung findet im Rahmen der Unternehmenspolitik statt, welche die Vision durch Missionen einer ersten Konkretisierung zuführt.

Im Rahmen der normativen Vorgaben kann das *Strategische Management* durch Organisationsstrukturen und Managementsysteme den strukturellen Rahmen und durch ein geeignetes Führungskonzept die Verhaltensdimension konkretisieren. Die Instrumentalisierung des Strategischen Managements erfolgt über eine geeignete Unternehmensplanung.

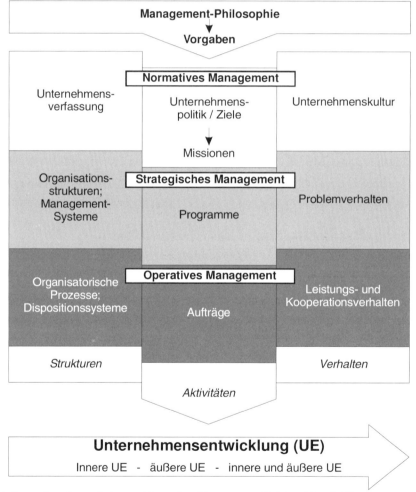

Bild 7.1 Normatives, Strategisches und Operatives Management (Bleicher, 2004, S. 88)

7.3 Bausteine einer ganzheitlichen Unternehmensführung

Operatives Management bedeutet Umsetzung von Normen und Strategien. Dazu sind organisatorische Prozesse erforderlich, die durch Ausführungsprogramme (Aufträge) gesteuert werden und zu einem konkreten Leistungs- und Kooperationsverhalten führen. Aus der Dynamik der Umwelt resultiert die Notwendigkeit, den Managementprozess immer wieder an veränderte Rahmenbedingungen anzupassen.

Neben der integrativen Kraft der gemeinsamen Vision wird dieses Konzept auch durch horizontale und vertikale Integration ganzheitlich. *Horizontale Integration* heißt, dass alle „Instrumente" und die daraus resultierenden Aktivitäten eine strukturelle und personelle bzw. verhaltensbezogene Verankerung haben. So sind z. B. Unternehmenspolitik und Unternehmensziele eine Funktion der Unternehmensverfassung und der Unternehmenskultur. *Vertikale Integration* beinhaltet die konsequente Transformation normativer in strategische und strategischer in operative Inhalte. Konkretes Führungs- bzw. Kooperationsverhalten wird determiniert durch das strategisch ausgerichtete Führungskonzept, das sich stringent aus dem normativen Rahmen (Unternehmenskultur) ableiten lässt. Bleicher spricht in diesem Zusammenhang von „Harmonisation" durch interdimensionalen „Fit", der einen Basis-Fit in den einzelnen Dimensionen voraussetzt, d. h. dass diese in sich „stimmig" sind (vgl. Bild 7.2).

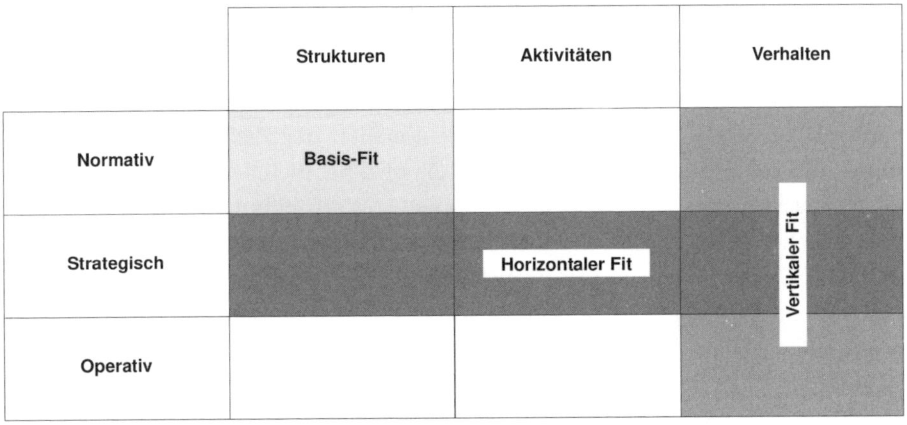

	Strukturen	Aktivitäten	Verhalten
Normativ	Basis-Fit		
Strategisch		Horizontaler Fit	Vertikaler Fit
Operativ			

Bild 7.2 Harmonisierung einzelner Managementdimensionen (Bleicher, 2004, S. 602)

Diese wenigen und notwendigerweise allgemein gehaltenen Aussagen mögen genügen, die Idee eines integrativen Managementkonzeptes zu verdeutlichen und die Grundlage für die Positionierung der nachfolgend zu erörternden Konzepte zu liefern.

Bleichers Konzept des Integrierten Managements beinhaltet implizit zwei theoretische Ansätze:

- den soziotechnologischen Systemansatz und
- die Idee des Policy Deployment.

Wesentliche Bausteine eines soziotechnologischen Systemansatzes (vgl. Zink, 1984 und 2000) sind schon in den oben formulierten Prämissen einer systemischen Betrachtungsweise enthalten. Da bei Bleicher die Aspekte Führung und Organisation in (Wirtschafts-)Unternehmen im Vordergrund stehen, sind inhaltliche Aspekte der Technikanwendung und -umsetzung sowie ökologische Dimensionen eher implizit in den normativen Aspekten der Unternehmensführung integriert. Insofern liefert hier die explizite Integration einer soziotechnologischen Betrachtungsweise, die bei Bleicher indirekt durch die Bereiche „Strukturen" und „Verhalten" angesprochen wird (vgl. Bild 7.1), ein zusätzliches Integrationspotential. Beispielhaft sei hier das Thema „integrierte Produkt- und Prozessentwicklung" unter technischen, betriebswirtschaftlichen, ergonomischen und ökologischen Aspekten thematisiert. Die Anwendung und Umsetzung von Technik impliziert u. a. Optionen zur Gestaltung von Arbeitsinhalten und damit von Motivationspotentialen, die ihrerseits für umfassende Veränderungsmaßnahmen von Relevanz sein können. Eine zunehmende Relevanz dieser Aspekte kann im Kontext der Auseinandersetzung mit (integrierten) Produktionssystemen gesehen werden (vgl. z. B. Deutsche MTM-Vereinigung, 2001).

Die stringente Entfaltung einer Unternehmensvision über normative und strategische in operative Zielausrichtungen ist ebenfalls Bestandteil von Bleichers Überlegungen.

Für die hier zu erörternden Aspekte eines „Policy Deployment" (vgl. Zink, 1995) ist die inhaltliche und strukturelle Mehrdimensionalität der Ziele von besonderer Bedeutung. Die inhaltliche Mehrdimensionalität wird bei Bleicher durch die Dimensionen „Zielausrichtung auf Anspruchsgruppen", „Entwicklungsorientierung" sowie „ökonomische" und „gesellschaftliche Zielausrichtung" abgedeckt (vgl. Bleicher, 2004, S. 170). Eine dagegen „verkürzte" inhaltliche Mehrdimensionalität enthält die Balanced Scorecard von Kaplan und Norton in ihrer ursprünglichen Fassung mit den Dimensionen „Finanzen", „Kunden", „interne Geschäftsprozesse" und „Lernen und Entwicklung" (vgl. Kaplan/Norton, 1996). Die strukturelle Mehrdimensionalität muss sicherstellen, dass es nicht nur einen vertikalen Deployment-Prozess – wie z. B. bei Management by Objectives – gibt, sondern dass auch ein horizontaler Zielabgleich (unter Einbeziehung z. B. der Erwartungen der Kunden) stattfindet (vgl. Zink, 1995, S. 292).

7.3.2 Strategisches Management auf der Basis einer Stakeholder-Orientierung

Obwohl oben schon angedeutet wurde, dass eine Stakeholder-Orientierung auch Bestandteil der Überlegungen von Knut Bleicher bzw. der St. Galler Schule (so z. B. Hans Ulrich und Walter Krieg [vgl. Ulrich/Krieg, 1974]) ist, soll dieses Konzept – wegen seiner spezifischen Bedeutung – eine eigenständige Darstellung erfahren.

7.3.2.1 Begriff und Ursprung

Der Begriff „Stakeholder" wurde nach Freeman zum ersten Mal Anfang der 60er Jahre im Stanford Research Institute diskutiert, um zu verdeutlichen, dass die einseitige Ausrichtung des Managements auf die Interessen der Aktionäre zu eng greife. Dementsprechend wurden Stakeholder als „those groups without whose support the organisation would cease to exist" verstanden (vgl. Freeman, 1984, S. 31). Eine wesentlich breitere Definition des Stakeholder-Begriffs verwendet Freeman, wenn er formuliert: „any group or individual who can effect or is affected by the achievement of an organisation's purpose" (vgl. Freeman, 1984, S. 53). Damit kommen als Stakeholder z. B. sowohl Mitarbeiter, Eigentümer, Kunden, Lieferanten und Kreditgeber als auch Staat und Kommunen, Umwelt- und Verbraucherverbände, Gewerkschaften sowie die Medien in Frage. Bei den Mitarbeitern wird nicht selten das Management noch einmal getrennt betrachtet.

Wegen der offensichtlichen Vielzahl der Stakeholder kann man Achleitner folgen, wenn er die Stakeholder nach ihrem Einfluss auf die Organisation klassifiziert (vgl. Achleitner, 1985, S. 76):

- Bezugsgruppen, die einen tatsächlichen, potentiellen, direkten oder indirekten Bezug zum Unternehmen haben, deren ausgeübte Macht bzw. deren Wille zur Machtausübung jedoch gering ist;
- Interessengruppen mit einem direkten oder indirekten Kontakt zum Unternehmen, deren Wille zur Machtausübung größer, ihre Macht jedoch ebenfalls gering ist;
- strategische Anspruchsgruppen mit konkreten Erwartungen und Ansprüchen, die über effektive Macht verfügen und auch bereit sind, diese auszuüben.

Der Stakeholder-Ansatz fand in verschiedene andere Konzepte – mehr oder minder starken – Eingang bzw. lässt sich aus ihnen weiterentwickeln (vgl. Freeman, 1984, S. 33–43):

In der Literatur zur Unternehmensplanung und später zum strategischen Management diente der Stakeholder-Ansatz zur differenzierteren Analyse bzw. Beschreibung der Unternehmensumwelt und ihrer zukünftigen Entwicklung, z. B. durch die Erhebung der Zufriedenheit der strategischen Anspruchsgruppen, die für das Überleben der Organisation relevant sind. Insgesamt kam diesem Konzept jedoch zunächst eine eher untergeordnete Rolle zu, bis verschiedene Autoren diese Idee im Rahmen des strategischen Managements wieder aufgriffen (vgl. Freeman, 1984).

Auch im Rahmen der Systemtheorie finden sich Stakeholder bzw. Stakeholder-Analysen. So wird z. B. für die Systemgestaltung die Beteiligung der relevanten Stakeholder propagiert. Das Verständnis von Unternehmen als soziotechnische oder soziotechnologische Systeme weist in diese Richtung (vgl. Trist, 1981; Zink, 1984, S. 25–49).

Mit einer gewissen Ähnlichkeit zu der späteren Entwicklung in Europa spielte das Thema Corporate Social Responsibility schon in den 60er und 70er Jahren eine Rolle in der amerikanischen Managementliteratur (vgl. z. B. Caroll, 1999). Fragen der sozialen Verantwortung von Unternehmen wurden in der deutschsprachigen betriebswirtschaftlichen Literatur u. a. von Horst Steinmann (vgl. Steinmann, 1973) thematisiert. Diesem Themenbereich kann man natürlich auch das breite Feld „Business Ethics" bzw. Unternehmensethik zurechnen. Die Vielfalt der Literatur zu diesem Thema kann hier nicht vertieft werden. Es ist allerdings darauf hinzuweisen, dass die in der industriellen Praxis realisierten Ansätze in aller Regel additiv waren und nicht selten vor allem auf Public-Relations-Effekte durch „Corporate Social Audits" oder „Sozialbilanzen" abzielten. Eine Integration z. B. in das strategische Management fand nicht statt (vgl. Freeman, 1984, S. 40). Die Resonanz auf den Stakeholder-Ansatz war in der CSR-Literatur sogar stärker als in der zum strategischen Management (vgl. Freeman, 2004, S. 229).

Schließlich finden sich vereinzelt auch in der Organisationstheorie explizite oder implizite Aussagen zu einer Stakeholder-Orientierung (vgl. z. B. March/Simon, 1958). Hier sind auch Publikationen zur Analyse der Organisations-Umwelt-Beziehungen zu nennen (vgl. Pfeffer/Salancik, 1978).

Die spezifische Diskussion des Stakeholder-Konzeptes im deutschsprachigen Raum wurde nicht unwesentlich durch eine kritische Auseinandersetzung mit der wertorientierten Unternehmenssteuerung auf der Grundlage des Shareholder-Value beeinflusst (vgl. Rappaport, 1998), wobei hier insbesondere die kurzfristige Ausrichtung in der praktischen Anwendung zu Problemen führt (vgl. dazu z. B. Albach, 2001).

Ähnlich kritisch bezüglich der einseitigen Ausrichtung an den Shareholdern ist ein internationales Forschungsprojekt zum Thema „The Corporation and its Stakeholders" zu positionieren, das von der Alfred Sloan Foundation gefördert wurde und u. a. zu einer „Redefinition" des Unternehmens unter Stakeholder-Aspekten führte:

„The corporation is an organization engaged in mobilizing resources for productive use in order to create wealth and other benefits (and not intentionally destroy wealth, increase risk, or cause harm) for its multiple constituents, or stakeholders" (Post/Preston/Sachs, 2002, S. 17).

Dem Kontext Stakeholder-Orientierung sind auch die Konzepte für ein umfassendes Qualitätsmanagement im Sinne von Unternehmensqualität (vgl. Zink, 2004) sowie aktuelle Entwicklungen in der Arbeitswissenschaft (vgl. Zink, 2003) zuzuordnen.

7.3.2.2   Stakeholder-Orientierung als Grundlage des strategischen Managements

Freeman (vgl. Freeman, 1984) kommt der Verdienst zu, die Ansätze einer Stakeholder-Orientierung in ein Konzept des strategischen Managements integriert zu haben. Als Grundlage für ein Anspruchsgruppenmanagement gilt es – nach Freeman – zunächst drei Aufgaben zu lösen (vgl. Freeman, 1984, S. 53):

1. zu verstehen, wer die strategischen Anspruchsgruppen sind und worin ihre Anforderungen bestehen;
2. zu verstehen, welches die organisatorischen Prozesse sind, mit denen diesen Anforderungen explizit oder implizit begegnet wird und ob diese den als relevant definierten Anspruchsgruppen entsprechen;
3. zu verstehen, welche Transaktionen oder Interaktionen zwischen der Organisation und ihren Stakeholdern erforderlich sind und wie diese in Relation zum Portfolio der Stakeholder und den entsprechenden organisatorischen Prozessen stehen.

Um diese Basis zu schaffen, bedarf es einer sogenannten Stakeholder-Analyse, die man grob in folgende Schritte einteilen kann:

- Identifikation aller prinzipiell in Frage kommenden Stakeholder („Bezugs- und Interessengruppen"),
- Auflistung der für die Organisation relevanten Stakeholder („Anspruchsgruppen"),
- Ermittlung der spezifischen Bedeutung dieser Stakeholder für das Unternehmen,
- Analyse der Beziehungen zu diesen strategischen Anspruchsgruppen. Dabei sind die Aspekte „Vertrautheitsgrad", „Einflussgrad" und „Abhängigkeitsgrad" zu berücksichtigen (vgl. Achleitner, 1985, S. 77),
- Ermittlung der Interessen der Anspruchsgruppen; nachdem die relevanten Anspruchsgruppen identifiziert und bewertet wurden, sind die Ansprüche dieser Stakeholder zu erheben, wobei es auch um die Beziehungen und Wechselwirkungen zwischen verschiedenen Ansprüchen geht.

Sind nun die Ansprüche der relevanten Stakeholder bekannt und entsprechend gewichtet, geht es um die Frage der Befriedigung der unterschiedlichen Ansprüche, wobei ggf. Ziel-, Interessen- und Wertkonflikte gegeneinander abzuwägen und zwischen den Stakeholdern zu vermitteln und zu schlichten sind (vgl. Patsch, 2001, S. 13 f.).

Wie fallweise oben schon angedeutet, haben Unternehmen verschiedene Möglichkeiten, ihre Beziehungen zu den relevanten Anspruchsgruppen zu gestalten. Dabei lassen sich in Abhängigkeit der Intensität der Beziehungsgestaltung folgende Maßnahmenbündel unterscheiden:

- Kommunikation mit den Stakeholdern (vgl. z. B. Scherler, 1996),
- Aufbau von Stakeholder-Relations (vgl. z. B. Ott, 1997, S. 96 f.),
- Schließen von Vereinbarungen.

Diese Facetten eines Anspruchsgruppenmanagements sind in das strategische Management zu integrieren, wobei auch hier die Berücksichtigung der Vernetzung der einzelnen Anspruchsgruppen (vgl. dazu Janisch, 1993, S. 352–355) eine wichtige Rolle spielt. So kann z. B. die Realisierung prozessorientierter Organisationsformen die Ansprüche sowohl von Mitarbeitern (ganzheitlicher Arbeitsinhalt) als auch von Kunden (verstärkte Kundenorientierung) und Kapitalgebern (z. B. Reduzierung von Kapitalbindungs- und Qualitätskosten) erfüllen.

Dieses Beispiel soll verdeutlichen, dass ein solches Konzept nicht zwangsweise zu einer Vernachlässigung der Interessen der Shareholder führt, sondern das Unternehmensergebnis durch eine stärkere, gewichtete Berücksichtigung der strategischen Anspruchgruppen verbessern will. Es geht daher um die Vereinbarkeit ökonomischer, sozialer und ökologischer Ziele. Eine solche Vereinbarkeit muss sich in der Gewichtung der Ansprüche der Stakeholder niederschlagen, woraus sich ggf. eine phasenversetzte Befriedigung der Ansprüche ergeben kann. So ist es in vielen Unternehmenssituationen empfehlenswert, zunächst dem Stakeholder „Kunde" und dessen Ansprüchen eine besondere Bedeutung beizumessen, um die Überlebensfähigkeit des Unternehmens zu sichern. Ein erfolgreiches Agieren in diesem Feld schafft die Voraussetzung für die Befriedigung der Ansprüche anderer Stakeholder.

7.3.3 Umfassendes Change Management

Wie einleitend betont, waren Veränderungsprozesse auch in der jüngeren Vergangenheit nicht in besonderem Maße erfolgreich. Dafür gab es verschiedene Gründe, die sich jedoch auf einer „Meta-Ebene" dahingehend zusammenfassen lassen, dass in den meisten Fällen ein Organisationsentwicklungskonzept fehlte. Dabei sollen unter

Organisationsentwicklung alle Ansätze zusammengefasst werden, die durch eine Veränderung der Einstellung und des Verhaltens von Einzelnen und Gruppen sowie eine Veränderung von Organisationsstruktur und Technologien eine Organisation leistungsfähiger, die Zusammenarbeit zwischen Arbeitsgruppen effizienter und die Arbeitsbedingungen für den Einzelnen befriedigender gestalten wollen. Ein weiteres Ziel ist darin zu sehen, die Anpassungsfähigkeit der Organisation und ihrer Mitglieder an dynamische Veränderungen zu erhöhen. Die Organisationsentwicklung bezieht sich dabei nicht isoliert auf Technik, Mensch oder Organisationsstruktur, sondern versteht die Organisation als komplexes System mit den daraus abzuleitenden gegenseitigen Abhängigkeiten (Zink, 1979, S. 64).

Diese Definition macht klar, dass reine Restrukturierungsprozesse, die sich ausschließlich auf die Veränderung organisatorischer Strukturen beziehen, nie erfolgreich sein können. Es bedarf immer einer Verknüpfung struktureller und personeller bzw. kultureller Determinanten, wobei im Kontext von Einstellungen und Verhalten dem Konstrukt der Unternehmenskultur eine besondere Bedeutung zukommt. Auch hier lässt sich wieder ein Bezug zu den normativen Dimensionen von Bleicher herstellen.

Da die Veränderung von Einstellungen und Verhalten nicht „verordnet" werden kann, sondern in aller Regel einen längerfristigen Veränderungsprozess notwendig macht, muss hier der Aspekt der Partizipation integriert werden. Dies muss sowohl Managementeinbindung als auch Beteiligung der Betroffenen bedeuten – mit dem Ziel, den permanenten Wandel als Voraussetzung für das Überleben der Organisation zu akzeptieren. Da Wandel per se dem Stabilitätsbedürfnis des Menschen widerspricht, bedarf es einer Meta-Struktur, die den Prozess des Wandels als „Stabilisierungsfaktor" implementiert, indem er immer auf die gleiche Art und Weise abläuft.

Bei der Diskussion der strukturellen Veränderungen stehen häufig organisatorische Strukturen im Vordergrund der Betrachtung („Restrukturierungskonzepte"). Wenn man jedoch durch die Veränderung organisatorischer Strukturen (z. B. Übergang von einer funktionalen oder abteilungsorientierten zu einer prozessorientierten Organisation) Einstellungen und Verhalten (z. B. im Hinblick auf eine Vergrößerung der „Kundenorientierung") verändern will, bedarf dies auch der Änderung der Be- oder Entlohnungssysteme. Ebenso muss das betriebliche Berichts- oder Rechnungswesen (Beispiel: Kostenstellenrechnung als Abbild der Abteilungsorientierung) entsprechend angepasst werden. Ähnliche Überlegungen gelten für die Gestaltung der „Systemgrenzen" der Organisation: Die Optimierung (inner-)organisatorischer Aspekte des Wertschöpfungsprozesses ist nur eine Facette. Die Veränderungen müssen sich auch in den vor- und nachgelagerten Prozessen z. B. durch ein modifiziertes Lieferantenbewertungssystem niederschlagen.

Für alle diese Veränderungsbausteine gilt, dass sie im Bleicher'schen Sinne stringent aus der Managementphilosophie abzuleiten und einer Prüfung der vertikalen, horizontalen und Basis-Stimmigkeit („Harmonisation") zu unterziehen sind. Dies beschränkt sich natürlich nicht nur auf neue Inhalte, sondern muss auch deren Passung in Bezug auf die bisherigen Aktivitäten einschließen – bzw. die Erläuterung von „Unstimmigkeiten" aus einem Wechsel von Politik und Strategie unter dem Aspekt der Zukunftssicherung.

Während diese Überprüfung auf „logische" Widersprüche im System als Expertenaufgabe verstanden werden kann, ist es für einen umfassenden Veränderungsprozess unabdingbar, dass auch alle Mitarbeiter diese Logik erkennen und nachvollziehen können. Um dies zu erreichen, bieten sich unterschiedliche Formen der Partizipation an.

Die einfachste – aber in aller Regel nicht ausreichende – Form ist die (umfassende) Information im Rahmen einer Betriebsversammlung. Wesentlich geeigneter erscheint ein Top-down- bzw. Kaskadenansatz, der alle Vorgesetzten in diesen Prozess einbindet – und damit die Möglichkeit gibt, einen Transfer der Veränderungen auf den eigenen Arbeitsbereich vorzunehmen. Die Erfahrung zeigt, dass der Erfolg dieses Konzeptes eher darin zu sehen ist, dass sich alle Vorgesetzten intensiv mit der Veränderung beschäftigen (müssen), als dass dabei immer eine erhöhte Akzeptanz der Mitarbeiter entsteht. Darüber hinaus besteht die Gefahr, dass Informationen von den Vorgesetzten selektiv aufgenommen und vermittelt werden. Insofern benötigt eine solche Vorgehensweise die Sicherstellung, dass tatsächlich alle Mitarbeiter die relevanten Basisinformationen erhalten haben. Fortschritte lassen sich in jedem Fall dann erzielen, wenn der Kommunikationsprozess interaktive Elemente enthält.

Im Sinne einer Erhöhung der Akzeptanz und einer nicht nur kognitiven, sondern auch einer affektiven Auseinandersetzung mit dem Thema ist eine Beteiligung an der Konzeptentwicklung – oder zumindest an einer Spezifizierung eines allgemein vorgegebenen Rahmens – wünschenswert. Dies erfordert entweder repräsentative Formen der Mitwirkung im Rahmen traditioneller Methoden der Projektarbeit oder die Einbindung aller Beteiligten im Rahmen von Großgruppenkonferenzen, wie z. B. Open-Space-Ansätzen, sowie Zukunfts- oder Strategiekonferenzen (vgl. z. B. Alban/Bunker, 1996; Emery/Purser, 1996, oder Parker, 1990). Die Realisierungsmöglichkeit solcher in Deutschland noch relativ jungen Formen der Mitwirkung wird in aller Regel durch die bisherige „Partizipationskultur" geprägt werden, was dem Grundgedanken der Organisationsentwicklung entspricht, Unternehmen dort „abzuholen", wo sie derzeit stehen.

Veränderung in Organisationen hat in aller Regel etwas mit Machtverhältnissen zu tun. Insofern sind zunächst die sogenannten „Machtpromotoren" zu gewinnen, die den Prozess dann mit Unterstützung der „Fachpromotoren" vorantreiben können. Im Idealfall vereinen sich diese Rollen in einer Person. In jedem Fall kommt der Vorbildfunktion der Machtpromotoren auch im Hinblick auf eine Veränderung der Unternehmensstruktur eine besondere Bedeutung zu. Die prinzipielle Vorgehensweise im Veränderungsprozess nach Kotter ist im Bild 7.3 dargestellt.

Jeder umfassende Veränderungsprozess unterliegt – wie bei Kotter schon thematisiert – der Gefahr, dass die Organisation nach einer bestimmten Zeit wieder in die „Ausgangslage" zurückfällt. Es müssen daher einerseits Maßnahmen zur Stabilisierung des neuen Zustandes ergriffen, der neue Zustand muss allerdings auch im Sinne einer kontinuierlichen Verbesserung weiterentwickelt werden. Als Hauptvoraussetzung für eine Stabilisierung kann die Integration in das „Tagesgeschäft" gesehen werden. Das heißt, es bedarf hier einer strukturellen Verankerung. Erhält die Veränderung das Image eines „Programms", wird es sehr schwer sein, eine dauerhafte Integration zu erreichen. Der Erfolg in Bezug auf eine kontinuierliche Verbesserung wird ebenfalls durch den Sachverhalt determiniert, ob dies Teil der „ganz normalen Vorgehensweise" z. B. auf der Grundlage einer entsprechend regelmäßig durchgeführten Bewertung in der Organisation ist.

Der Erfolg eines derart umfassend angelegten Veränderungsprozesses erfordert ein Messinstrument, das die oben formulierten Rahmenbedingungen integriert. Ein solches Bewertungskonzept soll im Folgenden erörtert werden.

7.3.4 Ganzheitliche Bewertungskonzepte

Verfolgt man die insbesondere angelsächsische Literatur zum betrieblichen Rechnungswesen, so kann man dort schon seit vielen Jahren den Bedarf nach neuen und umfassenderen Ansätzen erkennen (vgl. Johnson/Kaplan, 1987). Unabhängig von dieser Diskussion hat sich im Kontext von Total Quality Management schon sehr früh in Japan (zunächst mit einer anderen Begrifflichkeit) die Idee einer Bewertung der Qualität eines Unternehmens im umfassenden Sinn entwickelt. Dieses Gedankengut wurde dann mit dem Malcolm Baldrige National Quality Award (MBNQA) auch in den USA (NIST, 1988) und in Australien mit dem Australian Quality Award (Australian Quality Awards Foundation, 1996) aufgegriffen. Ende der 80er Jahre entstand eine ähnliche Initiative in Europa, die dann zur Gründung der European Foundation for Quality Management (EFQM) und der Auslobung des European Quality Award (EFQM, 1992) geführt hat.

1 **Sensibilisierung für die Dringlichkeit**
  - Untersuchung des Marktes und anderer Wettbewerbsbedingungen
  - Identifikation und Diskussion von Krisen, potentiellen Krisen oder bedeutender Chancen

2 **Bildung eines Steuerkreises**
  - Einbinden aller relevanten Machtpromotoren, um den Veränderungsprozess zu leiten
  - Die Gruppe zu einem „Team" formen

3 **Entwickeln einer Vision und Ableitung von Strategien**
  - Formulierung einer Vision, die die Veränderungsanforderungen unmittelbar unterstützt
  - Entwickeln von Strategien zum Erreichen der Vision

4 **Kommunizieren der Veränderungsvision**
  - Nutzung aller zur Verfügung stehenden Möglichkeiten, um die neue Vision und die Strategien permanent zu kommunizieren
  - Steuerkreis muss als Vorbild vorangehen

5 **Breit angelegte Umsetzung vorantreiben**
  - Widerstände abbauen
  - Veränderung von Strukturen und Abläufen, die die Vision untermauern
  - Zu Risikobereitschaft, unkonventionellen Ideen und deren Umsetzung ermuntern

6 **Kurzfristige Erfolge generieren**
  - Planen sichtbarer Verbesserungen oder Erfolge
  - Erfolge schaffen
  - Sichtbare Anerkennung und Belohnung von Mitarbeitern, die diese Erfolge möglich gemacht haben

7 **Erreichtes stabilisieren und neue Veränderung anstreben**
  - Erworbene Glaubhaftigkeit nutzen, um Systeme, Strukturen und Strategien, die nicht zusammenpassen und die nicht die Vision der Veränderung tragen, neu zu gestalten
  - Mitarbeiterpotentiale, welche die Veränderungsvision tragen, gewinnen, fördern und entwickeln
  - Wiederbeleben des Prozesses mit neuen Themen, Projekten und Change Agents

8 **Verankern der neuen Ansätze in der Unternehmenskultur**
  - Erzeugen besserer Leistungen durch kunden- und produktivitätsorientiertes Verhalten, umfassendere und bessere Führung und effektiveres Management
  - Verdeutlichung der Beziehung zwischen neuem Verhalten und Organisationserfolg
  - Konzepte zur Führungskräfteentwicklung und Nachfolgeplanung entwickeln

Bild 7.3 Der Acht-Stufen-Prozess für einen tiefgreifenden Wandel (Abb. nach Kotter, 1996, S. 21)

Die Entwicklung des grundlegenden Modells für einen europäischen Qualitätspreis erfolgte unter der Prämisse, einerseits einen eigenständigen europäischen Weg zu finden und andererseits dennoch mit den bereits vorhandenen Assessment-Konzepten vergleichbar zu sein. Seine Grundstruktur unterscheidet sich von vergleichbaren Ansätzen dadurch, dass zwei Gruppen von Einflussgrößen unterschieden werden: sogenannte „Enablers" oder Potentialfaktoren („Befähiger") und „Results" bzw. Ergebnisse. Diese Ergebnisorientierung wird zunächst durch das einfache „Grundmodell" repräsentiert (siehe Bild 7.4).

Bild 7.4 Das einfache Modell des EQA

Oder in Worten:

„Bessere Ergebnisse durch Einbindung aller Mitarbeiter in die kontinuierlichen Verbesserungsprozesse erzielen" (vgl. EFQM 1992, S. 10).

Während sich diese Grundüberlegungen auch auf eine ganze Reihe anderer Konzepte (wie z. B. Kaizen oder Lean Management) übertragen lassen, werden die Spezifikationen des europäischen Modells für Excellence schon in seiner ersten Fassung aus dem Jahr 1992 deutlich.

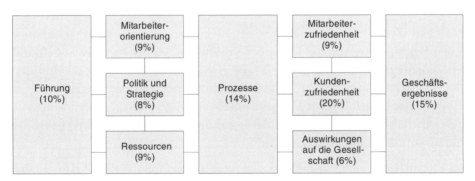

Bild 7.5 Das EFQM-Modell für Excellence in der Fassung aus dem Jahr 1992 (EFQM 1992, S. 10)

Den sogenannten Befähigern oder Potentialfaktoren „Führung", „Mitarbeiterorientierung", „Politik und Strategie", „Ressourcen" und „Prozesse" stehen die Ergebniskategorien „Mitarbeiterzufriedenheit", „Kundenzufriedenheit", „Auswirkungen auf die Gesellschaft" und „Geschäftsergebnisse" gegenüber.

Während auf der Seite der Befähiger wesentliche Einflussgrößen für den langfristigen Erfolg einer Organisation thematisiert werden, zeigt die Ergebnisseite, dass das Ziel aller

Bemühungen die Verbesserung der Geschäftsergebnisse sein muss. Dies ist nur mit zufriedenen Kunden zu erreichen und setzt motivierte und zufriedene Mitarbeiter voraus. Die gesellschaftliche Verantwortung der Organisation wird dabei mitberücksichtigt.

Wie bei allen international eingesetzten Modellen zur Bewertung einer umfassenden Unternehmensqualität (im Sinne von Performance, Organizational oder Business Excellence) ergibt sich von Zeit zu Zeit ein Überarbeitungsbedarf. Während z. B. der Malcolm Baldrige National Quality Award mehr oder minder jährlich überarbeitet wird, gab es die erste große Revision des EFQM-Modells zum Jahr 2000, die auf der Ebene der Kriterien der alten Version ähnlich war (vgl. Bild 7.6).

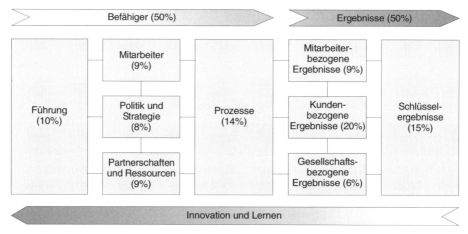

Bild 7.6 Das EFQM-Modell für Excellence (EFQM, 2000, S. 8)

Bei den Befähigern wurde das Kriterium Ressourcen um die Partnerschaften in der Wertschöpfungskette erweitert. Die Ergebnisseite wurde begrifflich „neutralisiert": Aus „Mitarbeiterzufriedenheit" wurden „Mitarbeiterbezogene Ergebnisse", aus „Kundenzufriedenheit" wurden „Kundenbezogene Ergebnisse", „Auswirkungen auf die Gesellschaft" sind nun „Gesellschaftsbezogene Ergebnisse", aus den Geschäftsergebnissen wurden „Schlüsselergebnisse".

Dem Modell liegen einige grundlegende Konzepte zugrunde, die im Zusammenhang mit der Modellüberarbeitung für das Jahr 2000 auch verstärkt publiziert wurden (vgl. EFQM, 2000, S. 7):

- Ergebnisorientierung
  Das EFQM-Modell hat sich von Anfang an (z. B. im Gegensatz zum MBNQA) auf die Erzielung von Ergebnissen ausgerichtet. In der neuen Version wird dabei auch die Berücksichtigung der Interessen aller relevanten Interessengruppen (Mitarbeiter, Kunden, Lieferanten, Gesellschaft und Kapitalgeber) zum Thema.

- **Kundenorientierung**
  Als das zentrale Element aller Excellence-Modelle im Sinne einer unbedingten Voraussetzung für dauerhaften Geschäftserfolg.
- **Führung und Zielkonsequenz**
  Als wichtige Voraussetzung für die Umsetzung von Politik und Strategie und damit die Erfüllung des Unternehmenszwecks.
- **Management mit Prozessen und Fakten**
  Faktenbasiertes Management ist ein wesentlicher Baustein von TQM – und damit auch Grundlage für Unternehmensqualität. Die Umsetzung in die Praxis setzt dabei entsprechend gestaltete Prozesse voraus, die im Sinne einer ABC-Analyse in Schlüssel- und Supportprozesse zu differenzieren sind.
- **Mitarbeiterentwicklung und Beteiligung**
  Die Beteiligung aller Mitarbeiter an betrieblichen Problemlösungen ist ein kritischer Erfolgsfaktor für umfassende Qualität. Dazu bedarf es einer geeigneten Personalentwicklung, die in eine Kultur des Vertrauens eingebettet ist und entsprechende Entscheidungskompetenzen vorsieht.
- **Aufbau von Partnerschaften**
  Es gehört zu den Binsenweisheiten, dass die Wertschöpfungskette nicht an den Grenzen der Organisation endet, daher müssen Partner in einer adäquaten Form einbezogen werden.
- **Verantwortung gegenüber der Öffentlichkeit**
  Von Anfang an hat sich das EFQM-Modell gegenüber vergleichbaren Modellen dadurch unterschieden, dass es den Auswirkungen auf die Gesellschaft ein größeres Gewicht beigemessen hat. Auch der aktuellen Diskussion um Corporate Social Responsibility wird dies gerecht.

Im Kontext eines „Refreshments" in 2002 wurden die grundlegenden Konzepte weiter ausformuliert, indem deutlich gemacht wurde, was die Bedeutung der einzelnen Bausteine in Bezug auf Excellence ist, wie die jeweiligen Konzepte in die Praxis umzusetzen und welche Ergebnisse zu erwarten sind (vgl. EFQM, 2003, S. 7 ff.).

Neben der inhaltlichen Überarbeitung der Kriterien wurde schon in der ersten Revision auch die Bewertungssystematik überarbeitet, die seit dieser Zeit unter dem Begriff „RADAR-Logik" läuft (EFQM, 2000, S. 34–37). RADAR steht für:

Results (Ergebnisse),
Approach (Vorgehen),
Deployment (Umsetzung),
Assessment and
Review (Bewertung und Überprüfung).

Dabei wird einerseits noch einmal die Bedeutung der Ausrichtung des Handelns auf die angestrebten Ergebnisse (Results) verdeutlicht und andererseits die Systematik der kontinuierlichen Verbesserung im Sinne eines PDCA(Plan, Do, Check, Act)-Zyklus hervorgehoben. Bild 7.7 zeigt den Zusammenhang.

Obwohl die prinzipiellen Bewertungskategorien vorher schon existent waren, sind auch hier Modifikationen eingeflossen. Besonders offensichtlich wird dies einerseits in der Frage nach der „klaren Ausrichtung auf die Bedürfnisse der Interessengruppen" und andererseits in der „Stringenz der Unterstützung von Politik und Strategie". Während „Bewertung und Überprüfung" bisher nur beim Vorgehen zu finden waren, ist nun auch die Umsetzung einbezogen. Eine zusätzliche Betonung wird auf den damit verknüpften Lernprozess gelegt.

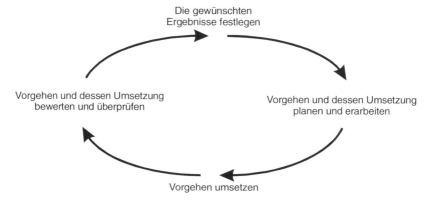

Bild 7.7 Die RADAR-Logik

Will man der Realisierung des Organisationszwecks unter Einbeziehung der relevanten Stakeholder eine noch stärkere Betonung widmen, lässt sich das EFQM-Modell für Excellence dahingehend modifizieren, dass der Unternehmenszweck Ausgangs- und Endpunkt unternehmerischen Handelns ist, die Führungskräfte eine besondere Bedeutung in der Umsetzung des Unternehmenszwecks in eine entsprechende Politik und Strategie haben und einerseits die relevanten Stakeholder als Potentialfaktoren zu betrachten sind und andererseits entsprechende, stakeholderbezogene Ergebnisse als Voraussetzung für die Erreichung des Unternehmenszwecks zu erzielen sind. Bild 7.8 zeigt diesen Zusammenhang.

Nachdem nun einige wichtige, eher theoretische Grundlagen einer ganzheitlichen Unternehmensführung erörtert wurden, geht es im folgenden Abschnitt um erste skizzenhafte Überlegungen, durch welche Maßnahmen diese Konzepte integrativ umgesetzt werden können.

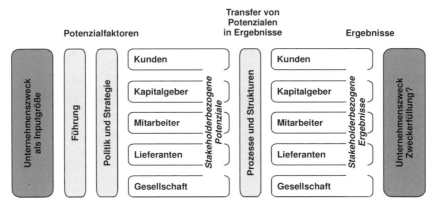

Bild 7.8 Modell stakeholderorientierter Unternehmensführung (Zink, 2004, S. 439)

7.4 Erste Überlegungen bezüglich einer schrittweisen Umsetzung

Obwohl im vorangegangenen Abschnitt einzelne theoretische Konzepte aus didaktischen Gründen eher isoliert dargestellt wurden, kann eine praktische Umsetzung nur integrativ realisiert werden.

Voraussetzung jeglicher Art von Intervention ist das Commitment der Machtpromotoren der Organisation. Dazu zählen die Mitglieder des oberen Managements, aber in einem Industrieunternehmen beispielsweise auch der Vorsitzende des Betriebsrates. In einem Managementworkshop muss zunächst erarbeitet werden, unter welchen Rahmenbedingungen z. B. bezüglich der aktiven Einbindung des oberen Managements oder der Beteiligung der Mitarbeiter der Veränderungsprozess stattfinden kann.

Ausgangspunkt für die weitere Vorgehensweise bildet, wie oben thematisiert, die spezifische Situation eines Unternehmens. Daher muss am Anfang eine Ist-Zustands-Analyse stehen, die im Sinne einer Inventur die Veränderungsbausteine der Vergangenheit auflistet und ihre Vollständigkeit und Stimmigkeit bezüglich des Unternehmenszwecks (Vision, Leitbild, Managementphilosophie) im Sinne eines vertikalen, horizontalen und eines Basis-Fits prüft. Neben dieser Stringenzbetrachtung im Sinne eines Expertenurteils kann die Möglichkeit der Zuordnung in das ausgewählte „Integrationsmodell" (Business Model) geprüft werden, um dessen Plausibilität zu klären.

Neben diese kognitive Ist-Zustands-Analyse ist eine „affektive" Ist-Zustands-Analyse zu stellen, die die Beurteilung der Aktivitäten des Unternehmens in der Vergangenheit durch die Mitarbeiter ermittelt. Neben der Messung der subjektiven Interpretation des Policy Deployment-Prozesses durch die Mitarbeiter kann hier auch die Ausgangssituation für die Konstrukte Arbeitszufriedenheit und Motivation beschrieben werden.

Auf Basis dieser Ist-Zustands-Analyse und der (Veränderungs-)Vision kann das zukünftige Business Model gestaltet werden. Dabei ist prinzipiell eine partizipative Vorgehensweise intendiert, die je nach Unternehmenskultur bzw. deren Beeinflussbarkeit unterschiedliche Ausprägungen annehmen kann.

Zur Schaffung einer Balance zwischen Stabilität und Veränderung dient ein weitgehend stabiles Bewertungskonzept sowohl für die Integration neuer Inhalte, basierend auf dem Konzept von Bleicher, als auch für die Bewertung der Organisation auf der Grundlage des ausgewählten Business Models.

Erfahrungen mit solchen Konzepten sollen im Rahmen des BMBF-Rahmenkonzeptes „Forschung für die Produktion von morgen" im Themenfeld „Integrierte Modernisierung von Organisation und Führung produzierender Unternehmen" gesammelt werden. Der oben skizzierte Ansatz läuft unter dem Projekttitel „Partizipative Gestaltung Integrierter Modernisierungskonzepte" (Förderkennzeichen: 02PI2060).

7.5 Zusammenfassung

Viele Organisationen haben in den letzten Jahren teilweise umfangreiche Veränderungsmaßnahmen realisiert. Der Erfolg dieser Maßnahmen wurde einerseits durch deren Programmcharakter und andererseits durch deren Ausprägung als Partialkonzepte sehr stark eingeschränkt. Zukunftssicherung für Unternehmen macht daher die Überwindung dieser Partialkonzepte zu Gunsten integrativer Konzepte erforderlich. Dabei reicht es nicht aus, die Teilkonzepte in eine Sachlogik zu integrieren, sondern diese Logik muss auch von den Mitarbeitern verstanden und akzeptiert werden. Dies macht es u. a. erforderlich, über neue Formen der Beteiligung nachzudenken bzw. diese zu erproben.

Literatur

Achleitner, P. (1985): Sozio-politische Strategien multinationaler Unternehmungen, Bern

Albach, H. (2001): Shareholder Value und Unternehmenswert – Theoretische Anmerkungen zu einem aktuellen Thema, in: *ZfB: Zeitschrift für Betriebswirtschaft*, Heft 6 (2001), S. 643–674

Alban, B. T.; Bunker, B. B. (1996): Large group interventions: engaging the whole system for rapid change. San Francisco/London

Australian Quality Awards Foundation (ed.) (1996): Australian Quality Awards 1997, St. Leonards

Bleicher, K. (2004): Das Konzept Integriertes Management, 7. Aufl., Frankfurt/New York

Caroll, A. B. (1999): Corporate Social Responsibility – Evolution of a Definitional Construct, in: *Business and Society*, 38, pp. 268–295

Deutsche MTM-Vereinigung e. V. (2001): Das Ganzheitliche Produktionssystem – Expertenwissen für neue Konzepte, Hamburg

Emery, M.; Purser, R. (1996): Search conference in action: learning and planning for a desirable future, San Francisco/London

EFQM – European Foundation for Quality Management (ed.) (1992): The European Quality Award 1992, Eindhoven

EFQM – European Foundation for Quality Management (Hrsg.) (2000): Das EFQM-Modell für Excellence, überarbeitete deutsche Ausgabe, Brüssel

EFQM – European Foundation for Quality Management (Hrsg.) (2003): Das EFQM-Modell für Excellence, Brüssel

Freeman, R. E. (1984): Strategic Management – A Stakeholder Approach, Boston/London/Melbourne/Toronto

Freeman, R. E. (2004): The Stakeholder Approach Revisited, in: *zfwu – Zeitschrift für Wirtschafts- und Unternehmensethik*, 5. Jg., Heft 3, S. 228–241

Janisch, M. (1993): Das strategische Anspruchsgruppenmanagement: vom Shareholder Value zum Stakeholder Value, Bern/Stuttgart/Wien

Johnson, H. T.; Kaplan, R. S. (1987): Relevance Lost – The Rise and Fall of Management Accounting, Boston

Kaplan, R. S.; Norton, D. P. (1996): The Balanced Scorecard – Translating Strategy into Action, Boston

Kotter, J. P. (1996): Leading Change, Boston

March, J. G.; Simon, H. A. (1958): Organizations, 1st edition, New York

National Institute of Standards and Technology (NIST) (ed.) (1988): The Malcolm Baldrige National Quality Award 1989, Gaithersburg

Ott, H. J. (1997): Interessenkonflikte und Selbstorganisation – Eine neue Rolle für die Unternehmensplanung aus der Sicht der Chaosforschung, in: *zfo – Zeitschrift Führung + Organisation*, 66. Jg. 2, 1997, S. 94–98

Patsch, O. (2001): Anspruchsgruppen-Management, Perspektiven, Reflexionen und Orientierungen, Bamberg

Parker, M. (1990): Creating shared visions: the story of a pioneering approach to organizational revitalization, Clarendon Hills

Pfeffer, J.; Salancik, G. R. (1978): The External Control of Organizations: A Resource Dependence Perspective, New York

Post, J. E.; Preston, L. E.; Sachs, S. (2002): Redefining the corporation: stakeholder management and organizational wealth, Stanford

Rappaport, A. (1998): Creating Shareholder Value – The New Standard for Business Performance, 2nd edition, New York/London

Scherler, P. (1996): Kommunikation mit externen Anspruchsgruppen als Erfolgsfaktor im Krisenmanagement eines Konzerns. Erfahrungen aus dem Fall Brent Spar (Greenpeace vs. Shell), Basel

Steinmann, H. (1973): Zur Lehre der „Gesellschaftlichen Verantwortung der Unternehmensführung" – Zugleich eine Kritik des Davoser Manifests, in: *Wirtschaftswissenschaftliches Studium*, Heft 10, Oktober 1973, S. 467–472

Trist, E. (1981): The Socio-Technical Perspective, in: Van de Ven, A. H.; Joyce, W. F. (eds.): Perspectives on Organizational Design and Behavior, New York 1981, S. 19–75

Ulrich, H. (1971): Der systemtheoretische Ansatz in der Betriebswirtschaftslehre, in: Kortzfleisch, G. v. (Hrsg.): Wissenschaftsprogramm und Ausbildungsziele der Betriebswirtschaftslehre, Berlin, S. 43–60

Ulrich, H. (1984): Management, Bern

Ulrich, H.; Krieg, W. (1974): Das St. Galler Management Modell, 3. Aufl., Bern/Stuttgart

Ulrich, P.; Fluri, E. (1992): Management. Eine konzentrierte Einführung, 6. Aufl., Bern/Stuttgart

Zink, K. J. (1979): Traditionelle und neuere Ansätze der Organisationsentwicklung, in: Krüger, H.; Rühl, G.;. Zink, K. J. (Hrsg.): Industrial Engineering im kommenden Dezennium, München, S. 61–75

Zink, K. J. (1984): Zur Notwendigkeit sozio-technologischer Systemgestaltung, in: Zink, K. J. (Hrsg.): Sozio-technologische Systemgestaltung als Zukunftsaufgabe, München

Zink, K. J. (1994): TQM als Organisationsentwicklungskonzept, in: Zink, K. J. (Hrsg.): Wettbewerbsfähigkeit durch innovative Strukturen und Konzepte, München

Zink, K. J. (1995): TQM als integratives Managementkonzept, München/Wien

Zink, K. J. (2000): Ergonomics in the past and the future: from a German perspective to an international one, in: *Ergonomics*, 43, pp. 920–930

Zink, K. J. (2003): Corporate Social Responsibility Promoting Ergonomics, in: Luczak, H.; Zink, K. J. (Eds.): Human Factors in Organizational Design and Management VII: Re-Designing Work and Macroergonomics – Future Perspectives and Challenges, Santa Monica, pp. 63–72

Zink, K. J. (2004): TQM als integratives Managementkonzept, 2. Aufl., München/Wien

Zink, K. J. (2005): From participation as useful add on to participation as precondition for survival, in: Carayon, P.; Robertson, M.; Kleiner, B.; Hoonaakker, P. L. T. (Eds.): Human Factors in Organizational Design and Management VIII, Proceedings of the Eights International Symposium on Human Factors in Organizational Design and Management, Santa Monica, pp. 449–452

8 Qualitätsgerechte Gestaltung strategischer Veränderungsprozesse

Tilo Pfeifer

„Nichts ist so beständig wie der Wandel."
Heraklit

8.1 Einleitung und Problemstellung

In einer Zeit der Globalisierung und des rasanten wirtschaftlichen und technologischen Wandels sind für Unternehmen die Erfolgsrezepte von gestern und heute kein Garant mehr für den Erfolg von morgen [1]. Um langfristig konkurrenzfähig zu bleiben, sind Unternehmen heutzutage gezwungen, komplexe Veränderungen immer schneller, effizienter und erfolgreicher vorzunehmen. Eine Befragung von 600 Topmanagern deutscher Unternehmen zeigt, dass die Geschwindigkeit, Häufigkeit und Intensität der Veränderungen im Unternehmensumfeld in den nächsten Jahren weiter zunehmen wird. Gleichzeitig sinkt jedoch die Vorhersehbarkeit der Umfeldveränderungen (Bild 8.1).

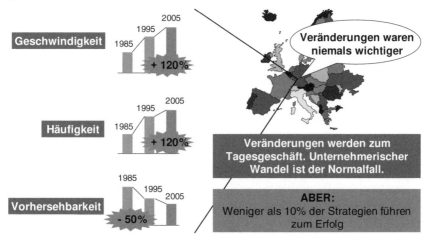

Bild 8.1 Unternehmen agieren in einem turbulenten Umfeld

Um den Herausforderungen des rapiden, turbulenten Wandels der unternehmerischen Umfeldbedingungen entgegenzutreten, ist im Laufe der letzten Jahre eine Vielzahl von unterschiedlichen Managementkonzepten entwickelt worden. Gemeinsam ist all diesen Konzepten, dass sie den Führungskräften immer neue und bessere Rezepte vermitteln wollen, wie sie die anstehenden Veränderungen und die hierbei auftretenden Probleme am besten bewältigen können. Ob Re-Engineering, Total Quality Management, strategische Neupositionierung, Re-Structuring oder andere Erneuerungsprogramme, meist zielen sie darauf, notwendige Veränderungsprozesse im Unternehmen zu initiieren oder zu fördern. Organisatorischen Wandel herbeizuführen, sei es als Reaktion auf Einflüsse, aufgrund äußerer Veränderungen oder als ihre Antizipation, scheitert in der betrieblichen Praxis sehr häufig. Eine durch das ILOI-Institut und die Hochschule St. Gallen im Jahr 1996 durchgeführte Studie zum Thema Management of Change (MoC) brachte alarmierende Ergebnisse ans Tageslicht. Vier von zehn Firmen erreichen die angestrebten Ziele, wie kürzere Durchlaufzeiten, effizientere Geschäftsprozesse, Qualitätsverbesserungen oder eine stärkere Kundenorientierung nur sehr unzureichend. Knapp ein Drittel der Unternehmen muss die Ergebnisse der Veränderungsvorhaben sogar um durchschnittlich 50 % nachbessern. Ein Viertel der Projekte wird vorzeitig abgebrochen oder versandet in der Umsetzungsphase. Scheitern Veränderungsprozesse, sind die Folgen oft dramatisch. Die Wettbewerbsfähigkeit des Unternehmens sowie das Selbstvertrauen der Mitarbeiter sinken. Die gesamte Organisation verliert an Identität. Ein zielgerichtetes, zukunftsorientiertes Arbeiten wird erschwert oder unmöglich. Der unternehmerische Markterfolg ist gefährdet bzw. bleibt aus. Somit besteht erfolgreiches unternehmerisches Management mehr und mehr im Management von Veränderungsprozessen. Eine Umfrage des *CFO Magazine* Mitte der 90er Jahre kommt zu noch dramatischeren Zahlen. Nur etwa 10 % aller Unternehmensstrategien führen zum erwarteten Erfolg.

Im Auftrag der Unternehmensberatung Celerant Consulting befragte das Marktforschungsinstitut Emnid eine repräsentative Auswahl von Vorständen und Geschäftsführern deutscher Unternehmen mit mehr als 1.000 Beschäftigten zum Thema Change Management. Die Studie bewies, dass die Umsetzung der Strategie das wahre Problem ist. In Deutschland scheitern ca. 70 % aller Strategien in der Umsetzungsphase [2]. Der Vergleich mit dem europäischen Ausland zeigt, dass Strategien umzusetzen nicht unbedingt ein typisch deutsches Problem ist. Die Umsetzungsphase wurde in allen befragten Ländern als schwierigste Phase eines Change Management-Programms gesehen. Deutschland liegt jedoch hierbei an der Spitze, d. h. nicht die richtige Strategie allein, sondern vielmehr die wirkungsvolle Umsetzung der richtigen Strategie definiert den unternehmerischen Erfolg (Bild 8.2). Die Gründe für den mangelnden Umsetzungserfolg können mit vier Barrieren illustriert werden.

8.1 Einleitung und Problemstellung

Die Managementbarriere beschreibt in diesem Zusammenhang, dass die Abarbeitung des Tagesgeschäftes und nicht die Diskussion über neue Strategien im Mittelpunkt der Managementaktivitäten steht (Bild 8.3).

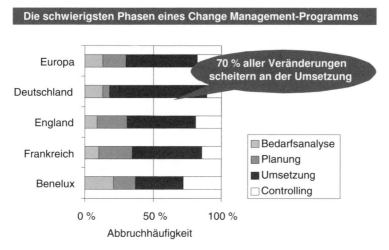

Bild 8.2 Strategien umsetzen – ein typisch deutsches Problem? [2]

- **Managementbarriere:**
  85% des Managements diskutieren weniger als 1 Stunde/Monat über neue Visionen und Strategien

- **Visionsbarriere:**
  Nur 5% der Mitarbeiter kennen und verstehen die Vision und Strategien

- **Ressourcenbarriere:**
  - Nur 25% der Manager verbinden Leistungsprämien mit der Strategie
  - 60% der Unternehmen verbinden die Umsetzung der Strategie nicht mit der Budgetplanung

- **Akzeptanzbarriere:**
  Akzeptanz auf breiter Basis zu erreichen misslingt in fast allen Veränderungsvorhaben

Bild 8.3 Barrieren erschweren die Umsetzung der Strategie

Die Visionsbarriere entsteht dadurch, dass die Vision und Strategien den Mitarbeitern nicht verständlich und nachvollziehbar kommuniziert werden. In vielen Unternehmen werden die strategischen Ziele nicht mittels Zielvereinbarungen auf Mitarbeiterebene heruntergebrochen und wird somit eine Beteiligung der Betroffenen nicht erreicht.

Die Ressourcenbarriere bedingt, dass die Ressourcen nicht zielgerichtet zur Umsetzung der Strategie eingesetzt werden.

Durch die Akzeptanzbarriere wird vor allem die nachhaltige und breitenwirksame Umsetzung der strategischen Veränderungen verhindert. Im Rahmen strategischer Veränderungen gelingt es meist nicht, bei der Gesamtheit aller Mitarbeiter Akzeptanz für die Veränderungen zu erzielen. Wenn demnach das Risiko des Scheiterns in der Umsetzungsphase am höchsten ist, so liegt genau hier auch das größte Potential für erfolgreichen unternehmerischen Wandel.

8.2 Begriffsdefinition

Um im Folgenden ein Modell zur qualitätsgerechten Gestaltung und Absicherung strategischer Veränderungsprozesse zu entwickeln, muss zunächst definiert werden, was strategische Veränderungsprozesse auszeichnet. Anschließend wird der Begriff Qualität in Bezug auf das Management von Veränderungen definiert und über die Forderungen an eine qualitätsgerechte Gestaltung von Veränderungsprozessen konkretisiert.

8.2.1 Typisierung strategischer Veränderungsprozesse

Eine in der Literatur weit verbreitete und anerkannte Typisierung strategischer Veränderungen kategorisiert die Formen des organisatorischen Wandels nach verschiedenen Dimensionen. Eine erste Dimension ist hierbei die Veränderungsintensität, die von der Nullausprägung – d. h. kein Veränderungsbedarf – bis hin zur maximalen Ausprägung – d. h. radikale Erneuerung des Unternehmens notwendig – reicht [3]. In diesem Zusammenhang kann zwischen inkrementalem und fundamentalem Wandel unterschieden werden. Die zweite Dimension ist die Zeit oder genauer die chronologische Positionierung der Veränderung. Hier wird zwischen antizipativen, d. h. dem Wandel des Umfelds vorauseilenden Veränderungen, und den sogenannten reaktiven Veränderungsprozessen, beispielsweise im Rahmen eines Krisenmanagements, unterschieden. Anhand dieser beiden Dimensionen spannt Nadler eine Matrix auf, in der die Grundtypen der unternehmerischen Veränderung positioniert werden können (Bild 8.4).

Beim sogenannten Tuning werden proaktiv zukünftige Umfeldentwicklungen zur Erhöhung der eigenen Effizienz ermittelt. Im Gegensatz dazu stellt die Adaption die Anpassung des Unternehmens an die Umfeldveränderungen dar. Dem Tuning und der Adaption sind gemein, dass sich der Wandel evolutionär und zunächst in Teilbereichen durchsetzt. Wird das gesamte Unternehmen durch eine fundamentale Trans-

8.2 Begriffsdefinition

formation vorausschauend umgestaltet, so spricht man von einer Neuorientierung. Alternativ hierzu steht die reaktive Nachgestaltung, in der auf bereits stattgefundene Umfeldveränderungen reagiert wird.

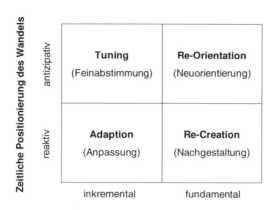

Bild 8.4 Dimensionen strategischer Veränderungen [4]

Wird das Ausmaß der Umfeldveränderungen bzw. die Dringlichkeit zur Veränderung als eine weitere Dimension betrachtet, so kann zwischen kontinuierlichen Verbesserungsprogrammen, tiefgreifenden Veränderungsprozessen und kompletten Unternehmenstransformationen unterschieden werden. Bei geringen Veränderungen im Unternehmensumfeld bzw. einer geringen Dringlichkeit der Veränderung genügen in der Regel kontinuierliche Verbesserungsprogramme, um das Unternehmen durch eine Vielzahl kleiner Verbesserungsschritte an die Umfeldveränderungen anpassen zu können. In Zeiten mittlerer Dringlichkeit empfehlen sich tiefgreifende Veränderungsprogramme, um beispielsweise das Unternehmen durch eine Überarbeitung der Kernprozesse auf einen höheren Kundennutzen auszurichten. Wenn Unternehmen in wenig zukunftsträchtigen Märkten agieren und somit der Druck bzw. die Dringlichkeit zur Veränderung sehr hoch ist, so können nur ganzheitliche Transformationen des gesamten Unternehmens den langfristigen Erfolg sichern.

Diese drei Makromuster der betrieblichen Veränderung lassen sich jeweils in eine taktische (vordergründige) und eine strategische (nachhaltige) Variante unterteilen. Obwohl zur Sicherung des langfristigen Erfolges in erster Linie die strategische nachhaltige Veränderung vorzuziehen ist, ebnen oftmals taktische Maßnahmen, durch die kurzfristigen Erfolge, erst den Weg für längerfristige Maßnahmen. In Abhängigkeit vom Veränderungsumfang und der Veränderungsintensität werden strategische Veränderungsprozesse neben vordergründigen und nachhaltigen auch in personen-, bereichs- und unternehmensbezogene Veränderungen unterteilt (Bild 8.5).

Bild 8.5 Typisierung strategischer Veränderungsprozesse [3]

Im Rahmen des hier vorgestellten Modells zur qualitätsgerechten Umsetzung strategischer Veränderungen wird auf die nachhaltigen strategischen Veränderungen fokussiert. Hierbei beschreibt die ganzheitliche Transformation eher eine effektive Neuausrichtung eines Unternehmens, wohingegen das Business Process Reengineering die Effizienz der Kernprozesse in den Mittelpunkt der Betrachtung stellt. Zusammenfassend können Veränderungsprozesse im Rahmen dieses Beitrages als

„... bewusst gesteuerte, längerfristig orientierte Vorgänge der umfassenden Anpassung von Unternehmensstrukturen, Geschäftsprozessen, Arbeitsweisen, Regeln und Normen, Denk- und Verhaltensweisen, Methoden und Verfahren sowie Technologien innerhalb von Organisationen zum Zweck der Verbesserung der unternehmerischen und individuellen Leistungserfüllung und Zielerreichung auf der Basis eines vorhandenen Sollkonzeptes" [5]

angesehen werden. Insbesondere die Merkmale „bewusst gesteuert", „umfassend", „zielgerichtet" sowie „konzeptbasiert" sind hervorzuheben. Diese Merkmale grenzen den geplanten unternehmerischen Wandel vom ungeplanten, nicht intendierten Wandel, der in jedem Unternehmen anzutreffen ist, ab.

8.2.2 Qualität in strategischen Veränderungsprozessen

Eine gleichermaßen für Prozesse, materielle Produkte und Dienstleistungen geeignete **Definition des Qualitätsbegriffs** bietet die DIN EN ISO 8402:

„Qualität ist die Gesamtheit von Merkmalen einer Einheit bezüglich ihrer Eignung, festgelegte und vorausgesetzte Erfordernisse zu erfüllen."

8.3 Bausteine des Modells

Es gilt zunächst die Forderungen an eine qualitätsgerechte Gestaltung strategischer Veränderungen zu analysieren, um darauf aufbauend die entsprechenden Qualitätsmerkmale eines solchen Modells ableiten zu können.

Das **EFQM-Excellence-Modell** ist in den vergangenen Jahren zu einem weitgehend anerkannten Instrument der Unternehmensbewertung und -ausrichtung bezüglich eines umfassenden Qualitätsmanagements geworden [6]. Die Befähiger-Kriterien des Modells beschreiben hierbei, wie die Elemente eines Unternehmens gestaltet werden müssen, damit bestmögliche Qualität erreicht werden kann [7]. Überträgt man diesen Grundgedanken auf die Gestaltung strategischer Veränderungsprozesse, so können aus den Kriterien und Unterkriterien des Modells die wichtigsten Qualitätsmerkmale für eine qualitätsgerechte Gestaltung strategischer Veränderungsprozesse abgleitet werden (Bild 8.6).

Diese Qualitätskriterien bzw. -merkmale gilt es im Rahmen der qualitätsgerechten Gestaltung strategischer Veränderungsprozesse zu erfüllen. Hierzu werden in den folgenden Kapiteln Methoden zur Gestaltung und Absicherung des Umsetzungsprozesses inhaltlich ausgestaltet und in geeigneter Art und Weise kombiniert und integriert.

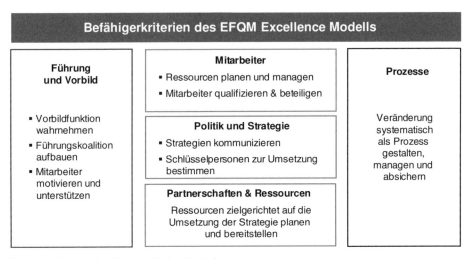

Bild 8.6 Qualitätsmerkmale strategischer Veränderungsprozesse

8.3 Bausteine des Modells

Grundlage des hier vorgestellten Modells zur qualitätsgerechten Gestaltung strategischer Veränderungsprozesse ist der Acht-Stufen-Prozess zur Strategieumsetzung von J. P. Kotter. Nach Kotter ist zunächst ein Gefühl der Dringlichkeit bei den Mitarbeitern und Führungskräften zu erzeugen. Diese Dringlichkeit bzw. der Leidensdruck zum Wandel kann aus dem Unternehmensumfeld sowohl als externer als auch interner Leistungsdruck erzeugt werden. Aufbauend auf diesem Leidensdruck wird eine Gruppe zusammengestellt, die genügend Kompetenz und Autorität besitzt, um den Wandel herbeizuführen. Diese Führungskoalition muss eine richtungsweisende Vision schaffen und die geeigneten Strategien zur Umsetzung der Vision entwickeln [8]. Die ersten drei Schritte nach Kotter beschreiben die relevanten Schritte zur **Vorbereitung der Veränderung**. Schwerpunkt des Modells zur qualitätsgerechten Gestaltung strategischer Veränderungsprozesse bilden die Schritte vier bis acht [15]. Hierbei werden den logischen Schritten des Acht-Stufen-Prozesses von Kotter geeignete Methoden zur Umsetzung zugeordnet, sodass die vorab beschriebenen Qualitätsmerkmale für eine qualitätsgerechte Gestaltung erreicht werden können (Bild 8.7).

Im Rahmen der **Gestaltung und nachhaltigen Umsetzung der Veränderung** sind zunächst die Vision und Strategien auf breiter Basis zu kommunizieren. Nachdem die Mitarbeiter die neue Vision und Strategien kennen, müssen diese zur Umsetzung der strategischen Ziele motiviert, qualifiziert und legitimiert werden [13].

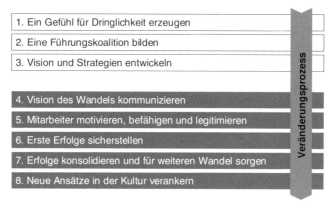

Bild 8.7 Strategien umsetzen im Acht-Stufen-Prozess nach J. P. Kotter [8]

Durch die Schritte sechs und sieben im Acht-Stufen-Prozess von Kotter werden erste Erfolge der Strategieumsetzung systematisch geplant und konsolidiert. Diese ersten sichtbaren Verbesserungen im Rahmen der Strategieumsetzung werden genutzt, um weitere Veränderungen abzuleiten und so eine kontinuierliche Ausweitung des Veränderungsprozesses zu ermöglichen. Ein abschließender Schritt zur **Absicherung der Veränderungserfolge** stellt die Verankerung der neuen Ansätze bzw. Verbesserungen in der Unternehmenskultur dar.

Zusätzlich zu der inhaltlichen Ausgestaltung der einzelnen Schritte des Acht-Stufen-Prozesses zur Strategieumsetzung nach Kotter ist es unerlässlich, zur qualitätsgerechten Gestaltung ein Quality-Gate-Konzept zur **Absicherung der Qualität des Umset-**

zungsprozesses einzubinden [14] (Bild 8.8). Hierzu werden nach vorab festgelegten Phasen des Umsetzungsprozesses Messpunkte in den Prozessablauf eingefügt, um die jeweils erzielten Erfolge messbar zu machen und zu bewerten. An den entsprechenden Stellen des Acht-Stufen-Prozesses nach Kotter werden Qualitätsmerkmale für die Umsetzung der Schritte abgeleitet und geeignete Review- bzw. Bewertungshilfsmittel dargestellt. Die Bewertung der Messergebnisse kann hierbei in Form eines Ampelschemas erfolgen. Sind die angestrebten Erfolge nicht erreicht worden, so geht die Ampel auf Rot. Der Veränderungsprozess ist anzuhalten; die nicht erzielten Ergebnisse sind zu korrigieren. Erst bei Grün beginnt die nächste Phase der Umsetzung.

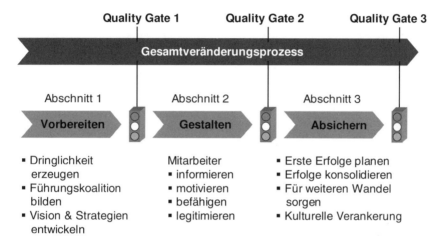

Bild 8.8 Umsetzungsqualität absichern mittels Quality Gates [6]

8.3.1 Veränderung vorbereiten

Die ersten drei Schritte nach J. P. Kotter stellen vorbereitende Schritte zur Umsetzung der Veränderung dar.

Gefühl für Dringlichkeit erzeugen

Ein Gefühl für die Dringlichkeit zum Wandel zu erzeugen ist entscheidend, um die notwendige Kooperationsbereitschaft der Mitarbeiter und Führungskräfte zu erhalten. Bei mangelnder Einsicht für die Notwendigkeit zum Wandel ist es schwierig, eine Gruppe zusammenzustellen, die genügend Autorität und Glaubwürdigkeit besitzt, um die notwendigen Veränderungsmaßnahmen zu initiieren [8]. Das größte Hindernis, um ein Gefühl für Dringlichkeit zu erzeugen, ist die oftmals vorherrschende Selbstzufriedenheit im Unternehmen. Um einen tiefgreifenden Wandel zu initiieren, muss man sich mit der Zukunft auseinander setzen, den Leidensdruck spürbar machen und die Notwendigkeit und Dringlichkeit zum Wandel aufzeigen. „Ohne Betroffenheit kein Wandel. Wandel wird nur ausgelöst, wenn alle die Veränderung als ihr eigenes Problem betrachten. Dazu braucht es einen spürbaren Änderungsdruck."

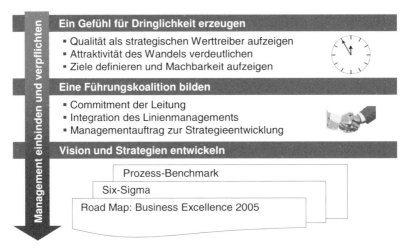

Bild 8.9 Quality Gate 1: Vorbereitung des Veränderungsprozesses

Grundsätzlich können folgende Aspekte helfen, die notwendige Dringlichkeit zum Wandel zu verdeutlichen:

- Attraktivität des Wandels aufzeigen: Die meisten Menschen sind bereit zur Veränderung, wenn ihnen aufgezeigt wird, wie und was sie durch den Wandel gewinnen können. Hierbei müssen Ängste frühzeitig abgebaut werden, bevor diese zum Widerstand gegen die Veränderung führen können.
- Mitarbeiter mit klaren Erwartungen konfrontieren: Das Management muss deutlich aussprechen, was von den Mitarbeitern im Rahmen des Wandels verlangt wird. Gerüchten muss bereits in dieser Phase vorgebeugt werden.
- Machbarkeit aufzeigen: Die klaren Erwartungen des Managements müssen mit dem Aufzeigen der Machbarkeit verknüpft sein. Mitarbeiter sollen nicht frustriert und demotiviert werden, sondern es soll Selbstvertrauen zur Umsetzung erzeugt werden.
- Positive Einstellung zum Wandel erzeugen: Eine positive Einstellung zum Wandel ist Grundvoraussetzung zur erfolgreichen Veränderung. Hierbei sollen Mitarbeiter durch Anreize von Betroffenen zu Beteiligten werden.

Die vorgenannten Aspekte können als Qualitätsmerkmale des ersten Prozessschrittes nach Kotter verstanden werden. Demzufolge kann die Vorgehensweise zur Erzeugung der Dringlichkeit zum Wandel im Unternehmen anhand oben beschriebener Qualitätsmerkmale bewertet werden. Hierbei gilt es einerseits zu bewerten, ob das

Qualitätsmerkmal überhaupt im Rahmen der Gestaltung beachtet wurde. Andererseits muss der Umsetzungserfolg des Merkmals gemessen werden. Beispielsweise kann das Merkmal „Attraktivität des Wandels aufzeigen" deutlich machen, dass es vom Management im Rahmen der Gestaltung der strategischen Veränderung adäquat beachtet wurde. Im Zuge einer Mitarbeiterbefragung äußerten jedoch 80 % der Mitarbeiter erhebliche Bedenken und Ängste bezüglich des Veränderungsprozesses, d. h. das Qualitätsmerkmal wurde zwar beachtet, aber nicht erfolgreich umgesetzt.

Führungskoalition bilden

Bedeutende Transformationen sind oft mit einer für alle Beschäftigten deutlich herausragenden Persönlichkeit verbunden. Jedoch kann niemand, auch kein noch so mächtiger CEO, im Alleingang die richtige Vision entwickeln und unternehmensweit umsetzen. Eine starke Führungskoalition – mit der richtigen Struktur, Vertrauensbasis und gemeinsamen Zielen – ist unverzichtbar. Aus diesem Grund ist die Bildung einer solchen Führungskoalition immer wesentlicher Bestandteil zur Vorbereitung der Strategiefindung und anschließenden Umsetzung.

Wesentlicher Schritt zum Aufbau der Führungskoalition ist die Auswahl der richtigen Mitglieder. Hierbei können folgende Qualitätsmerkmale zur Auswahl der geeigneten Teammitglieder zur Ausgestaltung dieses Prozessschrittes verwendet werden:

- Autorität: Es müssen genügend Schlüsselpersonen, wie etwa die wichtigsten Linienmanager, in die Koalition integriert werden, damit die Veränderung nicht strukturbedingt blockiert wird.
- Sachkenntnis: Die Mitglieder der Führungskoalition sollten über Sachkenntnisse hinsichtlich Arbeitserfahrung und Charakter verfügen, um sachverständige intelligente Entscheidungen treffen zu können.
- Glaubwürdigkeit: Damit die Führungskoalition von anderen Beschäftigten ernst genommen wird, müssen genügend Leute mit einer guten Reputation innerhalb der Firma in die Koalition integriert werden.
- Führung: Es muss sichergestellt sein, dass die Gruppe über genügend bewährte Führungspersönlichkeiten verfügt, die den Veränderungsprozess lenken können.

Insbesondere die Integration starker Führungspersönlichkeiten ist sehr wichtig. Die Kombination von guten Managern zur Kontrolle des Veränderungsprozesses und starken Führungspersönlichkeiten zum Vorantreiben der Veränderung ist entscheidend für den Erfolg einer Führungskoalition. Die geeignete Größe einer Führungskoalition ist stark abhängig von der Größe des Unternehmens und der Reichweite der anstehenden Veränderung. Häufig beginnt die Koalition des Wandels mit nur ein oder zwei Personen und wächst dann in größeren Konzernen bis auf 20 bis 50 Menschen an. Eine weitere Voraussetzung für eine gute Führungskoalition ist das Vertrauen der Teammitglieder untereinander [8].

Zusammenfassend ist zu sagen, dass tiefgreifender Wandel einen weitgehenden Konsens im Management braucht. Bevor die Führungskoalition kein gemeinsames Verständnis für die Notwendigkeit und den Prozess des Wandels gewonnen hat, kann kein tiefgreifender Wandel erfolgreich in Angriff genommen werden.

Vision und Strategien entwickeln

Eine Vision verknüpft ein Bild über die Zukunft des Unternehmens mit einer deutlichen Botschaft, warum sich die Beschäftigten um die Gestaltung dieser Zukunft bemühen sollen. Eine Vision verfolgt hierbei drei wichtige Zwecke [8]:

1. Richtungsweisend: Eine Vision stellt die generelle Richtung des Wandels klar. Häufig sind sich Menschen über die Richtung uneinig, sind verwirrt oder stellen die Notwendigkeit des Wandels sogar in Frage.
2. Motivierend: Eine Vision motiviert die Menschen dazu, Schritte in die richtige Richtung zu tun. Eine Vision als langfristig zu erreichendes Ziel hilft den Beschäftigten, auch kurzfristig schmerzhafte Opfer zu akzeptieren.
3. Koordinierend: Durch eine Vision können unterschiedlichste Menschen schnell und effizient koordiniert werden. Eine effektive und plausible Vision dient dazu, die Ressourcen zielgerichtet einzusetzen.

Aufbauend auf der Vision werden Strategien erarbeitet, wie die Vision umgesetzt werden kann. Diese Strategien werden dann durch strategische Pläne konkretisiert, die bestimmte Schritte und Zeitvorgaben beinhalten, um die Strategie umzusetzen. Abschließend werden die notwendigen Budgets bzw. finanziellen Ziele den entsprechenden Plänen zugeordnet. Durch dieses Vorgehen kann die Vision schrittweise konkretisiert und umgesetzt werden [9].

Was sind die Eigenschaften bzw. Qualitätsmerkmale einer effizienten Vision? In erster Linie soll eine gute Vision ein plausibles und vorstellbares Bild der Zukunft beschreiben. Im Rahmen der Entwicklung einer Vision müssen die Vorstellungen und langfristigen Interessen der Mitarbeiter, Kunden, Kapitalgeber und anderer Interessenpartner des Unternehmens berücksichtigt werden. Hierbei sollen realistische und erreichbare Ziele deutlich formuliert werden. Eine effektive Vision muss innerhalb fünf Minuten jedem Mitarbeiter verständlich erklärt werden können. Nur eine so entwickelte und formulierte Vision kann auf breiter Basis akzeptiert und umgesetzt werden [8].

8.3 Bausteine des Modells

Der Prozess zur Entwicklung einer Vision beginnt oft mit der Grundidee einer einzelnen Person und reflektiert sowohl deren Vorstellungen als auch die wirklichen Marktbedürfnisse. Dieser erste Entwurf wird in der Regel im Laufe der Zeit von der Führungskoalition oder einer noch größeren Gruppe von Menschen im Team umgestaltet und erweitert. Zur Entwicklung und Konkretisierung der Vision sind sowohl analytisches Denken als auch ein hohes Maß an Kreativität im Team erforderlich. Dieser Prozess kann durchaus mehrere Monate, manchmal sogar Jahre dauern. Die Entwicklung der Vision endet mit der Formulierung eines Zukunftskurses, der wünschenswert, machbar, fokussiert, flexibel und in weniger als fünf Minuten zu vermitteln ist [8].

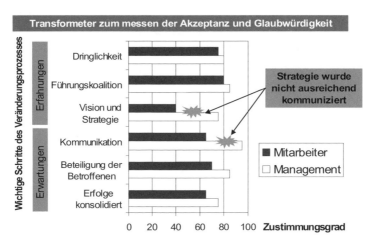

Bild 8.10 Qualität der Vorbereitungsphase messen und bewerten

Am ersten Quality Gate stellt sich die Frage: Wie kann der Erfolg bzw. die Qualität der Vorbereitungsphase gemessen und bewertet werden? Als ein sehr wirkungsvolles Werkzeug hat sich in diesem Zusammenhang das Transformeter, ein spezielles Instrument zum Messen der Akzeptanz und Glaubwürdigkeit, bewährt (Bild 8.10).

Hierbei werden nach abgeschlossener Vorbereitungsphase die Mitarbeiter und das Management unabhängig voneinander bezüglich ihrer Erfahrungen im Rahmen der Vorbereitungsphase interviewt. Beispielsweise werden die Mitarbeiter befragt, inwieweit sie mit der Vermittlung eines Gefühls der Dringlichkeit zum Wandel zufrieden sind bzw. sie die Dringlichkeit verstanden haben. Dem gegenüber wird eine Art Selbstbewertung des Managements gestellt. Die Diskrepanz zwischen Bewertung durch Management und Mitarbeiter zeigt Defizite in diesem Schritt der Veränderung auf. Hier besteht Handlungsbedarf, bevor die Umsetzungsphase begonnen werden kann. Um die Akzeptanz der Mitarbeiter für nachfolgende Schritte des Veränderungsprozesses messbar zu machen, können diese auch nach ihren persönlichen Erwartungen an den weiteren Veränderungsprozess befragt werden. Hierbei wird deutlich, ob genügend Vertrauen und Akzeptanz bei den Mitarbeitern vorhanden sind, um die nächsten Schritte der Veränderung zu gehen.

8.3.2 Veränderungen gestalten – Strategien umsetzen

Prinzipiell strebt jede neue Strategie zufriedene Kunden und Mitarbeiter an, um so langfristig den wirtschaftlichen Erfolg des Unternehmens sicherzustellen. Hierzu muss die Zusammenarbeit von Führungskräften und Mitarbeitern bzgl. der Aspekte Wissen, Wollen, Können und Dürfen gesteigert werden [6]. Deshalb steht im zweiten Quality Gate der Mensch im Mittelpunkt der Betrachtung. Damit die Mitarbeiter die Ziele und Hintergründe des Wandels verstehen und akzeptieren, müssen diese zunächst klar und deutlich kommuniziert werden. Nachfolgend müssen die Beteiligten zur Umsetzung der Ziele motiviert, befähigt und legitimiert werden (Bild 8.11).

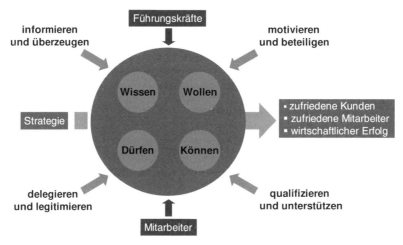

Bild 8.11 Quality Gate 2: Der Mensch im Mittelpunkt der Veränderung

Vision und Strategien kommunizieren

Die wirkliche Energie einer Vision kommt erst dann vollständig zur Wirkung, wenn im gesamten Unternehmen ein gemeinsames Verständnis über Ziele und Kursrichtung vorherrscht. Dieses gemeinsame Verständnis über die zukünftigen Ziele unterstützt die Motivation und Koordination der zur Veränderung notwendigen Handlungen [8]. Aus diesem Grund kommt der Kommunikation von Vision und Strategien eine besonders hohe Bedeutung zu. Verstärkt wird diese Situation durch zwei allgemein bekannte Probleme im Kommunikationsprozess. Auf der einen Seite wird im Unternehmen zu wenig hinsichtlich neuer Strategien und Visionen kommuniziert.

Studien belegen, dass im Unternehmen doppelt so viel über das Wetter wie über neue Strategien diskutiert wird. Auf der anderen Seite sind die Mitteilungen des Managements oft unvollständig oder missverständlich. Das heißt, es mangelt an der notwendigen Qualität der Kommunikation [10].

Um zu verstehen, was eine gute Kommunikation auszeichnet, ist es zunächst notwendig, den Sinn und Zweck der Kommunikation neuer Visionen und Strategien zu analysieren. Kommunikation ist mehr als nur der reine Informationstransport (Bild 8.12).

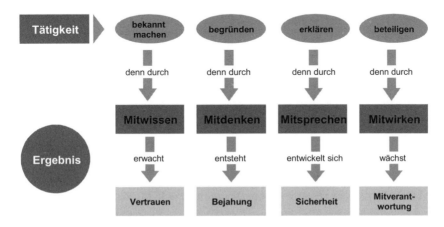

Bild 8.12 Wirkungen einer geeigneten Kommunikation [10]

Die Vision und Strategien sind den Betroffenen frühzeitig bekannt zu machen. Veränderungen, die plötzlich und unvorbereitet eintreten, bereiten in der Umsetzungsphase erhebliche Probleme, da die Mitarbeiter Widerstände und Ängste gegenüber dem Wandel aufbauen. Durch frühzeitiges Mitwissen erwacht bei den Mitarbeitern ein gewisses Vertrauen, da ihnen nichts vorenthalten wird. Bei der Information der Mitarbeiter müssen Vision und Strategien begründet und erklärt werden. Nur wenn die Informationen plausibel und logisch sind, werden die Mitarbeiter zum Mitdenken und Mitsprechen animiert und wird somit eine Bejahung und Sicherheit hinsichtlich neuer Vision und Strategie erreicht. Werden die Mitarbeiter an der Strategieumsetzung beteiligt, so wächst durch dieses Mitwirken die Mitverantwortung [10].

Schlüsselelemente und Qualitätsmerkmale effektiver Kommunikationsprozesse sind [8] [10]:

1. Einfachheit: Die erforderliche Zeit und der Aufwand zur Kommunikation der Vision stehen im direkten Verhältnis zur Deutlichkeit und Schlichtheit der Botschaft. Fokussierte und schlichte Informationen können mit weit weniger Aufwand an große Menschengruppen weitergegeben werden als umfangreiche For-

mulierungen, die lediglich Verwirrung erzeugen. Kommunikation wirkt immer dann am besten, wenn sie so direkt und einfach wie möglich gehalten ist. Direkte und einfache Kommunikation erfordert jedoch ein hohes Maß an gedanklicher Klarheit und viel Mut der Multiplikatoren.

2. Metaphern, Analogien und Beispiele: Mit einer Metapher bzw. einem Bild kann man mehr als mit tausend Worten sagen. Eine bildhafte Sprache erleichtert das Verständnis und ermöglicht eine effektive Kommunikation von komplizierten Vorstellungen und Sachverhalten. Darüber hinaus ist erwiesen, dass Bilder länger im Gedächtnis haften bleiben.

3. Multiplikatoren: Zur Verbreitung der Botschaft sollten sowohl große Konferenzen als auch kleine Meetings genutzt werden. Visionen und Strategien werden am effektivsten kommuniziert, indem man viele unterschiedliche Ausdrucksmittel (Memos, Firmenzeitschriften, Poster, Gespräche etc.) verwendet. Wenn die gleiche Botschaft die Adressaten auf verschiedene Arten erreicht, hat diese sowohl auf intellektueller als auch auf emotionaler Ebene weitaus bessere Chancen, verstanden und beachtet zu werden.

4. Wiederholung: Informationen bzw. Botschaften werden nur dann stark verinnerlicht, wenn man diese häufig sieht oder hört. Auch die ausgefeiltesten Botschaften bleiben bei einmaliger Wahrnehmung kaum im Bewusstsein des Empfängers haften. Unser Gehirn ist zu sehr reizüberflutet, und jede Wahrnehmung muss erst gegen viele andere Vorstellungen ankämpfen, ehe sie Aufmerksamkeit findet.

5. Vorbildfunktion: Ein nicht im Einklang mit der Vision stehendes Verhalten von Führungskräften untergräbt die Glaubwürdigkeit der gesagten Worte. Das eigene Verhalten stellt meist das beste Mittel zur Kommunikation dar. Wenn die Führungskoalition die Vision des Wandels vorlebt, werden die Mitarbeiter diese normalerweise besser begreifen und akzeptieren. Insbesondere Zyniker und Zweifler können durch vorbildliche Handlungen besser überzeugt werden als durch ausformulierte Worte [8]. Schon Augustus forderte: „In dir muss brennen, was du in anderen entzünden willst." Persönliche Identifikation und persönliches Engagement des oberen Managements bringen erst den Wandel zum Tragen.

6. Erklärung scheinbarer Inkonsequenzen: Unerklärte Widersprüche nehmen der gesamten Kommunikation die Glaubwürdigkeit. Eine direkte und ehrliche Kommunikation erhöht die Glaubwürdigkeit und das Vertrauen in die Vision des Wandels.

7. Geben und Nehmen: Die Kommunikation der Vision und Strategien darf keinesfalls nur in eine Richtung erfolgen. Erst eine interaktive Kommunikation lässt sinnvolles Feedback entstehen. Nur wer zuhört, kann auch von anderen beanspruchen, Gehör zu finden. Ein konstruktives Feedback sollte zur Verbesserung der Vision und Strategien genutzt werden.

8.3 Bausteine des Modells

Was sind geeignete Wege zur Kommunikation von Strategien und Visionen? Exemplarisch sind in folgender Abbildung einige Wege und Mittel zur Kommunikation der Vision und Strategien über der Wirkungstiefe und der Anzahl der erreichten Mitarbeiter dargestellt (Bild 8.13).

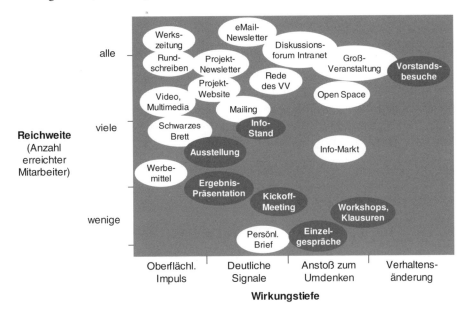

Bild 8.13 Vision und Strategien des Wandels kommunizieren [12]

Mitarbeiter motivieren, qualifizieren und legitimieren

Die tatkräftige Unterstützung vieler Menschen ist zur erfolgreichen Umsetzung bedeutender Unternehmenstransformationen unerlässlich. Wenn sich die Mitarbeiter jedoch relativ machtlos fühlen und keine Spielräume haben, können sie nicht zur Veränderung beitragen. Die effektive Umsetzung der Schritte eins bis vier des hier vorgestellten Modells trägt bereits viel zum sogenannten Empowerment, d. h. dem Befähigen und Mobilisieren, der Beschäftigten bei (Bild 8.7). Aber selbst wenn das Bewusstsein für die Dringlichkeit des Wandels hoch ist, die Führungskoalition eine vielversprechende Vision entwickelt hat und diese hervorragend kommuniziert worden ist, können immer noch zahlreiche Hindernisse die Beschäftigten davon abhalten, die erforderlichen Veränderungen umzusetzen.

Welches sind die größten Hindernisse, die es zum Empowerment der Beschäftigten zu beseitigen gilt? An erster Stelle steht in diesem Zusammenhang die Beseitigung struktureller Barrieren, die das Handeln der Beschäftigten erschweren oder gar verhindern. Oftmals ist eine problematische Organisationsstruktur verantwortlich dafür, dass die Ressourcen nicht zielgerichtet eingesetzt werden können (Bild 8.14). Starke strukturelle Diskrepanzen behindern die Umsetzungsteams auf subtile Art. Organisationsstrukturen, die systematisch die Beschäftigten bei der Umsetzung des Wandels blockieren, müssen vom Management beseitigt werden, damit die Mitarbeiter nicht frustriert und demotiviert werden. An dieser Stelle sei für geeignete Organisationsstrukturen des Wandels auf die weiterführende Literatur verwiesen [4] [10].

Eine weitere Barriere ist das Fehlen spezieller Kenntnisse zur Umsetzung. Im Rahmen strategischer Veränderungsprozesse werden darum meist vielfältigste Schulungen und Qualifizierungsprogramme angeboten. Diese sind aber oftmals unzureichend, ineffektiv oder werden zur falschen Zeit durchgeführt. Man erwartet, dass die Mitarbeiter über Jahrzehnte gewachsene Verhaltensstrukturen innerhalb weniger Tage Schulung verändern. Ebenso häufig werden Schulungen zu fachlichen Sachverhalten angeboten, oftmals aber die notwendigen sozialen Fähigkeiten sträflich vernachlässigt [8].

Hindernisse können auch die Personal- und Informationssysteme im Unternehmen sein, die das Handeln im Sinne der Vision erschweren. Beispielsweise sind traditionell die Leistungsbewertung, Beförderung und Nachfolgeplanung oftmals nicht mit den Zielen der neuen Vision gekoppelt. Um die Beschäftigten langfristig zur Zielumsetzung zu motivieren, müssen diese Systeme an die Umsetzung der Vision und Strategien gekoppelt werden.

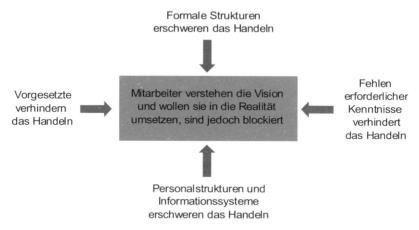

Bild 8.14 Hindernisse für das Empowerment der Mitarbeiter

In der betrieblichen Praxis wird häufig beobachtet, dass einige Vorgesetzte bewusst das Handeln der Mitarbeiter im Sinne der Vision erschweren oder gar verhindern. Die Gründe hierfür sind vielfältig und sehr situations- und personenspezifisch. Meist sind bei diesen Führungskräften Ängste vor eventuellen persönlichen Nachteilen aus

8.3 Bausteine des Modells

der Veränderung, wie etwa finanzielle Einbußen oder Verlust von Verantwortung und Status, vorzufinden.

Wie können nun die Mitarbeiter motiviert, qualifiziert und legitimiert werden? Voraussetzung zum zielgerichteten Empowerment ist das durchgängige Herunterbrechen bzw. Umsetzen der strategischen Zielsetzungen (Bild 8.15) z. B. auf Basis des Balanced Scorecard-Ansatzes, bei dem aus einer übergeordneten TOP-BSC die Bereichs-BSCs abgeleitet und jährlich zwischen Vorgesetzten und Mitarbeitern in Review-Gesprächen Ziele und Zielerreichung überwacht werden.

Diese durchgängige Operationalisierung der Ziele ermöglicht ein zielgerichtetes Mitwirken aller Mitarbeiter an der strategischen Neuausrichtung. Durch den Zielvereinbarungsprozess sind die Mitarbeiter direkt am Erfolg der Veränderung beteiligt und somit motiviert. Sind die strategischen Ziele operativ gestaltet und in den Zielvereinbarungsprozess aufgenommen, so hat man das zweite Quality Gate erfolgreich passiert.

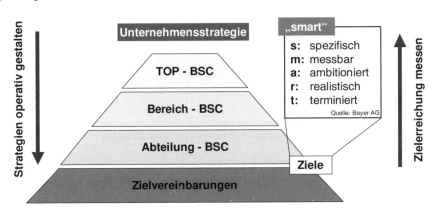

Bild 8.15 Strategische Ziele operativ gestalten und absichern

Im Folgenden muss die notwendige Qualifikation und Legitimation der Mitarbeiter zur Umsetzung der Ziele sichergestellt werden. Aus oben genannten Gründen hat sich im Rahmen strategischer Veränderungsprozesse das Konzept der transferierenden Führung als besonders geeignet erwiesen. Dieses Konzept basiert auf drei Grundaspekten, welche eine starke Einbeziehung der Mitarbeiter in den Veränderungsprozess erzeugen (Bild 8.16).

Führen bedeutet, den Wandel bewältigen. Insbesondere in Zeiten turbulenten Umfeldwandels wird eine starke Führung zum entscheidenden Erfolgsfaktor. Demgegenüber stehen die Mitarbeiter, die immer anspruchsvoller nach einer Selbstverwirklichung streben und möglichst wenig geführt werden wollen. Die Lösung dieses Gegensatzes liegt darin, im Sinne von Leitplanken klare Werte vorzugeben, die aber möglichst weiten Spielraum für flexible Lösungen und eigenverantwortliches Handeln zulassen (Bild 8.15). Ausgehend von diesem Führungsverständnis wird die Führungskraft immer mehr zum Coach bzw. Trainer seiner Mitarbeiter und benötigt somit neben den fachlichen Kompetenzen auch zunehmend soziale Kompetenzen, um die Mitarbeiter zu fördern und zu motivieren.

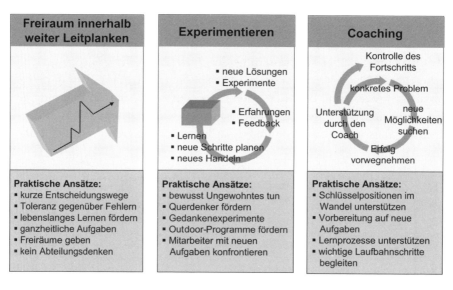

Bild 8.16 Mitarbeiter befähigen und legitimieren durch transferierende Führung

Durch dieses Konzept der weiten Leitplanken können Mitarbeiter natürlich auch Fehler auf dem Weg zur Zielerreichung machen. Jedoch wird die Möglichkeit, Fehler zu machen und daraus zu lernen, in der Literatur als sehr effizientes Lerninstrument angesehen. Grundvoraussetzung ist hierbei das Vertrauen der Mitarbeiter in ihre Führungskräfte. Nur wenn ein Mitarbeiter seiner Führungskraft vertraut, ist er bereit, auch schwierige Aufgaben zu übernehmen.

Nach Kobi braucht der Wandel ein Umfeld, das Experimente nicht nur zulässt, sondern dazu ermutigt (Bild 8.16) [11]. In diesem Zusammenhang heißt experimentieren, aus dem gewohnten Umfeld herauszutreten, ungeduldig auszuprobieren, rasch aus Fehlern zu lernen und das, was sich bewährt, zu multiplizieren. Je turbulenter das Unternehmensumfeld, desto aussichtsloser wird eine streng hierarchische zentrale Planung. Als Voraussetzung dafür, den Mitarbeitern die Autonomie zu geben, selbstständig ihre Ziele zu erreichen, gilt es deshalb, die Kräfte der Selbstorganisation und Selbstentwicklung zu wecken. Auf detaillierte Vorschriften und Pflichtenhefte sollte verzichtet werden. Die Mitarbeiter müssen an den Entscheidungen beteiligt, entsprechend weitergebildet und durch konstruktive Kritik und Belohnung von Eigeninitiative und Eigendynamik immer weiter befähigt, motiviert und legitimiert werden. So können die Mitarbeiter der Firma 3M 15 % ihrer Arbeitszeit mit dem Experimentieren und der unkonventionellen Suche nach innovativen Lösungen und Produkten verbringen. Sie stehen dabei aber nicht unter Druck, Lösungen erarbeiten zu müssen.

Der Begriff des Coachings wird heutzutage sehr vielfältig verwendet (Bild 8.16). Je nachdem, wer als Coach tätig wird und um welche Situation es sich handelt, werden verschiedene Arten von Coaching unterschieden. Im Folgenden soll darunter verstanden werden, wie eine Führungskraft den Mitarbeitern oder einem Team hilft, mit dem Wandel besser umzugehen. Nach diesem Verständnis ist Coaching eine prozessorientierte Begleitung, die die Mitarbeiter unterstützt, konkrete Ziele besser zu erreichen. Es heißt nicht zu planen und zu steuern, sondern zeitlich begrenzte Prozesse in Gang zu setzen, zu reflektieren und zu unterstützen.

8.3.3 Veränderungserfolge nachhaltig absichern

Ein signifikantes Merkmal nachhaltiger strategischer Veränderungsprozesse ist der Veränderungszeitraum. Die vollständige Umsetzung einer neuen Vision und Strategie kann durchaus mehrere Jahre dauern. Das Durchhaltevermögen der Mitarbeiter und die Dringlichkeit zur Veränderung müssen in diesem Zeitraum aufrechterhalten und gestärkt werden [8]. Vergleichen kann man dies mit der Anstrengung, einen Ball die Rampe hochzurollen (Bild 8.17).

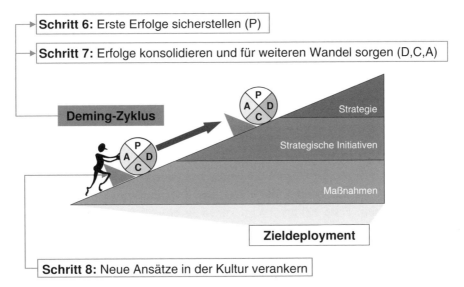

Bild 8.17 Quality Gate 3: Veränderungserfolge nachhaltig absichern

Die Rampe entsteht durch die im Rahmen des Zieldeployments heruntergebrochenen strategischen Ziele. Die Umsetzung der Strategie entspricht dem Hochrollen des Balls.

Doch was passiert, wenn dabei die Puste ausgeht? Der Ball rollt die Rampe hinunter und man muss von vorne beginnen. Damit der Ball nicht die Rampe hinunterrollen kann, sollten kurzfristige Erfolge geplant (Schritt 6) und konsolidiert (Schritt 7) werden. Das heißt eine Art „Atemholen und neue Kraft schöpfen" wird beim Weg die Rampe hinauf eingeplant. Um den Ball vor dem Hinunterrollen zu sichern, muss jedoch ein Keil eingefügt werden. Im Rahmen von Veränderungsprozessen heißt das, die erzielten Erfolge in der Unternehmenskultur nachhaltig zu verankern (Schritt 8).

Erste Erfolge sicherstellen

Erste Erfolge stellen sich nicht automatisch ein, sondern müssen systematisch in den Ablauf der gesamten Veränderung eingeplant und organisiert werden. Hauptziel ist es, durch sichtbare Ergebnisse die Glaubwürdigkeit der Vision und Strategie zu beweisen. Aufgabe des Managements ist hierbei die Planung und Konsolidierung erster Erfolge, um so in einer besseren Ausgangsposition für weitere Veränderungsmaßnahmen zu sein.

> **Erste Erfolge ...**
>
> - ... liefern den Beweis dafür, dass der Verzicht sich lohnt
> - ... belohnen die Vermittler des Wandels mit Anerkennung
> - ... unterstützen die Feinabstimmung von Vision und Strategien
> - ... schalten Zyniker und eigennützige Gegner aus
> - ... sichern die Unterstützung durch das Management
> - ... verwandeln Neutrale in Befürworter und Widerwillige in Tatkräftige

Bild 8.18 Bedeutung erster Erfolge [8]

Um erste Erfolge einplanen zu können, muss zunächst verstanden werden, warum diese so wichtig sind, um hieraus die notwendigen Qualitätsmerkmale erster Erfolge ableiten zu können. Erste Erfolge rechtfertigen in erheblichem Maße die mit dem Wandel verbundenen kurzfristig anfallenden Kosten und erhalten somit die Seriosität der Umsetzungsmaßnahmen. Den Beschäftigten wird verdeutlicht, dass sich der Wandel bezahlt macht. Durch erste Erfolge wird den Befürwortern die Gelegenheit gegeben, eine kurze Pause einzuräumen, die Ergebnisse zu reflektieren und zu feiern. Nach vielen Mühen und harter Arbeit baut ein positives Feedback Moral und Motivation auf. Ein weiterer Aspekt für die Wichtigkeit erster Erfolge ist die Feinabstimmung zwischen Vision und Strategien. Die Vision bzw. die Umsetzung der Vision wird an der Realität gespiegelt und es werden so Erkenntnisse für eine eventuelle Umgestaltung der Vision erarbeitet. Erste Erfolge schalten Zyniker und eigennützige Gegner aus. Generell gilt, dass die Sicherstellung erster Erfolge umso wichtiger ist, je mehr Zyniker und Widerständler es gibt. Eindeutige Leistungsverbesserungen machen es für Menschen schwierig, den erforderlichen Wandel zu blockieren (Bild 8.18) [8].

Erfolge konsolidieren und für weiteren Wandel sorgen

Nachdem erste Erfolge geplant und sichergestellt wurden, geht es im Folgenden darum, weitere Erfolge systematisch zu konsolidieren und für weiteren Wandel zu sorgen. Die Führungskoalition muss die durch die ersten Erfolge geschaffene bzw. gestärkte Glaubwürdigkeit des Wandels nutzen, um weitere Veränderungen zu initiieren. Hierdurch wird der Wandel kontinuierlich ausgeweitet und auf eine breitere Basis gestellt. Durch weitere Veränderungsmaßnahmen werden immer mehr Menschen in den Veränderungsprozess mit einbezogen, befähigt und motiviert. Das Topmanagement hat in diesem Zusammenhang die Aufgabe, das gemeinsame Ziel, d. h. die Vision und die Gesamtstrategie, transparent und das Gefühl der Dringlichkeit zum Wandel aufrechtzuerhalten. Damit das Topmanagement diese Aufgabe wahrnehmen kann, müssen untere Hierarchieebenen Führungs- und Managementaufgaben bei bestimmten Projekten übernehmen, und damit das höhere Management entlasten. Um die Umsetzung der Veränderungen langfristig einfacher zu gestalten, müssen unnötige Interdependenzen der Veränderungsmaßnahmen erkannt und beseitigt werden. Hieraus folgt ein effektiver und effizienter Einsatz aller Ressourcen zur Umsetzung der Vision und Strategien [8].

Verbesserungen in der Kultur verankern

Die Unternehmenskultur wird durch Verhaltensnormen und Werte beschrieben, die den Menschen innerhalb eines Unternehmens gemein sind. Verhaltensnormen sind allgemeine oder vorwiegend anzutreffende Handlungsweisen, die sich innerhalb einer Gruppe von Menschen durchgesetzt haben. Demgegenüber beschreiben die gemeinsamen Werte wichtige Überlegungen und von der Mehrheit getragene Ziele, die das Gruppenverhalten prägen und meist unabhängig von personellen Veränderungen in der Gruppe stabil sind. Charakteristisch für große Unternehmen ist, dass einige Teile der Unternehmenskultur jeden betreffen und dass andere wiederum nur für Einzelbereiche Gültigkeit haben. Das Wesen der Unternehmenskultur bewirkt, dass es vielen Unternehmen nicht gelingt, die Verbesserungen und Veränderungen in der Kultur zu verankern. Einerseits beeinflusst die Unternehmenskultur massiv das menschliche

Verhalten, andererseits wird die Kultur selbst erst durch das Verhalten der Menschen geprägt und definiert. Eine Veränderung der Kultur ist deshalb so schwierig, weil diese selbst unsichtbar ist und somit eine direkte Adressierung von kulturellen Veränderungsmaßnahmen nicht möglich ist [8]. Im Rahmen strategischer Veränderungen ergeben sich meist zwei unterschiedliche Situationen:

1. In vielen Veränderungsbestrebungen ist der Kern der alten Kultur vereinbar mit der neuen Vision. In einem solchen Fall müssen die neuen Praktiken bzw. gewisse Schlüsselwerte auf die ursprüngliche Kultur übertragen und unpassende Teile eliminiert werden.
2. Weitaus schwieriger ist es, wenn die neue Vision nicht mit den Grundwerten der alten Kultur übereinstimmt. Selbst wenn die Vision von den Mitarbeitern akzeptiert wird, sind oft Jahre neuer Erfahrungen notwendig, um einen Kulturwandel herbeizuführen.

Das hier vorgestellte Modell zur qualitätsgerechten Gestaltung beinhaltet an mehreren Stellen bereits Ansätze, um Veränderungen in der Kultur zu verankern. Das gesamte Modell basiert auf der Einbeziehung und Beteiligung der Betroffenen. Dieses Mitwirken und Mitgestalten und die daraus erwachsende Akzeptanz sind die Voraussetzung dafür, dass Menschen die Werte und Normen innerhalb des Unternehmens anhand der neuen Vision und Strategien ausrichten. Ein weiterer Aspekt ist hierbei die systematische Planung und Konsolidierung von Erfolgen. Es muss offen und plausibel erklärt werden, wie Verbesserungen bzw. Erfolge mit den Veränderungsmaßnahmen zusammenhängen [8]. In der Literatur werden weitere Stellhebel zur Veränderung der Unternehmenskultur bzw. zur Verankerung der Veränderungserfolge in der Unternehmenskultur genannt. Beispielsweise sollte ausführlich über die Wurzeln der althergebrachten Kultur diskutiert und den Mitarbeitern aufgezeigt werden, dass diese zur Unterstützung der neuen Firmenvision nicht länger sinnvoll ist. Ein weiterer Aspekt ist die Verknüpfung von Beförderung und Gehalt an die Umsetzung der neuen Werte und Normen. Beispielsweise sollten Mitarbeiter, welche die neue Kultur verinnerlicht haben, bevorzugt befördert werden.

Viele Modelle zur Gestaltung von Veränderungsprozessen setzen den Schritt der Kulturveränderung an den Anfang aller Bemühungen zur strategischen Neuausrichtung. Kultur lässt sich aber, wie vorab erläutert, nicht einfach manipulieren und verändern. Dies gelingt erst dann, wenn neue Verhaltensweisen und Prozesse, die aus der Veränderung resultieren, den Beschäftigten bereits eine Zeit lang Nutzen stiften und die Mitarbeiter somit die Beziehung zwischen dem neuen Handeln und der Leistungsverbesserung erkannt haben [8]. Demzufolge kann aber ein kultureller Wandel frühestens nach der Konsolidierung erster Erfolge stattfinden. Neue Ansätze manifestieren sich normalerweise erst dann in einer Kultur, wenn sie erwiesenermaßen funktionieren und besser sind als die althergebrachten Methoden. Je besser man jedoch die vorherrschende Kultur kennt und begreift, umso effizienter kann bereits in den Phasen „Gefühl für Dringlichkeit erzeugen", „Führungskoalition bilden" sowie bei der Kommunikation und dem Empowerment der Mitarbeiter auf eventuell neue Werte und Normen hingearbeitet werden. Um die nachhaltige Verankerung der Veränderungen im Unternehmen zu prüfen, kann das EFQM-Excellence-Modell verwendet werden (Bild 8.19).

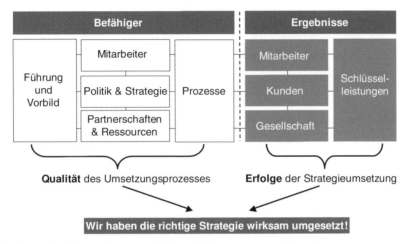

Bild 8.19 Change Excellence – Prozessqualität und Erfolge messen und bewerten

Die im Rahmen dieses Beitrags vorgestellten Methoden können den Kriterien des EFQM-Modells zugeordnet werden: Die Absicherung des Umsetzungsprozesses mittels Quality Gates hilft, das Kriterium Prozesse zu erfüllen. Mittels des Transformeters kann die Akzeptanz und Glaubwürdigkeit der Vorbereitungsphase und damit eine Bewertung der Führungs- und der Vorbildfunktion des Managements vollzogen werden. Durch die operative Gestaltung der Strategie und die Aufnahme strategischer Ziele in den Zielvereinbarungsprozess werden Mitarbeiter informiert, motiviert und legitimiert. Die vorgestellten Methoden helfen somit, die Befähiger-Kriterien des EFQM-Modells zu erfüllen und die Qualität des Umsetzungsprozesses zu erhöhen. Die Bewertung und Absicherung erzielter Ergebnisse mittels des CIP-Sterns entspricht den Ergebnis-Kriterien des EFQM-Modells. Diese visualisieren die Erfolge der Strategieumsetzung. Die beschriebenen Methoden ebnen somit den Weg zur „Change Excellence".

8.4 Zusammenfassung und Ausblick

In einer Zeit der Globalisierung und des rasanten wirtschaftlichen und technologischen Wandels sind für Unternehmen die Erfolgsrezepte von gestern und heute kein Garant mehr für den Erfolg von morgen. Um langfristig konkurrenzfähig zu bleiben, sind Unternehmen heutzutage gezwungen, komplexe Veränderungen immer schneller, effizienter und erfolgreicher vorzunehmen. Organisatorischen Wandel herbeizuführen, sei es als Reaktion auf Einflüsse aufgrund äußerer Veränderungen oder als ihre Antizipation, scheitert in der betrieblichen Praxis jedoch sehr häufig. Nur ca. 10 % aller Strategien führen zum erwarteten Erfolg. Etwa 70 % aller strategischen Neuausrichtungen scheitern in der Umsetzungsphase.

Basierend auf bestehenden Ansätzen zum Management von Veränderungen zeigt der Beitrag ein Modell zur qualitätsgerechten Gestaltung strategischer Veränderungsprozesse auf. Es wurden zunächst ausgehend vom EFQM-Excellence-Modell die Forderungen an eine qualitätsgerechte Gestaltung strategischer Veränderungsprozesse abgeleitet. Basierend hierauf wurden die Bausteine des Modells inhaltlich gestaltet und der Umsetzungsprozess durch entsprechende Qualitätsmerkmale und Messpunkte methodisch abgesichert.

Das beschriebene Modell stellt eine Art Leitfaden zur Umsetzung strategischer Veränderungsprozesse dar. In der betrieblichen Praxis dient es als Handlungsrahmen, wobei die dargestellten Methoden und Hilfsmittel unternehmens- und situationsspezifisch angepasst und eingesetzt werden müssen.

Literatur

[1] Doppler, K.; Lauterburg, Ch.: Change Management: den Unternehmenswandel gestalten, 2. Aufl., New York/Frankfurt, Campus Verlag, 1994

[2] Lilie, F.: Studie: Umsetzung von Change Management, München, Carl Hanser Verlag, in: *Qualität und Zuverlässigkeit*, 01/2002

[3] Fopp, L.; Schiessl, J.-Ch.: Business Change als neue Management-Disziplin, 1. Aufl., New York/Frankfurt, Campus Verlag, 1999

[4] Nadler, D. A.: Organisations-Architektur, 1. Aufl., New York/Frankfurt, Campus Verlag, 1994

[5] Staehle, W.: Management, 6. Aufl., München, 1994

[6] Pfeifer, T.: Qualitätsmanagement: Strategien – Methoden – Techniken, 3. Aufl., München/Wien, Carl Hanser Verlag, 2001

[7] Die acht Eckpfeiler der Excellence: Die Grundkonzepte der EFQM und ihr bedeutsamer Nutzen. Informationsbroschüre, European Foundation for Quality Management (EFQM), 2000

[8] Kotter, J. P.: Chaos, Wandel, Führung – Leading Change. 1. Aufl., Deutsche Übersetzung, Düsseldorf, Econ Verlag, 1997

[9] Töpfer, A.: Das Management der Werttreiber, 1. Aufl., Frankfurt, *Frankfurter Allgemeine Zeitung*, Verlag Bereich Buch, 2000

[10] Schleiken, Th.; Winkelhoder, G.: Unternehmenswandel mit Projektmanagement: Konzepte und Erfahrungen zur praktischen Umsetzung in Unternehmen, 1. Aufl., München/Würzburg, Lexika Verlag/Krick Fachmedien, 1997

[11] Kobi, J.-M.: Management des Wandels: Die weichen und die harten Bausteine erfolgreicher Veränderungen, 2. Aufl., Bern/Stuttgart/Wien, Haupt Verlag, 1996

[12] www.umsetzungsberatung.de

[13] Pfeifer, T.; Scheermesser, S.; Voigt, T.: „Implementation of Strategic Change Processes for TQM". Proceedings COMA 04: International Conference on Competitive Manufacturing, Stellenbosch S.A. 2004

[14] Pfeifer, T.; Schmidt, R.: Das Quality-Gate-Konzept, *Industriemanagement* 19, S. 21–24, 5/2003

[15] Pfeifer, T. et al.: „Veränderungen zum Erfolg führen". AWK 02 Wettbewerbsfaktor Produktionstechnik S. 41–71, Shaker Verlag, Aachen 2002

9 Kopf oder Zahl – Deutschlands Zukunft als Land der Ideen

Bernhard von Mutius

Dieser Beitrag geht zurück auf das Manuskript des Festvortrags anlässlich der Preisverleihung „Wissensmanager des Jahres" in Berlin am 18. Mai 2005.

Wie der Titel dieses Beitrags andeutet, wird hier nicht vordergründig über das Thema Innovationsmanagement gesprochen. Vielmehr soll zunächst von ganz anderen, scheinbar seltsamen Dingen – z. B. von Münzen, von Vermögenswerten und von Grenzüberschreitungen, von der Fußballweltmeisterschaft und von einem anderen Wettkampf mit Namen „Waku-Waku-Festival" die Rede sein.

Das alles und noch mehr verbirgt sich hinter dem Titel „Kopf oder Zahl".

Ein bewusst provozierender Titel. Denn natürlich ist das „oder" zwischen „Kopf" und „Zahl" eine logisch nicht haltbare Zuspitzung und müsste eigentlich durch ein „und", durch ein „sowohl als auch" ersetzt werden. Jede Münze hat zwei Seiten. Das weiß jedes Kind. Und jeder Fußballspieler vor dem Anpfiff des Spiels.

Doch musste man nicht in der letzten Zeit den Eindruck gewinnen, dass wir in unserem Land fast immer nur eine Seite zu sehen bekommen? So, als ob irgendein seltsamer Magnet dafür sorgte, dass immer die Zahl oder die Zahlen oben erscheinen? Sei es in den Reformdebatten der Politik oder sei es in den Strategiediskussionen vieler Unternehmen? Ging und geht es nicht nahezu ausschließlich um die Ausrichtung an quantitativen Ergebnissen?

Nun wird niemand bestreiten, dass wir Kostendämpfungen und Ergebnisverbesserungen dringend nötig haben. Aber es fragt sich doch, ob die eben beschriebene zahlenfixierte Sicht nicht ein wenig einseitig ist. Glauben wir wirklich ernsthaft, wir könnten damit allein unsere Position im globalen Wettbewerb verbessern? Zum Start der Fußballweltmeisterschaft soll eine aufwendige Werbekampagne Deutschland als „Land der Ideen" weltweit im neuen Licht erscheinen lassen: Wie wollen wir bis dahin diesen Slogan glaubhaft machen, wenn wir bis heute nicht mal eine Idee haben, wie wir aus dem gegenwärtigen Tal der Tränen und des Jammerns, der gegenseitigen Schuldzuweisungen und des Misstrauens gegenüber Politik und Wirtschaft herauskommen wollen? Wie wollen wir allein mit einer einseitigen Zahlenlogik den Menschen wieder Mut machen, Innovationen, Wachstum und millionenfach neue Arbeitsplätze zu schaffen?

Wäre es also nicht ratsam, einmal einen etwas intensiveren Blick auf die andere Seite der Medaille zu werfen? Und zwar gerade damit die Zahlen künftig besser werden?

Meine These ist: Gerade wenn wir wieder unsere finanzielle Ertragssituation verbessern wollen, müssen wir zunächst und vor allem unsere intellektuelle Ertragssituation verbessern.

Das scheint widersprüchlich oder sogar paradox. Aber so ist nun mal heute die Realität in dieser Zeit des Umbruchs von der Industrie- zur globalen Wissensgesellschaft, den wir erfolgreich zu managen haben. Stephan Jansen hat dies so formuliert: „Manager sind Paradoxiekünstler. Und wenn sie es noch nicht sind, werden sie es lernen müssen. Es wird ihr Job werden. Oder der eines anderen."

Apropos Paradox. Ich hatte versprochen, etwas über das Waku-Waku-World-Festival zu erzählen. Wissen Sie, was das ist, das Waku-Waku-Festival? Nun, es ist ein Erfinder-Festival, eine Ideen-Olympiade, ein Spinner-Wettbewerb. An seiner Vorbereitung sind weltweit 31.000 Ingenieure beteiligt. Sie wetteifern um die originellsten Ideen, was man alles mit Autoteilen basteln kann. Der erste Preis ging letztes Jahr an „Bubble Crab", eine große Krabbe, die Scheibenwaschanlage und Lüfter benutzt, um Seifenblasen zu produzieren. Völlig verrückt, würden wir sagen. Wer kann sich das leisten und wer hat dafür heute noch Zeit? Nun: Es ist die Firma Toyota. Das gleiche Unternehmen, das in puncto Qualität und Effizienz als das weltbeste, penibelste Automobilunternehmen gilt, fördert die massenhafte Produktion scheinbar abseitiger, kreativer Ideen. Darüber lohnt es sich, eine Weile nachzudenken.

Ich werde deshalb vor allem über die andere Seite der Medaille sprechen. Über das notwendige andere, oft paradox erscheinende Denken, das uns helfen könnte, in dieser schwierigen Umbruchszeit so etwas wie Zukunftsfähigkeit zu entwickeln und vielleicht wieder Vertrauen zu schaffen. Ich werde das in drei Durchgängen oder Gängen zu begründen versuchen.

Erster Gang: Wert und Vermögen in der Wissensgesellschaft

Beginnen wir mit einer scheinbar ganz einfachen Frage: Was hat eigentlich noch Wert? Oder: Wie können wir den Wert von Produkten bestimmen? Bei den typischen Produkten des Industriezeitalters – z. B. bei einem Automobil – fällt es uns relativ leicht, den Wert zu ermessen, z. B. den Materialwert, den Wert der eingesetzten Arbeit oder den Markenwert.

Was aber, wenn Ihnen jemand eine Compact Disk zeigt? Was ist der Wert dieses Produkts? Der Materialwert tendiert gegen null. Der Markenwert? Wie sollte man ihn erkennen? Vielleicht ist es eine CD, die – eingeschweißt in der Titelseite eines Magazins – zu Hunderttausenden vertrieben wird? Vielleicht ist es eine Standardsoftware? Vielleicht enthält sie hoch wichtige, geschützte Adressen? Vielleicht die Gendaten einer bestimmten Bevölkerungs- oder Krankengruppe, vielleicht ein neues Softwareprogramm, das künftig eine ganze Branche revolutioniert? Vielleicht ist es zwei Euro wert, 20 Euro, 200.000 oder sogar zwei Millionen? Wie wollen wir es diesen kleinen, beweglichen, nahezu schwerelosen Dingen ansehen?

Mit einem Wort: Es sind mehrere Möglichkeiten denkbar. Und diese bergen ebenso große Chancen wie Risiken. Die Chance: Wir schauen hinter das Label und die materiellen Fassaden, beschäftigen uns künftig aufmerksamer mit dem Wert und der Qualität von Informations- und Wissensgütern – und der Bewertung der dahinter stehenden Produzenten.

Die Gefahr: Wir kümmern uns nicht mehr um Inhalte oder um Qualität. Und irgendwann wissen wir nicht mehr: Wer oder was hat überhaupt noch einen Wert?

Übrigens gilt dies auch für andere, schwerere Produkte, ganz einfach, weil der Anteil von Information und Wissen an allen Gütern, an unseren kleinen wie großen Wertgegenständen in der Wissensgesellschaft ständig wächst.

Damit sind wir bei einem weiteren spannenden Aspekt des Wandels von der Industriegesellschaft zur Wissensgesellschaft: Es ist die höchst folgenreiche *Metamorphose unseres Vermögensbegriffs*. Bei dieser Metamorphose werden zwei bislang getrennte Vermögensbezeichnungen mit ganz unterschiedlichen Bedeutungen auf neue Weise zusammengeführt: das Vermögen als *Fähigkeit* bzw. *Tätigkeit* und das Vermögen als in Geld schätzbares *Gut* bzw. als *Kapital*. Beide Bedeutungen von Vermögen beginnen, in der Wissensgesellschaft zu verschmelzen. Das, *was* wir vermögen und *wie* wir es vermögen, wird *zum* Vermögen, vielleicht künftig sogar zu unserem eigentlichen Vermögen. Sollten wir also nicht unsere gängigen Konzepte der Vermögensbildung noch einmal überdenken?

Denn dieses andere, neue Vermögen steckt ja nicht in den Fabriken und Maschinen, ja nicht einmal in den IT-Tools – diese sind vielmehr, wie wir wissen, bereits nach kürzester Zeit veraltet, als Computerschrott wert- und nutzlos.

Es steckt vielmehr in jedem von uns. Wir selbst sind die Quelle der neuen Wertschöpfung. Oder wie es Meinhard Miegel ausdrückt: Der Mensch „selbst wird in gewisser Weise zur Ackerscholle, zum Kohleflöz oder zur Ölquelle. Er selbst ist der Rohstoff, der wertschöpfend verarbeitet wird."

Was aber ist dann die wichtigste Quelle unseres künftigen Vermögens? Meine Antwort lautet: Es ist das menschliche *Gehirn*. Das Gehirn ist das eigentliche Organ der Zukunft. Ein überaus reiches, nicht nur kognitives, sondern auch soziales Organ, wenn man es zu nutzen versteht. Immerhin nehmen Mathematiker an, dass die Zahl der möglichen Neuronenverbindungen die Zahl der Atome im Weltall übersteigt. Ich bin mir allerdings nicht sicher, ob sich das schon überall herumgesprochen hat. Oder ob nicht nach wie vor das Diktum von Albert Einstein Gültigkeit hat: „Zwei Dinge sind unendlich. Das Universum und die menschliche Dummheit." Und er fügte hinzu: „Beim Ersten bin ich mir allerdings nicht mehr ganz sicher."

Denn sonst würde in unseren Organisationen zumindest ebenso viel in Gehirne wie in Geräte investiert. Sonst würden wir den intellektuellen Ressourcen die gleiche Aufmerksamkeit schenken wie den materiellen bzw. finanziellen Ressourcen. Sonst würden unsere höchsten Leistungsträger, unsere Eliten in Wirtschaft, Medien und Politik sich darauf besinnen, dass – wie es der amerikanische Ökonom Lester C. Thurow formuliert – „geistige Leistungen die einzige Quelle sind, aus der noch strategische Wettbewerbsvorteile erwachsen können".

Zweiter Gang: Grenzüberschreitung und Vernetzungen oder: Wie können wir unser Vermögen kreativ vermehren?

Mit den neuen immateriellen Informations- und Wissensgütern der Ökonomie hat es eine höchst eigentümliche Bewandtnis, die sie fundamental von materiellen Gütern unterscheidet: Sie werden nicht weniger, wenn ich sie weggebe und mit anderen teile, sondern – bei richtigem Gebrauch – mehr.

Wenn ich irgendein materielles Objekt – z. B. einen Kugelschreiber oder einen CD-Player – weggebe, also verkaufe, verlease oder verschenke, dann gebe ich es tatsächlich weg. Kein Deut bleibt davon bei mir zurück.

Im Unterschied dazu sind die immateriellen Produkte, das Wissen oder die Ideen, die ich von mir gebe, am Ende der Transaktion immer noch in meinem Kopf. Ich teile sie mit Ihnen, ohne dass irgendein Teil verloren geht. Im Gegenteil: Ich habe sogar mehr davon, wenn ich mein Wissen in der Kommunikation mit Ihnen teile, denn ich lerne dazu. Wenn wir es richtig anstellen, wächst unser beider Wissen und wir kommen zu neuen Lösungen.

Was folgt daraus? Meine These lautet: Wir müssen uns auf neue Weise mit dem Thema Grenzen beschäftigen.

Grenzen überschreiten – genau das ist der logische Kern der neuen, auf Wissensteilung basierenden Wertschöpfungsprozesse in der globalen Wissensökonomie. Ich schlage daher vor, dass wir überall in unseren Organisationen über eine neu zu entwickelnde Fähigkeit nachdenken, die ich „Grenzgänger-Kompetenz" nenne.

Denn wie kann diese Wissensteilung funktionieren? Doch nur, wenn wir aus unseren Kästchen und Abteilungen, aus unseren Fach- und Ressortbarrieren ausbrechen und lernen, grenzüberschreitende Beziehungen und Vernetzungen zu entwickeln. Wir müssen also ein *anderes Verhalten* einüben. Ein Verhalten, das man uns bislang weder auf der Schule noch in anderen öffentlichen Anstalten beigebracht hat.

Und dies ist nach meiner Einschätzung auch der letztlich entscheidende Punkt, warum wir in Deutschland – im Vergleich zu anderen, z. B. skandinavischen Ländern – auf dem Weg in die Wissensgesellschaft bislang so weit zurückgeblieben sind: Wir haben das Thema Grenzüberschreitung bislang nicht professionalisiert. Wir sind allenfalls „Grenzamateure". Zumeist aber sind wir Deutschen Meister der Grenzziehungen, der Begrenzung und Abgrenzung. Wir errichten überall Zäune, hinter denen wir unsere kleinen Schrebergärten kultivieren können. Weil wir Angst haben – die sprichwörtliche „German Angst" –, durch Grenzübertritte einen Fehler zu machen und von anderen zurechtgewiesen zu werden. Und das entsprechende Verhalten kultivieren wir gleich mit. Und zwar vom Kindergarten bis zum Bundestag: Dies ist mein Förmchen, dies ist dein Förmchen; das ist mein Standpunkt (und der ist richtig) und das ist Ihr Standpunkt (und der ist irrig und schlimm für unser Land). Ich könnte davon ein mehrstrophiges Lied singen. Quer durch alle Fakultäten, Professionen, Institutionen. Während in anderen Ländern das „crossing borders", die Vernetzung über Ressort- und Organisationsgrenzen hinweg schon längst Programm ist, erscheint dies bei uns noch als Sakrileg oder als nicht ganz ernst zu nehmende Spielerei von Außenseitern. „Mit Ihnen teilt meine Ente die Wanne nicht, Herr Müller-Lüdenscheid."

Dabei haben gerade grenzüberschreitende Netzwerke eine eminent wichtige Funktion für alle Organisationen. Sie sind kreativitäts- und innovationsfördernd. Denn Neues entsteht an den Grenzen und nur dort. Durch achtsame Grenzüberschreitung und gekonnte Kombination.

Jeder kreative, schöpferische Akt verläuft auf diese Weise.

Sie kennen sicher das berühmte Ready-made von Picasso mit dem alten Fahrradlenker und dem verschlissenen Fahrradsattel. Er nimmt diese Dinge aus ihrem ursprünglichen Funktionszusammenhang heraus und kombiniert sie, fügt sie in einem neuen Kontext so zusammen, dass daraus mit einem Mal ein markanter Stierkopf wird.

Diese, wie ich es bezeichne, „kombinatorische Intelligenz" (die man vor allem in Kunst und Wissenschaft lernen kann) ist heute ein Schlüssel für das Gelingen fast aller Innovationsprozesse auf fast allen Märkten.

Das Muster heißt kreative Kombination: von der Mikrosystemtechnologie bis zum Hybridantrieb (Stichwort: Toyota), von den neuen, smarten elektronischen Geräten – denken Sie an die neuesten Handygenerationen mit ihren mehrfach kombinierten Funktionen – bis hin zu vielen mit Produktangeboten kombinierten neuen Dienstleistungsfeldern. Wir werden in kombinierten Innovationsplattformen von Kompetenzen und Dienstleistungen statt in isolierten Produktinnovationen denken müssen.

Wir werden dabei übrigens auch nicht mehr entweder auf höhere Qualität oder auf niedrigere Kosten bzw. Preise abzielen können, sondern wir müssen – auch dies wieder ein Paradox – künftig beide Ziele miteinander kombinieren.

Und schließlich: Wir werden diese kombinatorischen Leistungen nicht alleine, in unserem Ressort, sondern nur in interdisziplinärer Kooperation mit anderen erbringen können.

Ähnlich zeigt auch die moderne, soziologische Netzwerkforschung – Mark Granovetter von der Stanford University spricht in diesem Zusammenhang von den „weak ties": Eher schwächer ausgeprägte Verbindungen, wie sie für Netzwerke typisch sind, erweisen sich als besonders förderlich für die Entwicklung von Innovationen. Übrigens hat das konsequente Einüben dieser innovationsfördernden Fähigkeit noch einen schönen Nebeneffekt: Man kann damit der stets drohenden CA, der „Corporate Alzheimer", entgegenwirken, die geradezu zwangsweise entsteht, wenn man sich nur mit sich selbst beschäftigt.

Dritter und letzter Gang: Konsequenzen

Wenn das alles halbwegs schlüssig ist – welche praktischen Schlussfolgerungen könnten wir daraus ziehen? Dazu im Schlussteil gleichsam in short cuts noch drei Anregungen.

Erstens: Höher positionieren und integrieren

Das Management von Wissen, Ideen und Innovationen gehört ganz oben auf die Prioritätenliste der obersten Entscheidungsträger in jeder Organisation. Und zwar nicht isoliert, sondern als Teil des übergreifenden Themas der immateriellen Werte.

Wissen kann sein wertschöpfendes und vermögenswirksames Potential erst im Kontext praktizierter Werte entfalten – insbesondere solcher Beziehungswerte wie Transparenz, Integrität, Kooperationsfähigkeit oder sozialer Verantwortung. Erst zusammen entsteht eine Orientierung, die für Mitarbeiter und Kunden Sinn macht – und die nicht zuletzt die Reputation des Unternehmens erhöht, wie wir aus vielen Studien wissen. Denn Wertschöpfung beruht heute auf Wertschätzung. Das intellektuelle oder Wissenskapital braucht das soziale oder Vertrauenskapital als lebensnotwendige Ergänzung.

Deshalb müssen die sogenannten weichen Werte in die Strategie, in die harten Führungs- und Steuerungssysteme integriert werden. Ich nenne das „Wertebalancierte Unternehmensführung". Zugespitzt formuliert: Das intellektuelle Vermögen und die Moral gehören in die Kostenrechnung.

Zweitens: Intangible Assets anders bewerten

Seien wir ehrlich: Bislang sind die meisten Kundenberater von Finanzdienstleistern völlig überfordert, wenn sie das intellektuelle oder soziale Kapital einer Firma bewerten sollten. Im besten Fall haben sie schon mal etwas von der Bedeutung der immateriellen Vermögenswerte, der Intangible Assets gehört, aber es fehlt ihnen jegliche Anleitung, wie sie damit konkret umgehen sollen. Wäre es also nicht dringend geboten, dass die Protagonisten des Wissensmanagements und des Innovationsmanagements einmal mit vorausschauenden Vertretern der Financial Community grenzüberschreitend ihre Köpfe zusammenstecken? Und zwar um gemeinsam zu überlegen, wie das Thema Intangibles ganz konkret in die Diskussion über Kreditvergabe und Investitionsförderung eingebracht werden kann? Wäre das nicht – gerade im Zuge von Basel II – für den innovativen Mittelstand in diesem Land eine große Chance, sich im internationalen Wettbewerb noch besser aufzustellen? Vielleicht gibt es ja irgendwann einmal sogar eine innovative Veranstaltung zum Finanzplatz Deutschland, auf der dieses Zukunftsthema endlich im Mittelpunkt steht?[1]

Drittens: Ein neues Zusammenspiel praktizieren

Was hilft es, wenn wir über neue Ideen nur reden und diese nicht ausprobieren, nicht den unternehmerischen Mut haben, ungewohnte Wege zu gehen? So, wie es – um nur ein kleines Beispiel zu geben – bei der diesjährigen Learntec der Fall war, als von Günter Szogs das renommierte Carmina Quartett zur Diskussion eingeladen wurde. Und zwar um an der Arbeit von Spitzenmusikern unmittelbar zu demonstrieren, was exzellentes Zusammenspiel bedeuten kann und welche kreativen Energien dadurch freigesetzt werden.

Nun – im übertragenen Sinn brauchen wir überall in Deutschland ein neues Zusammenspiel, um das so reiche, intellektuelle und soziale Erneuerungspotential, diese

---

[1] Diese Anregung wurde inzwischen vom Staatssekretär im Bundesministerium für Wirtschaft und Arbeit, Georg Wilhelm Adamowitsch, aufgegriffen: Auf seine Einladung hin fand am 7. September 2005 in Berlin die erste community-übergreifende Veranstaltung zu diesem Thema statt. Die Diskussion ist in Gang gekommen.

„andere Intelligenz" dieses Landes zum Klingen zu bringen. Um unüberhörbar zu zeigen, wo die Musik spielt, die viel interessantere und lebendigere Musik im Vergleich zu dem langweiligen Jammerton A der ausgeleierten Mainstream-Platten. Warum z. B. nicht endlich damit beginnen, die bislang getrennt agierenden Communities der Wissens- und Innovations-, der Qualitäts- und Corporate Citizenship-Manager, der innovativen Strategen und Personaler untereinander zu vernetzen? Wäre es nicht vorstellbar, dass aus einer solchen Vernetzungsinitiative eine konzertierte Aktion wird, die das Wachstum durch Ideen in diesem Land der Ideen wirklich vorantreibt und die gleichnamige Werbekampagne mit vitaler Substanz füllt? Vielleicht könnte eine solche Aktion – vor oder nach dem Anpfiff zur Fußballweltmeisterschaft – in einen disziplinübergreifenden Ideen- und Zukunftskongress münden, der zeigt, was Deutschland nicht nur in den Beinen, sondern auch in den Köpfen hat?

Natürlich sind das alles nur Anregungen, unvollständige zumal. Wir könnten die Liste gemeinsam verlängern, wenn wir mehr Vertrauen hätten, neue Ideen miteinander zu teilen. Vertrauen in andere und Vertrauen in uns selbst. Wir würden alle davon profitieren.

Aber Vorsicht: Wir könnten dabei auch etwas verlieren. Nämlich unsere Angst, unsere „German Angst" vor dem Übersteigen oder gar Niederreißen von Gartenzäunen.

Haben Sie also den Mut, die Gelassenheit und die Lockerheit, Neuland zu betreten. Und wenn Ihnen dabei einer aus der alten Garde der Grenzwächter mit dem Spruch kommen sollte: „Wo kämen wir denn da hin?!", antworten Sie ihm mit den Worten von Hans A. Pestalozzi:

> *„Wo kämen wir hin,*
> *wenn alle sagten, wo kämen wir hin,*
> *und niemand ginge, um einmal zu schauen,*
> *wohin man käme, wenn man ginge."*

10 Kreativität und Innovation

Willi Fuchs

Kreativität

Das aus dem Lateinischen stammende Wort Kreativität steht für die schöpferische und gestaltende Kraft eines Menschen. Spricht man von kreativen Menschen, setzt man diese meist gleich mit Malern, Bildhauern, Modeschöpfern oder Architekten. Die Kreativität dieser Menschen hat immer zum Ziel, etwas Neues zu schaffen, unabhängig von seinem Nutzen, d. h. die Umsetzung eigener Gedanken, Gefühle und Empfindungen steht im Vordergrund. Viele Künstler erlangten erst nach ihrem Tod die ihnen gebührende Wertschätzung, wie z. B. Vincent van Gogh, dessen Bilder nach seinem Ableben zu horrenden Preisen verkauft wurden. Andere Kreative, wie etwa der Architekt Sir Norman Robert Foster, haben demgegenüber bereits zu Lebzeiten Weltruhm erlangt.

Im technischen Bereich assoziiert man Kreativität sehr häufig mit den Attributen Tüftler, Eigenbrötler oder Erfinder. Gemeint sind damit meist introvertierte Menschen, die hinter verschlossenen Türen geniale technische Erfindungen machen. Dies war in der Tat im 19. Jahrhundert häufig der Fall, wie das eine oder andere spätere Beispiel zeigen wird. Aber bereits im 20. Jahrhundert und erst recht im 21. Jahrhundert basieren die meisten Erfindungen auf der Zusammenarbeit von Menschen unterschiedlicher Disziplinen, also in Teams. Grund hierfür sind das immer tiefere Einsteigen in die Phänomene der Naturwissenschaften und die immer komplexer werdende Technik. Die heutigen Prozesse und Produkte sind hochkomplex und bilden vernetzte Systeme sowohl aus technischer als auch aus ökologischer, ökonomischer und gesellschaftlicher Sicht. Für sich alleine ist kaum noch ein Mensch in der Lage, alle diese interdisziplinären Erkenntnisse in sich zu vereinigen.

Innovation

Ebenso wie Kreativität stammt das Wort Innovation aus dem Lateinischen und bedeutet Neuerung. Eine solche Neuerung basiert auf dem planmäßigen und empirisch kontrollierten Zusammenfügen unterschiedlicher Komponenten und Systeme zu einem neuen, verbesserten Produkt oder Prozess. Innovationen sind nicht nur auf technische Produkte und Prozesse beschränkt. Man findet sie in vielen anderen Bereichen, wie z. B. bei der

- Erschließung neuer Absatzmärkte,
- Findung neuer Bezugsquellen bzw. Zulieferer,
- Einführung neuer Organisationsformen.

Im Folgenden stehen die technischen Innovationen im Fokus. Hierbei unterscheidet man zwischen „radikalen" und „inkrementellen" Innovationen. Radikale Innovationen sind durch hohe Unsicherheit und dadurch bedingte Unvorhersehbarkeit gekennzeichnet. Für radikale Innovationen gilt es häufig einen neuen Markt zu schaffen, was auch zu einer fundamentalen Branchenumstrukturierung führen kann. So wurde z. B. durch die Erfindung des Buchdrucks um 1440 auch die Druckindustrie ins Leben gerufen. Mit der Fertigstellung des ersten Computers 1941 hat Konrad Zuse nicht nur die Arbeitswelt der Bauingenieure im Bereich der Statikberechnungen grundlegend verändert, sondern auch die Grundlagen für das Computerzeitalter eingeläutet.

Radikale Innovationen können aber auch zu einer Machtverschiebung zwischen Wettbewerbern führen oder ganz neue Anwendungen generieren. Ein Beispiel hierfür ist das Internet, mit dem sich ganz neue Möglichkeiten der Kommunikation erschließen lassen.

Inkrementelle Innovationen hingegen zeichnen sich durch eine geringe Unsicherheit aus, da sie auf der kontinuierlichen Verbesserung bestehender Produkte oder Prozesse beruhen. Die meisten Innovationen findet man in diesem Bereich. So hat der britische Ingenieur George Stephenson 1823 mit der Erfindung der ersten Dampflokomotive das Zeitalter der Eisenbahn eingeläutet. Die Geschwindigkeit, anfangs 20 km/h, wurde zum Gradmesser für die Effizienz der Eisenbahn, obwohl wissenschaftliche Untersuchungen beweisen sollten, dass diese hohe Geschwindigkeit von 20 km/h der Gesundheit der Passagiere abträglich sei. Beim Hinausblicken aus dem fahrenden Zug fliege die Landschaft so schnell an deren Augen vorbei, dass die Reisenden zwangsläufig wahnsinnig werden. Im Laufe der Zeit wurde die Dampflok von der Diesellok und diese wiederum von der Elektrolok abgelöst. Jedes Mal konnte die Reisegeschwindigkeit erhöht werden. Heute, mit dem ICE, ist aber eine Grenze erreicht worden, an der die Geschwindigkeit – ca. 350 km/h – nur noch marginal weiter erhöht werden kann. Der Grund hierfür liegt nicht in der Leistungsfähigkeit der Maschinen, sondern in den physikalischen Grenzen sowohl im Rad/Schienen-Verbund als auch beim Stromabnehmer. Diese Problematik der Grenzwerterreichung ist über kurz oder lang typisch für inkrementelle Innovationen. Mit sehr hohem Aufwand lässt sich am Ende nur noch ein minimaler Nutzen erzielen. Will man mehr erreichen, ist ein Systemwechsel notwendig. Im Falle der Eisenbahn könnte bei Hochgeschwindigkeitsstrecken dieser Systemwechsel Transrapid heißen.

Innovationen brauchen einen Markt

Egal, um welche Innovation es sich handelt: Will sie erfolgreich sein, muss ein Markt existieren oder geschaffen werden. Was dies bedeutet, soll am Beispiel der Glühlampe verdeutlicht werden. Für die Erfindung der Glühlampe steht der Name Thomas Alva Edison. Der eigentliche Erfinder der Glühlampe war aber 1854 Heinrich Goebel. Warum nun Edison und nicht Goebel, der übrigens in Deutschland geboren wurde, als der Erfinder der Glühlampe gilt, liegt daran, dass erst 1866 Werner von Siemens das dynamoelektrische Prinzip erkannte. Dieses Prinzip war von besonderer Bedeutung für den Bau von Generatoren. Mit diesen Generatoren war es möglich, Strom zu erzeugen, was für die Nutzung einer Glühlampe bis heute elementar wichtig ist. Edison erkannte dies 1879. Er errichtete 1882 das erste öffentliche Elektrizitätswerk der Welt in New York, das gegen Ende des Jahres bereits 5.000 Straßenlampen versorgte.

Dass das gezeigte Beispiel aus der Historie auch heute noch Gültigkeit hat, zeigt der InnovationsKompass 2001. In dieser gemeinsamen Studie von VDI, McKinsey & Co. und der TU Berlin, wurden 94 radikale Innovationen aus den Bereichen Software, Elektronik, Maschinen- und Automobilbau untersucht. Dabei wurde verglichen, was erfolgreiche Unternehmen von weniger erfolgreichen Unternehmen auszeichnet. Als Erfolgsmaß wurden das durchschnittliche Umsatzwachstum und die durchschnittliche Rendite im Zeitraum 1998 bis 2000 ausgewählt, diese branchenintern indexiert und gleichgewichtet. Ein Ergebnis der Studie zeigt, dass 72 % der erfolgreichen Unternehmen Innovationen in aktiv von ihnen bearbeiteten Technologiefeldern vorantreiben. 20 % suchen in thematisch verwandten und nur 8 % in vollkommen neuen Technologiefeldern. Weniger erfolgreiche Unternehmen hingegen suchen nur zu 53 % in von ihnen selbst aktiv bearbeiteten Technologiefeldern, 29 % in thematisch verwandten und 18 % in vollkommen neuen Technologiefeldern.

Der Innovationsprozess

Bei der Beschreibung des Innovationsprozesses soll nur auf die generelle Vorgehensweise eingegangen werden. Detaillierte und branchenbezogene Prozesse folgen diesem generellen Prozess und sind der jeweiligen spezifischen Literatur zu entnehmen.

Grundsätzlich beginnt eine Innovation mit einer Idee. Diese entsteht durch Beobachtungen der Natur, des Alltags oder durch Gespräche mit Kunden, Kollegen, Mitarbeitern oder aber durch persönliche Erfahrungen. Nur selten enthält eine Idee bereits die genauen Vorstellungen eines Produkts oder Prozesses. Diese werden erarbeitet durch Einschalten unternehmensinterner oder -externer Forschungs- und Entwicklungseinheiten oder durch die handelnden Personen selbst. Ziel dieser Arbeit muss es sein, die generelle Machbarkeit und erste Kostenabschätzungen zu beschreiben und Nutzer bzw. Abnehmer, sprich einen Markt zu definieren. Vielfach wird in diesem Stadium keine Patentrecherche durchgeführt. Diese ist aber dringend erforderlich, um sicher zu sein, dass eine solche Idee nicht bereits existiert. Ist dies der Fall, erspart eine solche Recherche sehr hohe Entwicklungskosten.

In einer zweiten Phase erfolgt die zielgerichtete Entwicklung eines vermarktbaren Produkts oder eines Prozesses. Hierfür kann es zunächst durchaus notwendig sein, mehrere Alternativen zu entwickeln, diese gegeneinander abzuwägen, um dann die endgültige Lösung festzulegen. Hierzu ist es notwendig, ein effizient arbeitendes interdisziplinäres und, wenn notwendig, interkulturell zusammengesetztes Team zu etablieren. In diesem Team muss es möglich sein, sowohl Phantasien als auch rein logische Zusammenhänge einbringen zu können.

Die Menschen in einem solchen Team müssen neben der Kreativität auch den Willen zur Findung eines marktgerechten Produkts aufweisen. Je nachdem, welche Märkte angestrebt werden, kann es notwendig sein, Menschen aus diesen Kulturkreisen in das Team zu integrieren. Darüber hinaus sind aufgrund ihrer unterschiedlichen Sichtweisen neben Technologen und Marketingexperten auch Betriebswirte und Fertigungsexperten gefragt. Auch sollte es jederzeit möglich sein, gezielt weitere Experten für eine begrenzte Zeit zu konsultieren. Bei der Installation des Teams empfiehlt sich eine vorübergehende Abkopplung von der Organisation. So können in einer anderen Umgebung neue Denkmuster entwickelt werden und es erfolgt keine Störung aufgrund des Tagesgeschäftes.

Die Arbeit des Teams ist dann abgeschlossen, wenn die Lösung im Detail feststeht, d. h. alle wichtigen Funktionen definiert sind und eine pilothafte Markteinführung stattgefunden hat.

War die pilothafte Markteinführung erfolgreich, wird in einer dritten Phase die Vermarktung konsequent vorbereitet und durchgeführt. Diese Vorgehensweise ist produkt- und prozessspezifisch. Hierfür existieren in den Unternehmen entsprechende Organisationseinheiten, so dass diese Phase zunehmend Routinecharakter annimmt.

Innovationsfaktor: Politik und Gesellschaft

Am 28. März 1829 veröffentlichte die *Kölnische Zeitung* eine Stellungnahme, wonach die geplante Einführung einer Gas-Straßenbeleuchtung in Köln aus juristischen, polizeilichen, medizinischen, theologischen und philosophisch-moralischen Gründen abzulehnen sei. Da heißt es z. B.: „Man dürfe den göttlichen Weltplan nicht ‚hofmeistern', indem man die Nacht zum Tage verkehrt. Außerdem führe die Straßenbeleuchtung zu vielen Krankheiten, weil sie den Leuten das nächtliche Verweilen auf den Straßen leichter macht und ihnen Schnupfen, Husten und Erkältungen auf den Hals ziehe. Zu guter Letzt verkuppele die Helligkeit verliebte Paare. Auch der Trinker könnte sich wohler fühlen, so dass er bis in die Nacht hinein in den Zechstuben schwelgt."

Diese nun mehr als 170 Jahre zurückliegende Diskussion kommt einem auch heute sehr bekannt vor. Man denke nur an die zum Teil hitzig geführten Debatten zur Gentechnik oder Kernenergie. Gleichzeitig aber mahnen sowohl die Politik als auch die Gesellschaft die fehlende Innovationsfähigkeit der Deutschen an, die es aber in diesem Sinne nicht gibt. Vielmehr greift eine Frustration über die gesetzlichen Rahmenbedingungen und über manche öffentliche Diskussion zum Einsatz neuer Technologien um sich. Grundsätzlich muss klar sein, dass alle neuen Entwicklungen ethischen und gesetzlichen Vorgaben gerecht werden müssen. Dies darf aber nicht dazu führen, dass man an Entwicklungen überhaupt nicht mehr teilnimmt. Ein Nichtteilnehmen ist unverantwortlich gegenüber der Gesellschaft. Irgendwo auf der Welt wird es Menschen geben, die diese Entwicklungen wie z. B. Gentechnik oder Kernenergie vorantreiben. Man weiß nicht, ob diese Menschen dies zum Guten oder zum Bösen für die Gesellschaft tun. Wenn wir aber selber die Entwicklungen und die damit verbundene Forschung nicht betreiben, sind wir dem Bösen hilflos ausgeliefert.

Will man die Skepsis gegenüber dem Neuen und die damit verbundenen und notwendigen Entwicklungen abbauen, muss eine breite Information der Gesellschaft erfolgen. Besonders wenn man die Zukunft im Visier hat, gilt es, bei den jungen Menschen in der Schule zu beginnen. Jedoch nicht erst in der Sekundarstufe II, sondern bereits im Grundschulalter. Grundsätzliche Einstellungen und Ansichten entwickeln sich bei den Jugendlichen in den Altersgruppen der Sekundarstufe I.

Dass Schüler, entgegen der gern zitierten Technikfeindlichkeit, grundsätzlich positiv der Technik gegenüberstehen, zeigt eine repräsentative Allensbach-Studie vom Oktober 2000 im Auftrag der *VDI nachrichten*. Hieraus ergibt sich, dass

- 70 % sagen, Technik macht das Leben leichter,
- 85 % sagen, Technik verändert die Welt,
- 26 % sagen, Technik hat etwas Bedrohliches.

Jedoch sagen 83 % der Schüler, dass die wichtigsten Entwicklungen gerade ausreichend (40 %) bzw. zu wenig (43 %) vermittelt werden. 84 % der Schüler wollen über die Chancen der Technik informiert werden und 55 % über die Risiken.

Bei vielen Deutschen besteht nicht nur Skepsis gegenüber dem Neuen bzw. der Technik, sondern auch gegenüber der Politik. Laut einer von Emnid für n-tv im Januar 2002 durchgeführten Umfrage vertreten 65 % der Bundesbürger die Meinung, dass den Unternehmen zu viele Auflagen gemacht und damit die Entwicklungen unterdrückt werden. Diese Einschätzung resultiert aus der Vielzahl der erlassenen Ausführungsvorschriften. Die Politik sollte sich aber, wann immer möglich, auf den Erlass von Wirkvorschriften beschränken. Wirkvorschriften legen Grenzwerte für bestimmte Prozesse fest, z. B. Grenzwerte für die Luftverschmutzung. Ausführungsvorschriften legen im Gegensatz dazu die Prozesse und die dabei eingesetzten technischen Apparaturen zur Erreichung der Grenzwerte fest. Hierzu ist ein hoher technischer Sachverstand notwendig und deshalb sollten Ausführungsvorschriften grundsätzlich den jeweilgen Experten überlassen bleiben. Zur Erarbeitung solcher Ausführungsvorschriften, wie sie auch heute schon in Normen und Richtlinien vorliegen, sind die in Deutschland anerkannten, regelsetzenden Verbände, wie z. B. VDI[1], VDE[2], DIN[3], VDMA[4], DGQ[5] usw., stärker zu nutzen. Diese Verbände sind in der Lage, alle interessierten Kreise an einen Tisch zu bringen und somit praxisrelevante Ergebnisse zu generieren. Gerade für ein exportorientiertes Land wie Deutschland ist die aktive Erarbeitung von Normen und Richtlinien besonders wichtig. Die Verbände haben dafür Sorge zu tragen, dass diese nationalen Regelwerke in europäische und internationale Normen und Richtlinien aufgenommen werden. Dort einmal verankert, bedeutet dies einen unschätzbaren Exportvorteil für die deutsche Wirtschaft.

Die Entwicklung neuer Innovationen fällt kleinen und mittleren Unternehmen häufig schwer, da sie meist über zu wenig Kapazität in ihren Entwicklungsbereichen verfügen. Hier kann die Inanspruchnahme von Hochschulinstituten oder Forschungseinrichtungen, wie FhG[6], DLR[7] usw., speziell im vorwettbewerblichen Bereich, sehr hilfreich sein. Diese Einrichtungen verfügen über moderne, technische Ausstattungen und können auf ein aktuelles und breites Expertenwissen zurückgreifen. Leider wird diese Möglichkeit, besonders von KMU, nicht in ausreichendem Maße genutzt, da man einen Know-how-Abfluss an die Mitwettbewerber befürchtet.

Innovationsfaktor: Arbeitswelt

Als exportorientiertes Land ist Deutschland seit Jahren in einem globalen Markt tätig. War es zunächst lediglich ein globaler Markt für Produkte und Dienstleistungen, so haben wir heute, nicht zuletzt aufgrund der Informations- und Kommunikationstechnik, zusätzlich auch einen globalen Arbeitsmarkt. Für Deutschland wird es zunehmend wichtiger, sich an diesem globalen Arbeitsmarkt zu beteiligen. Der Wett-

---

[1] Verein Deutscher Ingenieure e. V.
[2] Verband der Elektrotechnik Elektronik Informationstechnik e. V.
[3] Deutsches Institut für Normung e. V.
[4] Verband Deutscher Maschinen- und Anlagenbau e. V.
[5] Deutsche Gesellschaft für Qualität
[6] Fraunhofer-Gesellschaft
[7] Deutsche Forschungsanstalt für Luft- und Raumfahrt e. V.

kampf um die besten Spezialisten macht vor Deutschland nicht Halt. Grundsätzlich muss man erkennen, dass unsere Arbeitsplätze nicht durch die Einwanderung von Experten gefährdet sind, sondern durch das Abwandern ganzer industrieller Teilgebiete in das Ausland aufgrund fehlender Spezialisten und Fachleute.

Durch die Komplexität unserer Innovationen brauchen wir mehr denn je Spezialisten und Fachleute auf allen Ebenen. Nur so wird es möglich sein, neu geschaffene Produkte herzustellen und in den Markt zu bringen. Eine im März 2005 vom Institut der deutschen Wirtschaft im Auftrag des VDI durchgeführte Befragung bei über 1.000 Unternehmen der Technikbranche hat ergeben, dass ein Viertel der befragten Unternehmen heute oder in Zukunft Probleme bei der Besetzung offener Ingenieurstellen sieht. Etwa jedes vierte Unternehmen in der Branche Chemie/Pharma, Elektrotechnik, Fahrzeugbau und Maschinen-/Anlagenbau ist heute bereits von Engpässen betroffen. Hierbei handelt es sich nicht nur um Ersatzbedarf, sondern auch um zusätzlichen Bedarf. Gerade für die KMU ist diese Situation besonders schwierig.

Woran liegt es, dass der Nachwuchs fehlt? Hier kann man u. a. die geringere Reputation von Technik und Handwerk nennen. „Mein Kind soll es einmal besser haben und sich nicht mehr die Hände schmutzig machen." Dabei entsprechen die überwiegenden Arbeitsplätze in der Industrie schon lange nicht mehr diesen Vorstellungen. Hier fehlen Aufklärung und gutes Marketing für die anspruchsvollen Arbeitsplätze in der modernen Industrie. Auch haben die unruhigen Arbeitsmarktsituationen nicht gerade für Vertrauen in die industriellen und technischen Berufe gesorgt. Hier müssen wir wieder Stabilität erlangen. Leider tun die Medien ihr Übriges dazu, dass Aussagen zum Arbeitsmarkt sehr pauschalisiert und wenig spezifiziert verbreitet werden.

Auch das Rekrutieren von Arbeitslosen hilft wenig. Hier scheint ein gravierender Missmatch zwischen Angebot und Nachfrage vorzuliegen. Anders ist es nicht zu erklären, wenn bei einer hohen Anzahl von Arbeitslosen so viele unbesetzte Stellen für qualifizierte Arbeitskräfte in den Unternehmen existieren. War früher die Fachkompetenz als Qualifikation alleine ausreichend, so ist dies heute nicht mehr der Fall. Es ist ebenfalls wichtig, über Methoden- und Sozialkompetenzen zu verfügen. Heutige Fachkräfte müssen in der Lage sein, einmal Gelerntes auch auf andere Bereiche zu übertragen. Ebenfalls ist das Arbeiten in Teams selbstverständlich geworden. Hierfür gilt es, die „Spielregeln" zu beherrschen, um optimale Ergebnisse erzielen zu können.

Tatsache ist, dass dem deutschen Arbeitsmarkt in Zukunft nicht genügend Fachkräfte zur Verfügung stehen. Fakt ist auch, dass in mehr als 80 % aller Länder der Erde Bachelor- und Masterstudiengänge etabliert sind. Was liegt näher, diese Studiengänge auch in Deutschland zu etablieren, um für ausländische Studierende attraktiver zu werden. Die Hochschulrektorenkonferenz und die Kultusministerkonferenz haben darauf reagiert und im Dezember 1999 das neue Hochschulrahmengesetz verabschiedet, mit dem nunmehr in Deutschland neben den bisherigen Diplomstudiengängen auch Bachelor- und Masterstudiengänge möglich sind. Die Bundesregierung hat darüber hinaus, gemeinsam mit der Kultusministerkonferenz, in 2001 beschlossen, ein breit angelegtes, internationales Marketing für die Gewinnung ausländischer Studierender durchzuführen. Dies erscheint notwendig, um gerade junge Menschen aus Schwellenländern für ein Studium in Deutschland zu gewinnen, die nach Abschluss ihres Studiums die besten Botschafter für deutsche Unternehmen und ihre Produkte sind.

Mit der Einführung der Bachelor- und Masterstudiengänge sollen aber noch weitere Ziele erreicht werden. Durch den modularen Studienaufbau können mit den neuen Studiengängen sehr zielgerichtet neben der Fachkompetenz weitere Kompetenzen vermittelt werden. Anders als beim traditionellen Diplomstudiengang kann durch die gestufte Ausbildungsform nach dem Bachelorabschluss ein den persönlichen Neigungen oder den Marktanforderungen besser entsprechendes Masterstudium aufgenommen werden. Gerade in den Ingenieur- und Naturwissenschaften stellt dies aufgrund des schnellen Fortschreitens der Technologien einen erheblichen Mehrwert dar.

Durch den modularen Aufbau des Studiums ist auch die Möglichkeit der Weiterbildung gegeben. In den USA ist es seit Jahren üblich, dass Mitarbeiter von Unternehmen abends an der Universität Vorlesungen zu speziellen Teilgebieten besuchen und hierüber auch entsprechende Zertifikate erhalten. Auf diese Art können sich Hochschulen aktiv an der Weiterbildung beteiligen, ohne in Konkurrenz zu den etablierten Weiterbildungsanbietern zu treten.

Betrachtet man die demographische Entwicklung in Deutschland, wird deutlich, warum in Zukunft der kontinuierlichen Weiterbildung höchste Priorität eingeräumt werden muss. Berücksichtigt man ein Rentenalter von 65 Jahren, so kommen heute auf 100 Erwerbstätige 25 Rentner. Im Jahr 2050 werden sich diese Relationen deutlich verschieben. Dann kommen auf 100 Erwerbstätige 55 Rentner. Diese Zahlen machen deutlich, dass zukünftig die Menschen so lange wie möglich dem Arbeitsmarkt zur Verfügung stehen müssen. Um dies aber zu ermöglichen, müssen sich die Menschen kontinuierlich, d. h. lebenslang, weiterbilden. Das müssen die Wirtschaft, Politik und Gesellschaft erkennen und entsprechende Maßnahmen ergreifen. Für Unternehmen geht es um die Existenz, für die Politik um den Wirtschaftsstandort und für die Gesellschaft um sichere Arbeitsplätze.

Schlussbemerkung

Die Möglichkeiten der Technik erscheinen einem heute nahezu unbegrenzt. Daraus ergibt sich für die am Innovationsprozess beteiligten Menschen eine hohe Verantwortung. Als Prinzip muss gelten, nicht das zu verändern, was verändert werden *kann*, sondern das zu verändern, was verändert werden *sollte*. Richtig angewendet, fördern Kreativität und Innovationen die Gesundheit der Menschen, die Aufrechterhaltung einer leistungsfähigen Volkswirtschaft und die Erhaltung der Natur. Innovationen sind die Mentoren der wirtschaftlichen Entwicklung und unterstützen das soziale Zusammenleben der Menschen.

Literatur

Geier, E.: Kreativität im Unternehmen, verlag moderne industrie, Landsberg 1987

Spur, G.: Technologie und Management, Carl Hanser Verlag, München/Wien 1998

NN: InnovationsKompass 2001, VDI-Verlag, Düsseldorf 2001

Lenske, W.; Werner, D.: IW-Frühjahrsumfrage zur Ausbildung und Beschäftigung 2001, Institut der Deutschen Wirtschaft, Köln 2001

Warnecke, H.-J. (Hrsg.): Projekt Zukunft – Die Megatrends in Wissenschaft und Technik, Vgs-Verlagsgesellschaft, Köln 1999

Krull, W. (Hrsg.): Zukunftsstreit, Velbrück Wissenschaft, Weilerswist 2000

NN: Mythos Jahrhundertwende, Landesmuseum für Technik und Arbeit, Mannheim, NOMOS Verlagsgesellschaft, Baden-Baden 2000

Pierer, H. v.; Oetinger, B. v. (Hrsg.): Wie kommt das Neue in die Welt?, Carl Hanser Verlag, München/Wien 1997

11 Innovation als erstrangiger Erfolgsfaktor exzellenter Organisationen[1]

Hans Dieter Seghezzi

In der ersten Ausgabe der *Neuen Zürcher Zeitung* (NZZ vom 3./4. Januar 2004, Innovationen verlangen Ernsthaftigkeit) im Jahr 2004 wurde das Thema Innovationen behandelt. Dabei wurde als unbestritten hingestellt, dass

> *Wirtschaftswachstum nur möglich ist, wenn laufend Neuerungen auftauchen, die sich am Markt bewähren,*

dass

> *ein Unternehmen ohne Innovationen, die Gewinn bringen, kaum überleben kann,*

aber auch, dass

> *Politiker, Bürokraten und Firmenvertreter ... immer wieder ... so tun, als ob Innovation ein Allheilmittel gegen wirtschaftliche Schwäche sei, das nichts kostet.*

Die beiden zuerst genannten Aussagen decken sich mit meinen Erfahrungen, die ich über viele Jahre aktiver Tätigkeit im Innovationsbereich gewonnen habe (Bild 11.1). In den ersten 30 Jahren bot mir vor allem die Tätigkeit im wissenschaftlichen Forschungsbereich und in der Industrie die Möglichkeit, Höhen und Tiefen der Innovationstätigkeit selbst zu erleben. Danach konnte ich als Leiter eines betriebswirtschaftlich-technischen Universitätsinstituts in Forschungsprojekten Einblick in zahlreiche Unternehmen verschiedener Branchen gewinnen. Und schließlich erweiterte das Studium von Assessment- und Auditberichten – Berichten von führenden europäischen und schweizerischen Unternehmen, die mir über Wettbewerbe und Zertifizierungen zugänglich waren – meinen Horizont, ohne den vertraulichen Charakter dieser Berichte zu verletzen.

So glaube ich, dass meine umfangreichen Erfahrungen, die ich in diesem Bericht zusammengefasst wiedergebe, vor allem für Praktiker, aber auch für Wissenschaftler

---

[1] Referat anlässlich der Verleihung des ESPRIX, Schweiz. Preis für Business Excellence in Luzern am 26. Februar 2004

von Nutzen sind. Zu betonen ist, dass es sich nicht um einen wissenschaftlichen Bericht handelt, dessen Quellen durch exakte Literaturzitate nachgewiesen werden. Zwar habe ich zahlreiche Quellen studiert, das Ergebnis aber jeweils in meine Erfahrungen einfließen lassen und mit diesen verglichen. So wurde meine praktische Erfahrung mit den Erkenntnissen anderer angereichert.

- 4 Jahre Forschung am Max-Planck-Institut für Metallforschung in Stuttgart
- 27 Jahre Leiter Forschung und Entwicklung des HILTI Konzerns
- 10 Jahre Leitung des Instituts für Technologiemanagement der Universität St.Gallen
- 8 Jahre Jury-Mitglied des European Quality Awards
- 6 Jahre Präsident der ESPRIX Jury
- 20 Jahre Präsident der SQS

Bild 11.1 Überblick über meine Innovationsaktivitäten

Bei der Zusammenfassung habe ich den Innovationsbegriff immer sehr breit ausgelegt, nämlich als *Entwicklung und Einführung von Neuem*. Neues kann Produkte, Service, Prozesse, Organisationsformen, Systeme, ökologische Aufgaben, soziale Errungenschaften und gesellschaftliche Bereiche betreffen. Wichtig ist aber, dass man von Innovation immer nur dann sprechen kann, wenn es nicht bei der Entwicklung guter Ideen bleibt, sondern diese kreativen Ideen erfolgreich in die Praxis umgesetzt werden.

Was die dritte Aussage in der *NZZ* betrifft, muss man diesen Politikern, Bürokraten und Firmenvertretern heftig widersprechen. Innovation ist kostspielig und risikoreich und keinesfalls ein Allheilmittel. Darauf wird noch einzugehen sein.

Bedeutung von Innovationen für Business Excellence

Was nun das Verhältnis von Business Excellence einer Organisation und ihrer Innovationen anbetrifft, stelle ich die These auf: *Innovation ist ein erstrangiger Erfolgsfaktor für Business Excellence*.

Man kann ohne ständige Innovation keine exzellente Stellung im Wettbewerb erreichen und sie auch nicht verteidigen. Diese Erfahrung fußt im Charakter von Excellence: Wer sich auf den Weg zu Excellence begibt, möchte vorne sein, muss andere überholen, muss einen Vorsprung gewinnen. Vorne sein heißt besser, effektiver, effizienter, ökonomischer, ökologischer oder sozialer sein und handeln als die anderen. Wichtig sind Richtung und Tempo der Veränderung. An die Spitze kommt man nur durch große Veränderungen, durch große Innovationen. Man muss sich dabei bewusst sein, dass man nie am Ziel, sondern immer auf dem Weg ist.

Hilfe durch Modelle und Wettbewerbe

Auf diesem Weg können Modelle, wie z. B. die Modelle der EFQM oder der ISO 9004 hilfreich sein, bieten aber keine Garantie für den Erfolg. Anwender dieser Modelle waren erfolgreich, andere sind gescheitert. Modelle sind „Steighilfen", auf deren Handhabung es ankommt.

Bei der Wahl eines Modells muss man sich darüber im Klaren sein, dass es zwei Arten von Modellen gibt, nämlich die sogenannten „Immer-besser"-Modelle und die „Gut-genug"-Modelle. Nur die ersteren helfen, Veränderungen in Richtung zu Business Excellence zu unterstützen. Die Anstrengungen hierzu müssen aber aus eigenem Antrieb vorgenommen werden. Die Geschäftsleitung muss vorangehen. Viele Mitarbeitende müssen folgen. Der Versuch, in einem Pilotprojekt einige begeisterte Führungskräfte vorangehen zu lassen und sich selbst als Geschäftsleitung ohne eigenes Engagement wohlwollend zu präsentieren, ist in der Regel gescheitert.

Neben den Modellen als Steighilfen gibt es Wettbewerbe wie den European Quality Award, den Ludwig-Erhard-Preis, den ESPRIX oder den österreichischen Qualitätspreis. Sind diese auf dem steinigen Weg zum Gipfel eine Hilfe? Man darf feststellen, dass sie das Bestreben fördern, eine gute Bewertung zu erfahren, möglichst zu gewinnen, und deshalb bilden sie einen Ansporn auf diesem mühsamen, doch lohnenden Weg. Dabei können Etappenziele, wie sie die EFQM in fünf Stufen vorgegeben hat, die Ausdauer stützen und neue Impulse bringen. Man muss sich aber im Klaren sein, dass nach dem Erreichen eines Etappenziels die Reise weitergeht, sonst wird man überholt. Man ist im Streben nach Excellence immer auf dem Weg, niemals am Ziel.

Der Wert von Etappenzielen, wie immer sie festgelegt werden, ist jedoch nicht zu unterschätzen. Etappenziele sind erreichbar, bringen Erfolgserlebnisse. Der unendliche Weg nach oben ist ohne Etappenziele kaum durchzuhalten.

Noch ein Wort zu den „Gut-genug"-Modellen wie ISO 9001 oder ISO 14001. Sie dienen einem anderen Zweck, indem sie Mindestanforderungen festlegen. Modelle dieser Art bilden die Basis gesetzlicher Regelungen oder vertraglicher Vereinbarungen und schaffen Vertrauen in die Leistungsfähigkeit zertifizierter Organisationen. Für das Streben nach Excellence können sie ein erstes Etappenziel sein, mehr nicht. Deshalb bietet die ISO mit der Norm 9004 auch ein „Immer-besser"-Modell an.

Erfolgsfaktoren für die Innovation

Mit diesen Ausführungen über wirksames Vorgehen auf dem Weg zu Excellence sei die Begründung der These „Innovation ist ein erstrangiger Erfolgsfaktor für Business Excellence" abgeschlossen. In Anbetracht der Bedeutung von Innovationen für das Streben nach Excellence möchte ich nun auf die wichtigsten Faktoren für erfolgreiche Innovationen eingehen:

- An erster Stelle sind die beteiligten Menschen zu nennen,
- an die zweite Stelle setze ich gleichrangig die Führung und die Innovationskultur,
- schließlich sind auch Unternehmensstrategie und Organisation von großer Wichtigkeit.

Diese Reihung stellt meine generelle Erfahrung dar. Im einzelnen Unternehmen und im einzelnen Innovationsprojekt möge eine andere Prioritätenfolge gelten. Auch können weitere Faktoren wie Finanzmittel der Unternehmung, Finanzierung durch Banken (z. B. für Start-ups), Innovationssubventionen durch den Staat, Marktlage des Unternehmens, Technologiefortschritt und Innovationsmöglichkeiten in der Branche, vorhandene Kernkompetenzen, Akquisitionschancen, Patentschutz u. a. an die vordere Stelle rücken. Dies ist im Einzelfall zu analysieren.

Die fünf entsprechend meiner Erfahrung generell gültigen, wichtigen Erfolgsfaktoren werde ich kurz kommentieren:

Menschen

Bei vielen Unternehmen waren die Menschen mit ihrem Wissen und Können und ihrer Kreativität der wichtigste Faktor für Innovationen. Es kommt jedoch nicht nur auf ihr Wissen und ihr Können, sondern ebenso sehr auf ihr Wollen und ihr Dürfen an. Hoher Wissensstand und hohe Qualifikation sind gewissermaßen eine unerbittliche Voraussetzung für echte Innovationen. Aber ohne Engagement für aktive Veränderungen (Wollen) verharren die Menschen in bestehenden Situationen. Oft aber werden Veränderungen durch die Geschäftsleitung oder den Verwaltungsrat blockiert (Mitarbeitende dürfen nicht).

Führung

Kreative, veränderungswillige Menschen sind von ihren Ideen überzeugt und oftmals Individualisten, welche die Arbeit in Projektteams nicht so sehr schätzen. Diese Eigenheit potentieller Innovatoren wird oft verkannt. Durch falsches Verhalten der Führung werden potentielle Innovationen blockiert.

Gerade deshalb ist die Führung des Innovationsbereichs, wie auch diejenige der einzelnen Innovationsprojekte als zweiter Erfolgsfaktor so wichtig. Dabei geht es nicht nur um Motivation und Anleitung der Mitarbeitenden, sondern ebenso sehr um die sachgerechte Auswahl unter alternativen Lösungsvarianten, zwischen denen die Führung zeitgerecht entscheiden sollte. Solche Entscheidungen im Innovationsprozess können nur erfolgreich getroffen werden, wenn die Führungskräfte über einen breiten Horizont und eine gute fachliche wie betriebswirtschaftliche Qualifikation verfügen. Leider wird das Auswählen und Entscheiden zwischen Varianten der Innovation in vielen Firmen hinausgezögert. Unter solchen Umständen ist Leidensdruck hilfreich, der notwendige Entscheidungen beschleunigt. J. Juran empfahl in solchen Fällen: „Pray for a crisis."

Innovationskultur

Nicht weniger wichtig als die Führung ist der Faktor Nummer drei, eine innovationsfördernde Unternehmenskultur. Sie zeichnet sich aus durch

- offene Kommunikation,
- Transparenz,
- Fehlertoleranz,
- Risikobereitschaft,
- Bereitschaft zu ständigem Lernen,
- Willen zu Veränderungen und ein
- Klima, das Begeisterung, Spaß und Freude an der Arbeit hervorruft.

Es ist schwierig genug, ein solches Klima zu schaffen. Noch schwieriger ist, es über lange Zeit aufrechtzuerhalten. Ein solches Klima kann erheblich geschädigt werden durch mangelnde Risikobereitschaft und engstirnigen Einsatz von Risikomanagement. Wer Risiken vermeiden will, muss von Innovationen Abstand nehmen, denn Innovationen lassen sich ohne Fehler nicht bewerkstelligen. Statt Risiken zu vermeiden, gilt es, sie zu beherrschen, indem man Fehler erkennt und beseitigt, sie nicht wiederholt und aus ihnen lernt.

Unternehmensstrategie

Von geringerer Bedeutung als Menschen, Führung und Kultur, aber dennoch recht wichtig, sind zwei weitere Faktoren, nämlich die Unternehmensstrategie und die Organisation.

Die Strategie muss Leitplanken setzen, zwischen denen die Innovationsprozesse ablaufen. Fehlen solche Leitplanken, fehlen gerade den tüchtigsten Innovatoren notwendige Instruktionen. Sie entwickeln Neues in Richtungen und mit einem Tempo, das ihren eigenen Vorstellungen entspricht, aber von unternehmerischen Vorstellungen abweicht. So kommt es gerade in Unternehmen mit ausgeprägter Innovationskultur leicht zum Chaos.

Die Strategie muss weiterhin die gewollten Veränderungen der kulturellen Entwicklung anschieben. Sie hat auch dafür zu sorgen, dass ein Wechselspiel zwischen großen und kleinen Veränderungsschritten (Bild 11.2) stattfindet.

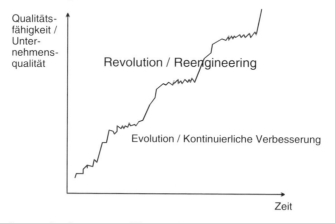

Bild 11.2 Wechsel von großen Sprüngen und kleinen Schritten

Zu viele kleine Schritte, wie sie durch Modelle wie das EFQM-Excellence-Modell gefördert werden, fördern zwar das Engagement der Mitarbeiter, verhindern jedoch die Lösung großer Probleme. Zu viele große Schritte in zu rascher Folge führen zu Turbulenzen, Chaos und innerer Kündigung der überforderten Mitarbeiter.

Organisation

Als letzter Faktor sei die Organisation erwähnt. Häufig herrscht die falsche Meinung vor, Innovation brauche vor allem Kreativität. In Wahrheit besteht jeder Innovationsprozess aus einem Wechselspiel zwischen kreativen und repetitiven Phasen. In dem vornehmlich in der Anfangszeit abzuwickelnden kreativen Teil werden Konzepte entworfen, Ideen entwickelt, gesammelt und bewertet, Lösungsvarianten diskutiert. Der repetitive Teil umfasst die Bewertung der Lösungsvarianten, die Durchführung von Befragungen und Tests, die Umsetzung von Lösungen und deren Einführung in die Praxis. Bedeutung und Aufwand für die kreative Arbeit werden meistens überbewertet. Nach meiner Einschätzung ist das Verhältnis meistens bei 20 zu 80 mit Schwerpunkt im repetitiven Teil (20 % Inspiration, 80 % Transpiration).

Eine zweite verbreitete Meinung hält den Innovationsprozess der Unternehmung für besonders wichtig. In Wirklichkeit finden wir erfolgreiche Firmen mit unterschiedlichsten Innovationsprozessen. Je nach Unternehmensgröße, Branche, Umfang und Komplexität des Innovationsprojektes kann der Innovationsprozess sehr verschiedenartig gestaltet sein. Die angewendeten Formen reichen von einer sehr personenbezogenen pragmatischen Abwicklung über Abarbeiten von Checklisten bis hin zur Bildung großer Projektteams. Die optimale Form hängt von vielen Faktoren ab.

Wichtig bei der Gestaltung der Organisation ist aber in jedem Fall, auf die Ausnützung von Quellen der Innovation zu achten. Quellen sind einerseits Ideen und Erfindungen, anderseits technologische Möglichkeiten und schließlich Bedürfnisse von Kunden, Partnern und der Gesellschaft. Durch Benchmarking und durch Forschung sind die Quellen in ausreichendem Maße anzuzapfen bzw. zu gestalten.

Zusammenfassung

Meine Erkenntnisse über Erfolgsfaktoren lassen sich folgendermaßen zusammenfassen:

Pro Unternehmen und pro Innovationsprojekt gelten unterschiedliche Erfolgsfaktoren. Im Mittel lassen sich jedoch folgende Prioritäten nennen:

- Innovation ist ein erstrangiger Erfolgsfaktor für Business Excellence.
- Der wichtigste Erfolgsfaktor für Innovationen ist der Mensch.
- An zweiter Stelle sind Führung und Unternehmenskultur zu nennen.
- Danach folgen Unternehmensstrategie und Organisation.

12 Innovationsexzellenz – Qualität in Innovationsprozessen

Hans-Jörg Bullinger, Kristina Wagner, Peter Ohlhausen

Innovation zur Sicherung der Wettbewerbsfähigkeit

Erhalt und Ausbau der Fähigkeit von Unternehmen, Produkte in Deutschland wettbewerbsfähig fertigen zu können, ist für die Sicherung des Standorts Deutschland eine wesentliche Voraussetzung. Innovationen gelten dabei als wirtschaftliche Triebkraft. Sie ermöglichen, neue Märkte zu erschließen und Arbeitsplätze zu erhalten und zu schaffen.

Die Innovationsfähigkeit der Unternehmen ist branchenübergreifend der wichtigste Hebel zur Profitabilitäts- und Wachstumssteigerung. Mit einem exzellenten Management von Innovationen kann eine Umsatzsteigerung von durchschnittlich 13,5 % erreicht werden. Unter den besonders innovativen Unternehmen wird die mögliche Umsatzsteigerung sogar auf 55,8 % geschätzt [1].

Innovativ zu sein umfasst in diesem Kontext mehr als die Entwicklung neuer Produkte bzw. die F&E-Anstrengungen eines Unternehmens, gleichwohl ein deutlicher Zusammenhang zwischen den F&E-Aufwendungen und den erzielten Wachstumspotentialen besteht. So tragen auch innovative Organisationsformen oder neue Produktionsverfahren dazu bei, Wettbewerbsvorsprünge zu erzielen.

Eine wesentliche Schwäche der Unternehmen liegt in der mangelnden Fähigkeit zur Beurteilung der eigenen Innovationsfähigkeit und -kompetenz. Marktchancen bleiben unerkannt und eine umfassende Innovationsstrategie liegt häufig nicht vor. Viele Unternehmen vernachlässigen aufgrund von Kapazitätsengpässen oder Fachkräftemangel ihre Innovationsaktivitäten, was zu einer geringeren Produktion von innovativen Ideen führt. Die Innovationsprozesse der Unternehmen sind ineffizient und wenig systematisiert und verhindern somit eine rasche und konsequente Umsetzung innovativer Ideen in marktfähige Produkte und Dienstleistungen. Dies führt dazu, dass Innovationspotentiale unerkannt bleiben oder nur unzureichend genutzt werden können.

Die mangelnde europäische Innovationsfähigkeit spiegelt sich auch im European Innovation Scoreboard wider: Hier hinkt Europa weit hinter der Innovationsperformance der USA sowie Japans her [2].

Wenn Deutschland im internationalen Wettbewerb mithalten will, müssen deutsche Unternehmen innovativer werden und ihre Innovationstätigkeiten effizienter und systematischer ausrichten.

Ein dringender Handlungsbedarf liegt daher in der Verbesserung des Managements von Innovationen. Voraussetzung für das erfolgreiche Management sind die Aufdeckung und konsequente Nutzung der vorhandenen Innovationspotentiale und damit einhergehend die Sicherstellung und Stärkung der Innovationsfähigkeit von europäischen Unternehmen.

Qualität im Bereich Innovation ist im ersten Schritt schwer zu fassen. Wenn man aber den Begriff Innovation im Schumpeter'schen Sinn („Innovation": die Durchsetzung einer technischen oder organisatorischen Neuerung, nicht allein ihre *Erfindung*) erfasst, muss man den gesamten Produktentstehungsprozess betrachten. Hier hat die Qualität einen entscheidenden Beitrag zu leisten.

Qualität (lat. „qualitas" = Beschaffenheit, Eigenschaft) wird in diesem Kontext im Sinne von Qualität der Technik, des Produkts und der Dienstleistung verstanden. Besonderer Fokus muss in diesem Zusammenhang auf die Betrachtung der Prozesse und der ihnen zu Grunde liegenden Qualität im Sinne der Wiederholbarkeit und der Nachvollziehbarkeit gelegt werden. Wenn man den Begriff im Zusammenhang mit Innovation untersucht, muss auch die Sicherstellung der Performanz der Ergebnisse des Innovationsmanagements bzw. des -prozesses gesehen werden. Luckmann et al. sehen hierbei die „bewusst" handelnden Akteure als zentralen Schlüssel zum Erfolg [3].

Masing sieht die Qualität ebenfalls in einer Schlüsselposition bei der „Warenerzeugung". Hierunter wird der gesamte Komplex der Produktentwicklung subsumiert. An erster Stelle sollte somit die Integration des Kunden in die Produktentwicklung stehen. Nicht nur die zielgerichteten Aufnahmen von Änderungsvorschlägen, sondern auch die bewusste Sammlung und Auswertung von Kundenreklamationen gelten als ein wichtiger Baustein, um die Qualität aktueller Produkte zu verbessern und Impulse für die Neugestaltung von Produkten und Dienstleistungen zu bekommen. Elementar ist, dass Impulse für neue Produkte gewonnen werden. Ein weiterer Punkt ist die Befassung mit dem aktuellen Produkt aus Sicht der Qualitätsbewertung. Nur durch die Beherrschung des Fertigungsprozesses kann ein hervorragendes Produkt geschaffen werden. An dieser Stelle sei explizit darauf hingewiesen, dass nicht nur das physische Produkt, sondern in ganz besonderem Maße auch die Dienstleistung unter diesem Aspekt zu betrachten ist.

Weiterhin sollte auch eine frühzeitige Planung der relevanten Zulassungen und Zuverlässigkeitsprüfungen vorgenommen und koordiniert werden. Gerade bei sensiblen Produkten wie z. B. Produkten aus dem medizinischen Bereich kann dies einen nicht zu unterschätzenden Zeitraum im Innovationsprozess in Anspruch nehmen.

Zusammengefasst müssen verschiedene Bereiche betrachtet werden:

- Qualität in dem Ideenmanagement,
- Qualität in der Entwicklung von Produkten und Dienstleistungen,
- Qualität in der Produktion bzw. Erbringung,
- Qualität in der Kundenbetreuung.

All diese Bereiche sind integrale Prozessbestandteile des Innovationsmanagements und nicht separate Prozesse. Wenn wir diese Betrachtungsebene auf das gesamte Unternehmen erweitern, müssen wir uns mit der Innovationsstrategie beschäftigen.

Bei den gegenwärtig dominanten Innovationsstrategien lassen sich drei Ansätze unterscheiden. Es gibt Organisationen, denen es in erster Linie darum geht, die „Spielberechtigung" zu erhalten. Im Mittelpunkt stehen ausreichende Investitionen zur Erhaltung der Wettbewerbsfähigkeit, ohne frühzeitige Festlegung weiterer Aktivitäten.

Eine andere Strategie zielt auf eine Anpassung an die Zukunft, d. h. Geschwindigkeit, Agilität und Flexibilität zur Erkennung und Verwertung von Chancen in bestehenden Märkten.

In der dritten Strategie geht es schließlich darum, Zukunft aktiv zu gestalten. Hier geht es darum, eine Führungsrolle einzunehmen, bei der Bestimmung der Wettbewerbsregeln in der Branche, bei der Erschließung neuer Märkte. Beispielsweise durch die Festlegung von Standards oder die Generierung von Nachfrage, die es vorher noch gar nicht gegeben hat.

Herausforderungen der Unternehmen

Aus den oben beschriebenen Innovationsstrategien lassen sich zwei wesentliche Herausforderungen ableiten, denen sich die Unternehmen stellen müssen [4]:

- Herausforderung Zeit,
- Herausforderung Interdisziplinarität.

Herausforderung Zeit

Die Produktentwicklungsdauer hat in den letzten Jahren nicht bzw. nur geringfügig abgenommen, ist also weitestgehend stabil geblieben. Angesichts kürzer werdender Produktlebenszyklen steht deshalb immer weniger Zeit zur Amortisation der Innovationsaufwendungen zur Verfügung. Damit steigt die Gefahr, dass viele Innovationen unterbleiben, die angesichts der wirtschaftlichen und beschäftigungspolitischen Lage dringend notwendig wären, um Unternehmen einen Technologievorsprung sichern zu können.

Diese viel diskutierte Herausforderung im Innovationsprozess, man spricht in diesem Zusammenhang auch von der Innovationsbeschleunigung, ist ein entscheidendes Merkmal zur Steigerung der Wettbewerbsfähigkeit.

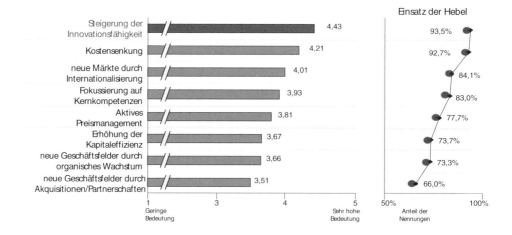

Bild 12.1 Innovationsfähigkeit – wichtigster Hebel zur Profitabilitäts- und Wachstumssteigerung [1]

Eine wichtige Frage stellen in diesem Zusammenhang die Exzellenz des Innovationsprozesses und die Exzellenz des gesamten Innovationsmanagements dar. Nachfolgend beschrieben wird ein analytisches Vorgehensmodell, welches den Unternehmen hilft, ihre Potentiale im Bereich des Innovationsmanagements zu erkennen und geeignete Maßnahmen zur Optimierung abzuleiten.

In vielen Unternehmen herrscht kein systematischer Innovationsprozess vor. Besonders die ersten Phasen (Scouting, Ideengenerierung sowie Ideenbewertung) im Innovationsprozess sind vielfach durch ein großes Unsicherheitspotential gekennzeichnet. Gerade hier können analytische Methoden und Vorgehensweisen entscheidende Strukturierungshilfen sein und somit die Qualität der Prozesse entscheidend unterstützen und verbessern.

Herausforderung Interdisziplinarität

Innovationen entstehen überwiegend an den Grenzen zwischen Disziplinen. Bessere und schnellere Innovationen werden daher nur dann gelingen, wenn das Innovationsmanagement in Unternehmen und Organisationen in der Lage ist, die zunehmende Komplexität zu beherrschen. Zudem muss Interdisziplinarität kreativitäts- und produktivitätsförderlich gesteuert und insbesondere die Wissensintegration zwischen Fachgebieten und/oder Funktionsbereichen wirkungsvoll unterstützt werden.

Innovationsexzellenz zur Steigerung der Qualität im Innovationsmanagement

In Anlehnung an das EFQM-Modell, das bekanntermaßen alle Managementbereiche abdeckt und das Ziel verfolgt, den Anwender zu exzellentem Management und exzellenten Geschäftsergebnissen zu führen (vgl.: http://www.deutsche-efqm.de/), hat das Fraunhofer IAO einen zweistufigen Ansatz zur Steigerung der Innovationsfähigkeit und somit zur Steigerung der Profitabilität entwickelt. Darin werden alle innovationsrelevanten Aktivitäten innerhalb eines Unternehmens berücksichtigt. Die Methodik des Ansatzes wurde bereits bei Unternehmen der Maschinenbaubranche erfolgreich eingesetzt und wird nachfolgend vorgestellt. Der gewählte Ansatz erlaubt eine schnell durchführbare Analyse der unternehmerischen Situation und ein langfristiges Controlling der Innovationstätigkeiten im Unternehmen [5] (vgl. Bild 12.2).

Die Erstanalyse wird durch das „Innovationsaudit" als Fremdauditierung durchgeführt. Auf Basis einer ersten Standortbestimmung werden als Ergebnis unternehmensspezifische Handlungsempfehlungen bereitgestellt. Das Innovationsaudit geht davon aus, dass auf unternehmensstrategischer Ebene eine Optimierung von Prozessen und Strukturen im Sinne einer Kultur des vernetzten Denkens und Handelns entscheidend für den Innovationserfolg ist. Abgebildet werden die vier Gestaltungsfelder Innovationsstrategie, Innovationsstruktur, Innovationsprozess und Innovationskultur in ihrer Wirkung auf das Innovationsergebnis.

Bild 12.2 Analyse und Controlling der Innovationsfähigkeit

Auch die langfristige Perspektive ist von großer Bedeutung. Die Fähigkeit eines Unternehmens, Innovationen zu generieren und sich erfolgreich im Markt zu platzieren, muss kontinuierlich bewertet, gesteuert und kontrolliert werden. Dieses Innovationscontrolling erfolgt über ein auf Erfolgsfaktoren basierendes Kennzahlensystem, der „Innovation Card". Die Innovation Card nimmt die Gestaltungsfelder aus dem Audit auf, verfeinert aber das Raster mit den zusätzlichen innovationsrelevanten Bereichen: Kompetenz und Wissen, Technologie, Projektmanagement, Produkt und Dienstleistung sowie Markt. Bereitgestellt wird ein Werkzeug, welches Unternehmen ermöglicht, die Verbesserung ihrer Innovationsfähigkeit auf unternehmensstrategischer Ebene zu verankern, kontinuierlich zu bewerten und langfristig zu verfolgen.

Standortbestimmung durch das Innovationsaudit

Das Innovationsaudit setzt auf dem Ansatz des integrierten Innovationsmanagements auf, welches besonders die aktive Zusammenführung aller Unternehmensbereiche und der dazugehörigen Unternehmensumwelt über alle innovations-relevanten Prozessschritte betont. Ähnlich der klassischen Auditierung gilt es beim Innovationsaudit, durch eine objektive Untersuchung der betrieblichen Abläufe und innovationsspezifischen Kenngrößen, den Ist-Zustand eines Unternehmens zu bewerten und zu verbessern. Dabei werden insbesondere die befähigenden Prozesskriterien wie Strategie, Struktur oder Kultur berücksichtigt.

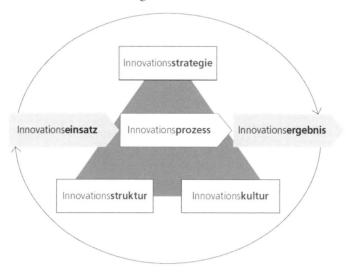

Bild 12.3 Konzeptioneller Rahmen des Innovationsaudits

Im Mittelpunkt des konzeptionellen Rahmens steht der Innovationsprozess und somit die operative Umsetzung von Innovationsprojekten (vgl. Bild 12.3). Unmittelbar beeinflusst wird dieser durch die befähigenden Größen, oft angeführt als das klassische Dreieck, bestehend aus der Innovationsstrategie, der Innovationsstruktur/-organisation und der Innovationskultur. Diese Gestaltungsfelder der Innovationsfähigkeit stehen untereinander in einem engen Wirkungszusammenhang und verlangen eine konsistente und integrierte Betrachtung und Gestaltung.

Das Fraunhofer IAO-Innovationsaudit untergliedert sich in vier Teilphasen. In der ersten Phase erfolgt die Festlegung der gemeinsamen Ziele sowie die Auswahl der zu untersuchenden Unternehmensbereiche. Parallel werden der Innovationseinsatz und das gegenwärtige bzw. das geplante Innovationsergebnis ermittelt. Danach erfolgt die eigentliche Auditierung in Form von Interviews mit verschiedenen Vertretern im Unternehmen. Im dritten Schritt erfolgt eine inhalts- und verfahrenorientierte, qualitative Analyse der Interviews anhand einer Scorecard. In dieser Phase werden die Verbesserungspotentiale identifiziert und Handlungsempfehlungen abgeleitet. Das Innovationsaudit endet typischerweise mit der Vorstellung der Analyseergebnisse und der Übergabe der Auditdokumentation.

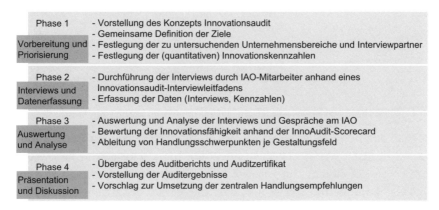

Bild 12.4 Vorgehensweise des Innovationsaudits

Controlling und Monitoring der Innovationsfähigkeit durch ein Erfolgsfaktorbasiertes Kennzahlensystem

Die Innovation Card ist unabhängig vom Innovationsaudit einsetzbar, lässt sich jedoch bei vorangegangenem Innovationsaudit schneller und einfacher auf die Unternehmensspezifika anpassen. Sie stellt ein vom Unternehmen unabhängig von externen Beratern einsetzbares Werkzeug dar, um die Innovationsfähigkeit langfristig zu controllen. Dazu werden für die betrachteten Gestaltungsfelder spezifische kritische Erfolgsfaktoren für die Innovationsfähigkeit definiert. Kritische Erfolgsfaktoren beschreiben das Leistungsvermögen und die Fähigkeiten, über die ein Unternehmen verfügen muss, um erfolgreich zu sein. Beispiele für kritische Erfolgsfaktoren können sein: ausreichende Förderung der Kreativität, positiver Umgang mit Fehlern, gezielte Umsetzung von Kundenwünschen, effiziente Umsetzung von Innovationsprojekten, zeitliche Optimierung der Ideenauswahl oder Zugang zu Schlüsseltechnologien.

Die einzelnen Erfolgsfaktoren werden durch die Ableitung von qualitativen und quantitativen Indikatoren in messbare und quantifizierbare Größen transformiert (vgl. Bild 12.5).

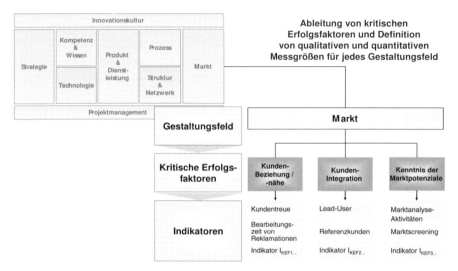

Bild 12.5 Zusammenhang von Gestaltungsfeldern und Indikatoren am Beispiel „Markt"

So werden in den Bewertungsansatz sowohl klassische Kennzahlen als auch Indikatoren, die weiche Faktoren beschreiben, integriert, um ein ausgewogenes System von Kenngrößen zu definieren. Der Erfolgsfaktor „effiziente Umsetzung von Innovationsprojekten" kann beispielsweise u. a. über die Anzahl der abgebrochenen Innovationsprojekte im Verhältnis zu den erfolgreich umgesetzten Innovationsprojekten erfasst werden. So geben die kritischen Erfolgsfaktoren über einen Soll-Ist-Vergleich Auskunft über den aktuellen Stand der Innovationsfähigkeit.

Das Bewertungssystem kann entweder ganz spezifisch auf die Bedürfnisse des Unternehmens ausgerichtet werden oder auf Basis einer festgelegten, standardisierten Menge von Erfolgsfaktoren eingeführt werden. Die Bewertung auf Grundlage einer standardisierten Menge von Erfolgsfaktoren ermöglicht dabei die Vergleichbarkeit mit anderen Unternehmen. Zu diesem Zweck wurde ein Reifegradmodell für Innovationsfähigkeit entwickelt.

Um eine kompakte Aussage über den Stand der Innovationsfähigkeit treffen zu können, werden die unterschiedlichen Kenngrößen aggregiert und auf ein Reifegradmodell abgebildet. Dies ermöglicht eine schnelle Zuordnung des Unternehmens in zuvor definierte

Reifegradstufen oder Typen von Innovatoren wie beispielsweise „agierender" oder „reagierender" Innovator (vgl. Bild 12.6).

Bild 12.6 Reifegradstufen der Innovation Card

Um tatsächlich eine möglichst hohe Vergleichbarkeit zu erreichen, werden neben der Menge der Erfolgsfaktoren und Indikatoren auch die Vergleichswerte vorgegeben. Die Bewertung der Erfolgsfaktoren erfolgt dann wie oben beschrieben über die Ausprägung der Indikatoren in Relation zum jeweiligen Vergleichswert. Die Einordnung in eine Reifegradstufe ist dann abhängig von den Werten der Erfolgsfaktoren.

Abhängig von dieser Zuordnung können dem Unternehmen Handlungsempfehlungen ausgesprochen werden, um seine Innovationsfähigkeit zu verbessern und die nächste Reifegradstufe zu erreichen.

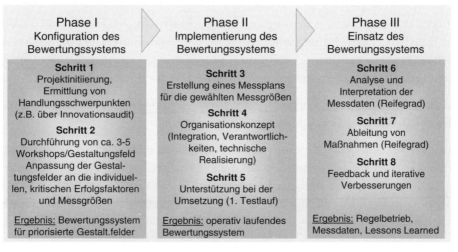

Bild 12.7 Vorgehensweise zur Einführung der Innovation Card

Die Einführung der Innovation Card im Unternehmen erfolgt in drei Projektphasen: In der ersten Phase wird die Innovation Card konfiguriert. Dazu werden nach der Ermittlung der Ziele und Handlungsschwerpunkte im Rahmen gemeinsamer Workshops kritische Erfolgsfaktoren und Messgrößen definiert und spezifisch auf die Bedürfnisse des Unternehmens angepasst. Danach erfolgt die Phase der Implementierung der Innovation Card im Unternehmen. Dabei wird neben der Erstellung eines Messplans für die gewählten Messgrößen ein Organisationskonzept erarbeitet, welches die Integration der Innovation Card in die Prozesse und Strukturen des Unternehmens sowie die technische Realisierung beschreibt. In der dritten Phase wird das Bewertungssystem operativ eingesetzt und getestet. Dazu werden die ersten aufgenommenen Messdaten analysiert und evaluiert und anschließend Maßnahmen abgeleitet, welche in Bezug auf die kritischen Erfolgsfaktoren neue Zielgrößen darstellen. Ein iteratives Vorgehen sowie Feedbackschleifen dienen dazu, eine ständige Verbesserung des Gesamtsystems sicherzustellen. Nach dem erfolgreichen Test wird die Innovation Card in den Regelbetrieb überführt.

Nutzen der Analyse und Bewertung der Innovationsfähigkeit

Dieser Ansatz birgt eine Reihe von Vorteilen:

Gezielte Maßnahmen zur Steigerung der Innovationsfähigkeit werden ermöglicht. Diese können u. a. sein: Verbesserung der Beschaffungs- und Fertigungslogistik, Steigerung der Qualität der Mitarbeiterqualifikation, eine förderlichere Innovationskultur oder eine optimale Marktbearbeitung und Zusammenarbeit mit Kunden und Zulieferern.

Die gezielte methodische Anleitung unterstützt ein strukturiertes und systematisches Vorgehen bei der Entwicklung und Umsetzung von Innovationen. Die dadurch resultierende Professionalisierung der Innovationsaktivitäten ermöglicht eine bessere Nutzung der Innovationspotentiale und Absicherung der Wertschöpfung.

Das gestufte, skalierbare Vorgehen ermöglicht es, den Anforderungen des Unternehmens an den Detaillierungsgrad gerecht zu werden.

Durch die Aufteilung des Unternehmens in die Gestaltungsfelder ist schon nach kurzer Projektdauer die Konzentration auf diejenigen Bereiche im Unternehmen möglich, in denen das größte Verbesserungspotential gesehen wird. In einzelnen, in mehreren oder in allen Gestaltungsfeldern können innovationsrelevante Aktivitäten betrachtet werden.

Durch die Beschränkung auf die Untersuchung der Innovationsfähigkeit erfolgt eine schnellere Einführung des Bewertungssystems, als dies bei allumfassenden Bewertungsmodellen, wie beispielsweise der BSC, der Fall wäre.

Solch ein Bewertungssystem kann die Innovationsfinanzierung erleichtern. Die Ergänzung klassischer finanzieller Kenngrößen mit harten und weichen Kennzahlen, welche das Innovationspotential widerspiegeln, unterstützt eine optimierte, transparentere Darstellung der Innovationsfähigkeit nach innen und außen. Dies kann in Kreditgesprächen als Entscheidungsgrundlage dienen und die Bereitschaft erhöhen, Innovationen zu finanzieren.

Fazit

Die Innovationsprozesse der Unternehmen sind oft ineffizient und wenig systematisiert und verhindern so eine rasche und konsequente Umsetzung innovativer Ideen in marktfähige Produkte und Dienstleistungen. Das Fraunhofer IAO hat einen zweistufigen Ansatz zur Steigerung der Innovationsfähigkeit und somit zur Steigerung der Profitabilität entwickelt. Darin werden alle innovationsrelevanten Aktivitäten innerhalb eines Unternehmens berücksichtigt. Dieses Verfahren ermöglicht eine zügig durchführbare Analyse durch das Innovationsaudit als Fremdauditierung. Auf Basis einer ersten Standortbestimmung werden als Ergebnis unternehmensspezifische Handlungsempfehlungen bereitgestellt. Ergänzend wird die Innovation Card zur Verfügung gestellt, um beraterunabhängig die Innovationsfähigkeit eines Unternehmens kontinuierlich, über Kennzahlen gesteuert, zu bewerten. Mit diesem Ansatz kann die Wettbewerbsfähigkeit durch die gezielte Verbesserung der Innovationsfähigkeit gestärkt werden.

Literatur

[1] Arthur D. Little: Mit Innovation gegen Stagnation. Innovation Excellence Studie 2004

[2] 2003 European Innovation Scoreboard, SEC (2003), 10. 11. 2003

[3] Luckmann, T.: Theorie des sozialen Handelns, Walter de Gruyter, Berlin 1992

[4] Präsidialprojekt der Fraunhofer-Gesellschaft – Neuigkeiten aus dem Berliner Kreis; Warschat, Joachim. In: *ZWF – Zeitschrift für wirtschaftlichen Fabrikbetrieb*; S. 92; Carl Hanser Verlag, München Jg. 100 (2005)

[5] Wagner, K.; Rogowski, T.; Bannert, M.: Innovationen im Unternehmen ermöglichen – die Innovationsfähigkeit analysieren und bewerten, in: *Industrie Management* 3/2005

13 Supply Chain Glitches and Shareholder Value

Kevin B. Hendricks, Vinod R. Singhal[1]

Most managers intuitively believe that there is a strong link between a firm's supply chain performance and its shareholder value. Now their intuition can be backed with objective and hard facts. This paper describes results from a research study that shows that supply chain glitches torpedo shareholder value. The total shareholder value loss can be as high as 25 %. Glitches are bad news regardless of the size of the company, the industry it belongs to, its growth prospects, its capital structure size, and its capital intensity. The negative stock market reaction is not a recent phenomenon as the market has always viewed supply chain glitches negatively. Finally, irrespective of who is responsible for the glitch or what caused the glitch, shareholders of firms that experience glitches pay dearly.

Introduction

There is a sense of excitement and optimism that effective Supply Chain Management (SCM) can be an important catalyst for enhancing profitability in this tumultuous environment. Business publications are full of articles on new business models for organizing and managing supply chains to improve the bottom-line. Supply chain solution providers are rapidly developing new applications that promise to improve supply chain performance. Leading academics and consultants are pointing to the compelling bottom-line benefits and tremendous payoffs from effective supply chain management.

But the sense of excitement and optimism in itself will not be sufficient to get firms motivated about SCM. SCM faces tough competition for top management's attention and resources from other widely touted management paradigm such as TQM, Lean Manufacturing, JIT Manufacturing, Six Sigma, Knowledge Management, all of which have their own strong group of advocates and promises of improved performance. For SCM to thrive, objective and conclusive evidence is needed to show that effective

---

[1] Corresponding author

SCM does improve profitability and shareholder value. Such evidence is urgently needed to get CEOs and CFOs excited about and involved in SCM initiatives; to make a business case for investments and technologies that can enhance the performance of supply chains; and to drive the major organizational changes that are needed to improve the effectiveness of supply chains.

Unfortunately, evidence linking supply chain performance to corporate performance is extremely scarce. Most of what is offered is anecdotal and often based on non-financial metrics. This paper attempts to overcome this shortcoming by summarizing the evidence that we have uncovered during our four-year research project on estimating the economic consequences of supply chain glitches on shareholder value. This evidence sheds light on two important issues:

- The link between supply chain performance and shareholder value.
- The effect of firm characteristics on the strength of the relationship between supply chain performance and shareholder value.

Why Focus on Supply Chain Glitches?

Supply chains create value by reliably and responsively matching demand and supply. One approach to determine the value creation potential of supply chains is to identify a set of firms that have improved their supply chain reliability and responsiveness. The stock price performance of these firms could be compared to the performance of a set of firms that have not improved their supply chain reliability and responsiveness. The difference in performance between these two sets of firms would yield an estimate of the value creation potential of supply chains. Although intuitively appealing, this is hard to do because of the difficulty in measuring the reliability and responsiveness of supply chains from publicly available data.

An alternative approach is to estimate the shareholder value lost, if any, when supply chains are unreliable and unresponsive. This approach would identify firms that have suffered from glitches in matching supply and demand. Glitches could be due to many factors including inaccurate forecasts, poor planning, part shortages, poor information and measurement systems, distorted incentives, and operational constraints. Such glitches affect a firm's short-term and long-term profitability, which in turn affect shareholder value. By calculating how much shareholder value is lost because of glitches, one can estimate the value creation potential of more reliable and responsive supply chains. The rationale is that if supply chains were more reliable and responsive, they would not have experienced the glitches and, hence, would not have experienced the loss in shareholder value. Furthermore, to the extent that Wall Street has not anticipated the glitches, the value loss associated with glitches is the value placed by Wall Street on glitch-free or smooth operations of the supply chain.

Methodology and Approach

The evidence presented in this paper is based on estimating the loss in shareholder value from 838 supply chain glitches that were publicly announced during 1989–2001. These announcements appeared in the *Wall Street Journal* and/or the *Dow Jones News Service*, and were about publicly traded companies that experienced production delays or shipping delays. Some examples of such announcements are:

- „Nike Warns Fiscal 3rd-Quarter Earnings Will Miss Estimates by at Least 28 %", *The Wall Street Journal*, February 27, 2001. The article indicated that complications in implementing a new supply-chain system caused a buildup of inventory that led to a mismatch in demand and supply.
- „Sony Sees Shortage of PlayStation 2s for Holiday Season", *The Wall Street Journal*, September 28, 2000. The article indicated that because of component shortages, Sony has cut in half the number of PlayStation 2 machines it can manufacture for delivery.
- „Motorola 4th Quarter Wireless Sales Growth Lower Than Order Growth", *The Dow Jones News Service*, November 18, 1999. In this case Motorola announced that its inability to meet demand was due to the shortage of certain types of components and that the supply of these components is not expected to match demand sometime till 2000.
- „Boeing Pushing for Record Production, Finds Parts Shortages, Delivery Delay," *The Wall Street Journal*, June 26, 1997. The article discusses reasons for the parts shortages, the severity of the problems, and the possible implications.

The Shareholder Value Loss Due to Glitches

Figure 13.1 depicts the stock market reaction to supply chain glitch announcements, using three different models to adjust for industry and market movements. All results presented in this paper are adjusted for industry and market movements.

Supply chain glitches are viewed negatively by the stock market as evidenced by the significant shareholder value loss associated with glitches. On average, glitch announcements are associated with a nearly 11 % decrease in stock prices. The market reaction is negative for 75 % of the announcements, providing additional support that glitches are bad news across-the-board. Figure 13.2 shows that depending on the model used, the average destruction in shareholder value ranges from $129 million to $145 million per major glitch. The overall destruction in shareholder value for the 838 glitches on the day of the announcement is estimated to be between $107 billion and $120 billion. By any standards, this represents a significant destruction of shareholder wealth.

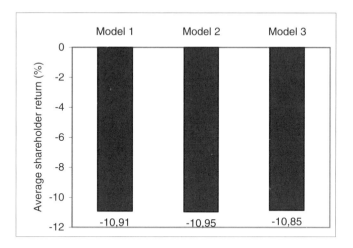

Figure 13.1 The average shareholder return on the day information about supply chain glitch is publicly announced. The three models reflect different ways of adjusting for market and industry movements

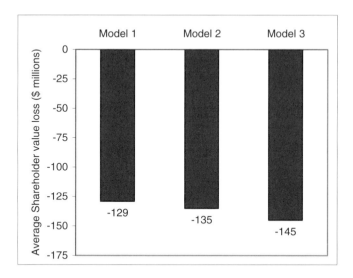

Figure 13.2 The average shareholder value loss ($ millions) on the day information about supply chain glitch is publicly announced. The three models reflect different ways of adjusting for market and industry movements

In addition to this significant loss in shareholder value, glitches can have other indirect long-term consequences:

- For firms following a strategy of using their stock prices as the currency to grow by acquisitions, the steep drop associated with supply chain glitches can easily derail or slow down their long-term strategy of growth. This is particularly the case in high technology industries and emerging industries.
- Glitches can adversely impact the reputation and credibility of the firm in the mind of investors as it raises concerns about the ability of management to execute fundamental business processes. Investors may view a firm's future projection with skepticism and may value it at a discount when compared to similar firms, making it more expensive to raise capital.
- Loss of future revenues from service contracts, add-ons, and related purchases.
- Supply chain glitches can cause negative publicity.

Relationship between Firm Characteristics and Shareholder Value Loss

Figure 13.3 documents the negative impact of supply chain glitches by broad industry groupings. Some key results are:

- It does not matter which industry group a firms belongs to – supply chain issues have an across-the-board negative impact on share prices.
- The SIC grouping of rubber, leather, stone, metals, machinery, and equipment, which accounts for nearly a fourth of the sample, experienced a 9 % drop in share prices.
- As expected firms in the computer, communications, and electronics industry are badly hit when they have difficulty in matching demand and supply. Share prices drop on average by 12 %.
- Although automobiles, aircraft, and transportation show a smaller average drop of −5.31 %, the relatively larger firms in this industry carries big-dollar negative impact.
- Firms in wholesale and retailing industries also experience a significant drop in share prices, indicating that the cost of not being able to match demand with supply is very high.

Additional analysis indicates that the impact of supply chain glitches on shareholder value is moderated by firm characteristics such as size, growth prospects, capital structure (debt-equity ratio) and capital intensity. The sample of glitch announcing firms showed considerable diversity on size. Nearly a fourth of the firms making the glitch announcements had annual sales of less than $50 million, while just over 18 %

had sales exceeding a billion dollars. Figure 13.4 gives the stock market reaction by quartiles based on size. The key results are:

- Both small and large firms experience a significant drop in share prices.
- The impact is more devastating for the smaller firms than for the larger firms. The smallest quartile of firms experienced a drop of 13.73 % vs. 7.05 % for the largest quartile of firms.
- There seems to be a trend that indicates that the smaller the firm, the more negative is the stock market reaction.

Figure 13.3 Stock market reaction by various industry groupings

There could be a number of reasons why smaller firms suffer more from glitches. The economic impact can be more severe for smaller firms because they are more likely to be highly focused. Typically, their profitability is critically dependent on flawless supply chain management for their limited set of products. Smaller firms also may take longer to recover from glitches since they may not have the capital to invest in technologies and solutions that could accelerate recovery. Furthermore, their small size reduces their power to influence and change the behavior of other supply chain partners in a way that could help them recover from glitches. Finally, analysts and investors are less likely to track smaller firms and, therefore, might be more surprised by a glitch announcement from a smaller firm.

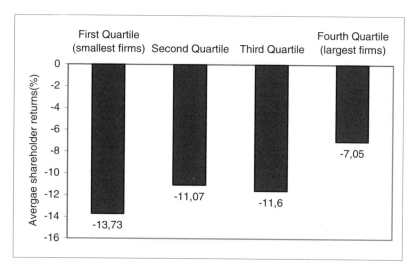

Figure 13.4 Stock market reaction by size

The evidence also indicates that firms with high-growth prospects suffer more from glitches than their low-growth counterparts. Growth prospect is measured by the ratio of the market value of equity to the book value of equity, where higher values of this ratio indicate that the market anticipates higher growth prospects. Figure 13.5 gives the market reaction to glitches when the sample is segmented by growth prospects. Firms in the lowest growth quartile suffered a 9.68 % drop in stock prices compared to the nearly 12 % drop suffered by firms in the highest growth quartile. The more negative economic impact on high-growth firms could be because their products generally have shorter life cycles, carry higher contribution margins, and require shorter delivery times. Furthermore, high-growth products typically attract a relatively high number of new customers. Since these customers do not have established loyalty to the firm, they are less likely to wait for the product should shipping delays occur. This could have negative consequences in terms of losing both current and future sales. Also, high-growth product firms are likely to face stiffer competition. Thus, unreliable and unresponsiveness supply chains could easily cause existing customers to migrate to competitors, leading, perhaps, to permanent loss in market share.

Shareholders of firms that have low debt-equity ratios (ratio of book value of debt to the sum of the market value of equity and book value of debt) tend to lose more due to glitches than shareholder of firms with high debt-equity ratios. As indicated in Figure 13.6 the average loss for low debt-equity ratio firms is nearly 12 %, which is higher than the 10 % loss experienced by high debt-equity ratio firms. The reason is that the loss in market value from supply chain glitches is shared between debtholders and shareholders. In low debt-equity ratio firms, shareholders own more of the firm and hence a larger fraction of the total loss accrues to them, resulting in a more drastic drop in the share prices.

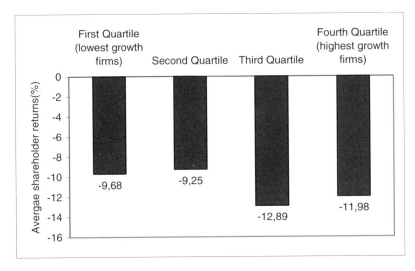

Figure 13.5 Stock market reaction by growth prospects

Figure 13.6 also shows the impact of glitches segmented by capital intensity. Capital intensity is measured as the ratio of total assets and total number of employees. The average loss for low-capital intensive firms is 10.46 %, which is not that different from the 10.98 % loss experienced by high-capital intensive firms.

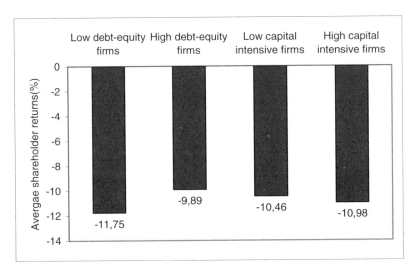

Figure 13.6 Stock market reaction by capital structure and capital intensity

Responsibility and Reasons for Glitches and Shareholder Value Loss

A number of different sources can be responsible for the supply chain glitches. In about 33 % of the cases, the primary responsibility was attributed to internal sources, that is, the firm that made the announcement assumed responsibility for the glitches. Suppliers were the primary source of responsibility in nearly 18 % of the cases, customers were responsible in 16 % of the cases, nature and government in about 4 % of the cases, and various other combinations accounted for 7 % of the cases. In about 22 % of the case the announcing firm did not provide sufficient information to assign the source of responsibility.

Some interesting facts emerge when the stock market's reaction to glitches is segmented by the source of responsibility (see Figure 13.7). The market severely penalizes firms that experience glitches irrespective of which link in the supply chain is responsible for the glitch. Figure 13.7 shows that when glitches are attributed to internal problems, the average loss is 10.15 %. Glitches caused by customers resulted in a loss of 13.55 %, glitches attributed to suppliers are associated with a loss of 10.89 %, and glitches due to nature and government related causes are associated with a loss of 6.62 %.

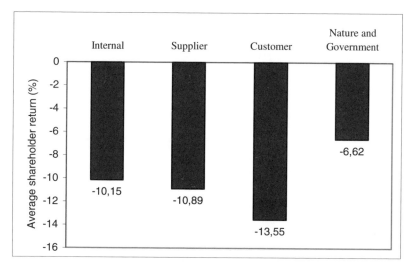

Figure 13.7 Stock market reaction by the source of responsibility for glitches

The results of Figure 13.7 show the heavy price that one link in the supply chain pays for the poor performance of another. Such significant losses in shareholder value should provide an economic incentive for all of the links to work collaboratively to minimize glitches. The fact that glitches caused by external sources (supplier and customers) experienced a higher penalty suggest that these problems can be more expensive and time consuming for the firm to fix. This may be due to the firm's limited power to change their external partners' operations to solve the problems. This further underscores the need to form close and collaborative relationships with the various links in the supply chain. A firm must make sure that its supply chain partners see the value of working together to improve the performance of the supply chain network.

Additionally insight into the nature of supply chain glitches is obtained by analyzing the reasons for glitches. Based on the information provide in the glitch announcements, nearly 20 different reasons were identified. The top six reasons (with the percent of announcements in which they were mentioned in parenthesis) were part shortages (22 %); order changes requested by customer (13 %); various production problems (10 %); ramp-up and roll-out problems (9 %); development concerns (5 %); and quality problems (5 %).

Figure 13.8 depicts the average shareholder value loss associated with the six most often cited reasons for the glitches. Parts shortages are associated with a loss of 10.55 % in stock value. Parts shortages are often caused by poor forecasting, poor planning, dependency on a single supplier, long lead times, low inventory levels, and poor communication of information between supply chain partners. Experts frequently tout the benefits of single sourcing and maintaining low inventory levels. But they often ignore the negative impact that can result if these strategies lead to shortages that disrupt the supply chain.

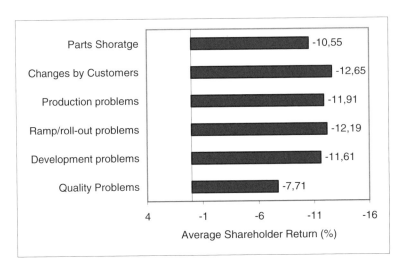

Figure 13.8 Stock market reaction by primary reason for glitches

Order changes by customer are associated with a loss of 12.65 %. Last minute changes in customer needs are normal occurrences in today's environment where competition is intense, product life cycles are short, and product and process technologies change rapidly. Firms can respond by developing more flexible and responsive supply chains. Conversely, the cost of a non-responsive and inflexible supply chain can be extremely damaging.

Production problems that cause significant glitches in supply chain operation are associated with a loss in value of 11.91 %. The importance of rapid ramp-up and roll-out of new technologies and products is underscored by the significant penalties incurred when these activities are delayed. Specifically, the average loss in shareholder value is about 12 %. Quality problems and the corresponding glitches in supply chain operations are penalized with an 8 % drop in market value.

The Long Term Effects of Glitches

Until now the results have focused on analyzing the stock market reaction around the time of the glitch announcement. Although the announcement is a public acknowledgement of supply chain problems, the problem likely occurred before the formal public announcement. It is plausible, then, that the market may get other signals about supply chain problems from sources including customers and suppliers, industry trends, and analysts' reports. Thus, some of the valuation impact of glitches could be reflected in stock prices before the formal announcements. To get a better idea of the full economic impact of glitches, it makes sense to examine the stock price behavior during the time-period before the formal announcement.

Figure 13.9 depicts the behavior of the market and industry adjusted stock returns during the time period that begins six months before the announcement (day –125) and ends six months after the announcement (day 125). Stock prices show a downward trend before the glitch announcement, indicating that the market tends to partially anticipate supply chain problems. Over the six-month time period before the announcement, firms that experience glitches lose an additional 14 % of their market value, with most of loss occurring during the three-month time period before announcement.

Given the severe negative market reaction to supply chain glitches, one could make the case that the stock market is perhaps overreacting and that a correction in stock prices would occur after the announcement. Figure 13.9 sheds light on this issue by depicting the behavior of the market-adjusted stock returns during the six-month time period (125 trading days) after the formal announcement. No significant trend in stock returns is discernable. The returns seem to oscillate around zero. It appears that once the problems are fully acknowledged, there is no recovery of stock prices in the short-term. This suggests that the market has not overreacted to the glitch announcement. Overall, during the time period that begins six months before the announcement and ends six months after the announcement, the average loss in shareholder value is about 25 % (see Figure 13.9).

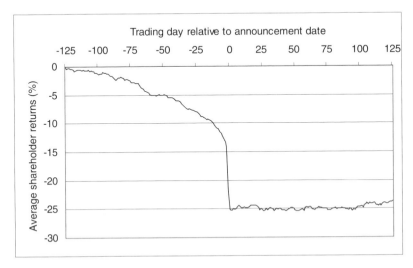

Figure 13.9 Stock price behavior starting six months before and ending six months after the formal announcement of supply chain glitch

Drivers of Supply Chain Glitches

The historical view of corporate performance destruction due to supply chain glitches is valuable because it provides firms with a sense of the economic effect of poor supply chain performance. The evidence clearly indicates that ignoring the possibility of supply chain glitches can have devastating economic consequences. As one reflects on this evidence, a natural question is what are the primary drivers of supply chain glitches? Given the recent heightened awareness of the risk of supply chain glitches many experts have offered insights into the factors that can increase the chances of glitches. Some of these major factors are discussed next with the intention that these factors can serve as guideline for managers as they assess the chances of glitches in their supply chains. The chances of experiencing glitches are higher now and in the future than in the past because of some recent trends and practices in managing supply chains:

- **Competitive environment:** There is no doubt that most industries are facing a vastly different competitive environment today than a decade or so ago. Today's markets are characterized by intense competition, very volatile demand, increased demand for customization, increased product variety, and short product life cycles. These trends are expected to intensity in the future. These conditions make it very challenging to match demand with supply. In particular, firms are facing increasing difficulty in forecasting demand and adjusting to unexpected changes in product life cycles and changing customer preferences.

- **Increased complexity:** The complexity of supply chains have increased due to global sourcing, managing large number of supply chain partners, need to coordinate across many tiers of supply chains, and dealing with long lead-times. This increased complexity makes it harder to match demand and supply, thereby increasing the risk of glitches. The risk is further compounded when various supply chain partners focus on local optimization, when there is lack of collaboration among supply chain partners, and when there is lack of flexibility in the supply chain.
- **Outsourcing and partnerships:** Increased reliance on outsourcing and partnering has heightened interdependencies among different nodes of the global supply networks and increased the chances that a glitch or problem in one link of the supply chain can quickly ripple through the rest of the chain, bringing the whole supply chain to a quick halt. While many experts have talked about the virtues of outsourcing and partnerships, for these to truly work well it is important that supply chain partners collaborate, share information and plans, and have visibility in each other's operations. Such changes require major investments in connected information systems, changes in performance metrics, commitment to share gains, and building trust among supply chain partners, all of which are not easy to achieve.
- **Single sourcing:** Single sourcing strategies have reduced the purchase price and the administrative costs of managing the supplier base, but may have also increased the vulnerability of supply chains if the single-source supplier is unable to deliver on time.
- **Limited buffers:** Focus on reducing inventory and excess capacity and squeezing slack in supply chains has more tightly coupled the various links leaving little room for errors. Just-in-time delivery and zero inventory are commonly cited goals but without careful consideration of the fact that these strategies can make the supply chain brittle.
- **Focus on efficiency:** Supply chains have focused too much on improving efficiency (reducing costs). A December 2002 report from Forrester indicates that 24 of the 26 senior supply chain executives indicated that improving operational efficiency is their top supply chain priorities while only two out of 26 indicated that making supply chain more flexible to manage risk is their top priority. Firms are responding to the cost squeeze at the expense of increasing the risk of glitches.

Most firms do not seem to consider the inverse relationship between efficiency and risk. Strategies for improving efficiency can increase the risk of glitches.

- **Over-concentration of operations:** In their drive to take advantage of economies of scale, volume discounts, and lower transaction cost, firms have over-concentrated their operations at a particular location, or with their suppliers or customers. Over-concentration reduces the flexibility of the supply chain to react to changes in the environment and leads to a fragile supply chain that is susceptible to glitches.

- **Poor planning and execution:** Poor planning and execution capabilities result in more incidents of demand-supply mismatches. Plans are often too aggregate, lack details, and are based on inaccurate inventory and capacity information. Lack of good information systems hinders the ability of the organization to be aware of what is happening. Lack of forward looking metrics affects the ability of firms to anticipate future problems and be pro-active in dealing with these problems. Firms also have limited visibility into what is happening in upstream and downstream supply chain partners. Most firms have limited abilities and capabilities to identify and manage supply chain exceptions. This is further compounded by the lack of synchronization and feedback between supply chain planning and supply chain execution.

What Can Firms Do to Mitigate the Chances of Glitches?

There is no doubt that many of the above-mentioned practices and trends have led to improvements in supply chain performance and profitability. Nonetheless, they may have also contributed to supply chains becoming more susceptible and vulnerable to glitches. The challenge therefore is to devise approaches that can deal more effectively with glitches, while not sacrificing efficiency. Some of these approaches are briefly outlined below:

- Improving the accuracy of demand forecasts: One of the primary reasons for demand supply mismatches is inaccurate forecasts. Bringing some quantitative rigor to forecasting can certainly help improve the accuracy and reliability of forecasts. Firms should consider not only the expected demand forecast but also the demand forecast error (variance) in developing plans. This would give planners an idea of what kind of deviation may happen from the mean value. Firms should also recognize that long-term forecasts are inherently less accurate than short-term forecasts as well as the fact that disaggregate forecasts are less accurate than aggregate forecasts. These considerations will enable planners to look more carefully at the forecasts they receive from sales and marketing. Forecasts often go bad when firms do not dynamically adjust forecasts, ignore background noise, and fail to consider events outside their own organizations that could have a material effect on forecasts. Furthermore, firms often make forecasts assuming static lead times, transit time, capacity, and transportation and distribution routes. These assumptions must constantly be questioned to make adjustments as and when needed. Long planning time horizons that are frozen also makes it harder to develop accurate forecasts.

- **Integrate and synchronize planning and execution:** Firms have become sophisticated in their planning activities. But plans are often insulated from execution reality. In many cases plans are tossed over the wall for execution. Managers responsible for execution make adjustments to these plans to reflect current operating conditions. Such adjustments can grow over time but are seldom communicated to the planners, resulting in lack of integration between development and execution of plans. By better coordinating and integrating planning and execution many of the problems with supply demand mismatches can be avoided.
- **Reduce the mean and variance of lead time:** Forecasting inaccuracy and disconnect between planning and execution can be particularly devastating when lead times are long and highly variable. Reducing the mean and variance of lead time can help reduce the level of uncertainties in the supply chain. Some of the following practices can help reduce the mean and variance of lead times:
  - Remove non-value added steps and activities.
  - Improve the reliability and robustness of manufacturing, administrative and logistics processes.
  - Pay close attention to critical processes, resources, and material.
  - Incorporate dynamic lead-time considerations in planning and quoting delivery times.
- **Collaborate and cooperate with supply chain partners:** Although the concepts of collaboration and cooperation among supply chain partners have been around for a long time, achieving this has not been easy. The evidence presented in this study provides an economic rational why supply chain partners must engage in these practices. The precursor for collaboration and cooperation is developing trust among supply chain partners, agreeing upfront on how to share the benefits, and showing a willingness to change from the old mindset. Once these elements are in place, supply chain partners must do joint decision making and problem solving, as well as share information about strategies, plans, and performance with each others. These activities can go a long way in reducing information distortion and lack of synchronization that currently plague supply chains and contribute to glitches.
- **Invest in visibility:** To reduce the probability of glitches, firms must be fully aware of what is happening in their supply chain. This includes internal opera-

tions, customers, suppliers, and location of inventory, capacity, and critical assets. The following may be needed to develop visibility:
  – Identify and select leading or forward looking indicators of supply chain performance (suppliers, internal operations, and customers).
  – Collect and analyze data on these indicators.
  – Set benchmark levels for these indicators.
  – Monitor these indicators against the benchmark.
  – Communicate deviations from expected performance to managers at the appropriate levels on a real time basis.
  – Develop and implement processes for dealing with deviations.
- **Build flexibility in the supply chain:** Firms must make careful and deliberate decisions to build flexibility at appropriate points in their supply chains to enhance responsiveness. There are multiple dimensions of flexibility and what will be appropriate for a firm depends on its operating environment.
- **Building flexibility on the product design side:** Standardization, modularity, and use of common parts and platforms can offer the capability to react to sudden shift in demand and glitches in delivery in parts.
- **Building sourcing flexibility:** This can be achieved by using flexible contracts as well as use of spot markets to purchase parts and supplies. Spot markets can be used to both acquire parts to meet unexpected increase in demands as well as dispose of excess inventory if demand is below expectation.
- **Building manufacturing flexibility:** This can be accomplished by acquiring flexible capacity that can used to switch quickly among different products as the demand dictates. Firms should also consider segmenting their capacity into base and reactive capacity, where the base capacity is committed earlier to products whose demand can be accurately forecasted and reactive capacity is committed later for products where forecasting is inherently complex. Such would be the case for products with short product life cycles as well as products with very volatile demand. Late differentiation of products can also be used as a strategy to increase manufacturing flexibility.
- **Postponement strategy:** Postponement or delayed differentiation is a strategy that delays product differentiation at a point closer to the time when there is demand for the product. This involves designing and manufacturing standard or generic products that can be quickly and inexpensively configured and customized once actual customer demand is known. By postponing differentiation of products, the chances of producing products that the market may ultimately not want are minimized, thereby reducing the chances of demand-supply mismatches. Key crucial success factors for implementing this strategy include:
  – Cross-functional teams that represent the design and manufacturing functions,
  – Product and process reengineering to increase standardization,

- Modularity,
- Common parts and platforms,
- Collaboration with customers and suppliers,
- Performance measures and objectives that resolve conflicts and ensures accountability.
- **Invest in technology:** Investment in appropriate technology can go a long way in reducing the chances of glitches. Web based technologies are now available that can link databases across supply chain partners to provide visibility of inventory, capacity, status of equipment, and orders across the extended supply chains. Supply chain event management systems have the ability to track critical events and when these events do not unfold as expected send out alerts and messages to notify appropriate managers to take corrective actions. This enables the firm to identify supply chain problems earlier rather than later and operate in a proactive rather than reactive mode. RFID technology has the promise to improve the accuracy of inventory counts as well as provide real time information on the status of orders and shipments in transit and what is being purchased by customers. Such access to real time information alleviates information distortions and provides true demand and supply signals, all of which can reduce the chances of demand-supply mismatches.

Conclusions

The message from this analysis is that ineffective management of supply chains causes significant destruction in shareholder value. If one accepts that it is reasonable to measure the total impact of supply chain glitches by observing the stock price performance starting six months before the glitch announcement and ending six months after the announcement, then the average loss in shareholder value is about 25 %. If the focus is only around the time of the announcement, glitches destroy about 11 % of shareholder value. Whichever way one looks at the evidence, the conclusion is unambiguous: Supply chain glitches torpedo shareholder value.

Another way to view the economic impact of glitches is to consider the fact that over the last few decades, stocks on average have returned 15 % annually. If effective supply chain management avoids one major supply chain glitch every ten years (that is avoid a 25 % decline in shareholder value once every ten years), the average annual shareholder return would be about 17.5 %, which is a 16 % increase in average annual returns. Clearly, it pays to manage supply chains effectively. These results also underscore why senior management must be on top of all issues that affect the performance of their supply chains.

Supply chain glitches are bad news regardless of the size of the company, the industry it belongs to, its growth prospects, its capital structure size, and its capital intensity. Furthermore, the negative stock market reaction is not a recent phenomenon as the market has always viewed supply chain glitches negatively. Finally, irrespective of who is responsible for the glitch or what caused the glitch, shareholders of firms that experience glitches pay dearly.

The results have important implications for making the business case for investments and technologies that hold promise to improve the effectiveness of supply chains. Most managers and consultants make their business case by focusing on how SCM can improve efficiency or get costs out of the system. This is certainly important. But it's just as important to show how the initiative will avoid or reduce the probability of future glitches. Avoiding or reducing the probability of glitches will prevent shareholder value destruction, which is the flip side of shareholder value creation. This approach can augment the traditional approach of focusing on detailed, non-financial metrics and translating improvements in these metrics to financial numbers using accounting data.

14 Nachhaltige Personalentwicklung

Regina von Diemer

Menschliche Potentiale wie Wissen, Können, Engagement und Leistungsfähigkeit sind unverzichtbare Erfolgsfaktoren für Unternehmen heute und auch morgen. Wie sieht es aber mit den Fähigkeiten und Fertigkeiten in einer sich ständig verändernden Welt aus? Was muss Lernen heute leisten, um den Herausforderungen von morgen begegnen zu können? Neue Erkenntnisse und innovative Konzepte fördern das Lernverhalten von Menschen und Organisationen.

Dynamik und Komplexität

In dem Bemühen um Wettbewerbsfähigkeit und Fortbestand sind Organisationen einem ständigen Wandel unterworfen. Betrachtet man allein die letzten 30 Jahre, so zeigt sich, wie die betrieblichen Schwerpunkte sich verschieben, und das, was heute noch als Excellence gilt, stellt morgen die Basis der betrieblichen Leistungsfähigkeit dar. Die 70er Jahre waren geprägt durch den Fokus auf Produktqualität. Der Mitarbeiter galt als Produktivitätsfaktor. Sein Wissen und seine Erfahrung wurden genutzt, um Verbesserungspotentiale zu erschließen. Die 80er setzten auf der Produktqualität auf und brachten die Kundenbindung und Kostenreduktion stärker in den Vordergrund. Auch der Mensch wurde nun eher als Kostenfaktor gesehen und die Prozesse waren „lean" zu gestalten und sollten störungsfrei laufen. In den 90ern wuchs die Erkenntnis, dass Business Excellence mit der Lern- und Innovationsfähigkeit eines Unternehmens einhergeht. Am Übergang ins neue Jahrtausend wird deutlich, dass Shareholder-Value langfristig nur durch Stakeholder-Value zu sichern ist. Die Betrachtung des Zusammenspiels der Interessenpartner (Kunde, Eigentümer, Mitarbeiter, Lieferant, Gesellschaft und Umwelt) drückt sich auch in erweiterten Modellen, Systemen und Werkzeugen aus. Das Thema Nachhaltigkeit rückt stärker in das Bewusstsein.

Die Vergangenheit und auch die Zukunft sind dabei gekennzeichnet durch eine weiter zunehmende Dynamik bei gleichzeitiger Erhöhung der Komplexität. Die Organisationen stehen darüber hinaus immer stärker in dem Spannungsfeld, kurzfristig Gewinne nachzuweisen, aber auch nachhaltigen Erfolg zu sichern.

Gerade was den Faktor Mensch anbelangt, zeigt sich deutlich, wie man mit immer schlankeren Prozessen und mit noch mehr Outsourcing zwar die Kopfzahl deutlich reduzieren kann, welches Erfahrungswissen damit aber verloren geht und wie lange es dauert, dies wieder zu erneuern, falls das überhaupt möglich ist, wird nicht dagegengerechnet. Vielleicht sind ja die Bemühungen des Human Capital Club ein erstes Zeichen; sie fordern neue Bilanzierungsgrundsätze, die das Humankapital deutlicher mit einbeziehen, ja sogar zum strategischen Erfolgsfaktor Nummer eins machen.

Angesichts der Tatsache, dass immer weniger Einzelpersonen den hohen Grad an Komplexität (z. B. eines Produkts oder Prozesses) durchschauen, ist das schnelle und effektive Zusammenspiel des Teilwissens in Abhängigkeit vom Menschen mit Sicherheit ein wesentlicher Erfolgsfaktor. Menschliche Potentiale, personalpolitische Aktivitäten (social performance) und Umweltperformance eines Unternehmens werden immer deutlicher als Schlüsselfaktoren gesehen, von denen auf die Qualität des Gesamtmanagements geschlossen werden kann (Nachhaltigkeit und Shareholder-Value aus Sicht börsennotierter Unternehmen).

Es zeigt sich, dass Organisationen in einem sich ständig verändernden Umfeld dann erfolgreich sind, wenn sie die in Bild 14.1 gezeigten Lernprozess besonders gut beherrschen.

Bild 14.1 Lernprozesse erfolgreicher Unternehmen

- Daten in Informationen umsetzen heißt, sie verarbeitbar aufzubereiten.
- Informationen ins Bewusstsein zu bringen, d. h. sie zu Wissen werden zu lassen, heißt, den Nutzen von Informationen auf ein zu erreichendes Ziel hin zu begreifen. Die Kenntnis von strategischen und operativen Zielen einer Organisation ist dabei Voraussetzung. Um die Bedeutung von Informationen richtig einschätzen

zu können, muss man wissen, welche Chancen und Risiken sich im Hinblick auf die angestrebten Ziele ergeben.
- Wissen in Handlungen umzusetzen heißt, konsequente Zielverfolgung durch Führung, Motivation und unterstützende Rahmenbedingungen.
- Schlussendlich: Erfolgreiches Lernen bleibt nicht bei der Absichtserklärung stehen, sondern spiegelt immer das erzielte Ergebnis an der beabsichtigten Wirkung. Die Ergebnisorientierung zeigt sich in der Reflexion von Kundenzufriedenheit, Mitarbeiterzufriedenheit, Innovationskraft, ggf. Auswirkungen auf die Gesellschaft und nicht zuletzt in den Geschäftsergebnissen selbst.

Mehr und mehr wächst die Erkenntnis, dass nur die ganzheitliche Betrachtung des Lernverhaltens und deren Übernahme in das Führungsverständnis eine nachhaltige Entwicklung in Organisationen bewirken kann.

Lernen ist demgemäß	Kompetenzentwicklung in Richtung der Unternehmensziele zur Verbesserung der operativen Leistungsfähigkeit einer Organisation.
Personalentwicklung ist	Vermögensentwicklung.

Gebundene Energien in zwischenmenschlichen Beziehungen

Dass das Lernen in Organisationen keinesfalls immer erfolgreich stattfindet, zeigt die „Management of Change"(MOC)-Studie des ILOI (Internationales Institut für Lernende Organisationen und Innovation) in Zusammenarbeit mit der Hochschule St. Gallen. In einer empirischen Untersuchung ging es um Erfolgsfaktoren und Verbesserungspotential bei Veränderungsprojekten.

Zentrales Ergebnis der Studie ist, dass Veränderungsprozesse nicht an sachlich-fachlichen Schwierigkeiten scheitern, sondern in der Mehrzahl an Problemen im Bereich der Unternehmenskultur.

Der wesentliche Unterschied zwischen erfolgreichen und weniger erfolgreichen Projekten liegt im mental-kulturellen und im zwischenmenschlichen Bereich und hier speziell in vier Faktoren:

- Veränderungsbereitschaft:
  Nur etwa ein Drittel der Befragten bezieht die Unternehmenskultur in seine Projekte mit ein. Eine systematische Situationsanalyse zu Beginn von Projekten kann die Erfolgsquote deutlich steigern.
  Ein weiterer Erfolgsfaktor ist ein systematisches Veränderungscontrolling:
  – Ziele und notwendige Prämissen konkret formulieren.

- Messgrößen und Messmittel der Zielerreichung festlegen.
- Abbruchkriterien formulieren.
- Projektende definieren.

Um vor allem Ängsten vor Neuerungen und vor Verlust alter Besitzstände zu begegnen, ist die emotionale Einbeziehung der Mitarbeiter unerlässlich. Ohne Sinnvermittlung und ohne Commitment nützt das beste Veränderungskonzept nichts.

- **Konfliktkultur:**
  Offenen, konstruktiven Umgang mit Konflikten fördern und pflegen. Konfliktunterdrückung führt zu Machtinszenierungen und latenten Spannungen.
- **Eigenverantwortung:**
  Unternehmen mit deutlich erfolgreicheren Projekten haben einen höheren Grad an Eigenverantwortung der Beteiligten. Die Ausstattung mit Projektkompetenz und Projektverantwortung ist Aufgabe der Führungskräfte.
- **Vertrauenskultur:**
  Intensive Kommunikation über die Gründe der Veränderung, Fehlerakzeptanz und der Aufbau eines Netzwerks von Multiplikatoren, das die Veränderungsenergie stärkt, fördern das Vertrauen in die Veränderung.
  Feedback über Projektergebnisse und möglichst frühzeitige Erfolgsresultate wirken ebenso positiv. Feedback sollte hierbei nicht nur passiv als reine Information erfolgen, sondern aktivieren in Richtung eines kontinuierlichen Lernverhaltens.

Zusammenfassend zeigt sich, dass die Gestaltung von Veränderungsprozessen komplexe Anforderungen stellt. Neben organisatorischen Rahmenbedingungen, Planungs- und Steuerungsaspekten sind vor allem verhaltensrelevante Faktoren zu berücksichtigen.

Darüber hinaus wächst die Erkenntnis, dass ein beträchtlicher Teil der Humanenergie gebunden ist.

> *Zahlreiche Untersuchungen der letzten Jahre zeigen (Infas, ILOI, Gallup ...), dass eine hohe Anzahl (70 %) von Mitarbeitern über schlechtes Betriebsklima klagt und sich lediglich noch 15 % engagiert am Arbeitsplatz einsetzen. Nach der aktuellen Studie der Gallup GmbH für 2004 sind nur noch 12 % der Mitarbeiter hierzulande engagiert im Job. 18 % haben keinerlei emotionale Bindung zu ihrem Arbeitsplatz. Weitere 70 % machen lediglich Dienst nach Vorschrift. Damit haben sich die Zahlen im Vergleich zum Jahr 2003 weiter verschlechtert. Der gesamtwirtschaftliche Schaden wird auf ca. 250 Milliarden Euro geschätzt. Die Ursache für das fehlende Engagement am Arbeitsplatz bei den Mitarbeitern kann im Management gesucht werden. Mitarbeiter beklagen z. B., dass ihre persönlichen Meinungen und Ansichten kaum Gewicht haben und ihre persönli-*

> *che Entwicklung nicht gefördert wird. Erkennbar ist, dass das Management nicht ausreichend vorbereitet ist auf Führungsaufgaben in Zeiten, in denen das einzig Beständige der Wandel zu sein scheint.*

Gebundene Energien können dabei vorrangig freigesetzt werden durch die Entwicklung speziell von persönlichen Kompetenzen wie Führungsfähigkeit, Gestaltung von zwischenmenschlichen Beziehungen, Teamfähigkeit, Einsatzbereitschaft, Kreativität, Selbstwert, Selbstachtung, Angstfreiheit, Verantwortungsbewusstsein und Loyalität. Trendforscher postulieren nachdrücklich, dass sich zur Sicherung von dauerhaftem Unternehmenserfolg neben dem Shareholder-Value der Workholder-Value etablieren muss.

Nachhaltigkeit in der Personalentwicklung muss stärker in den Fokus rücken und meint dabei nicht nur dauerhaft wirksam oder auf lange Zeit anhaltend. Nachhaltigkeit (sustainability, sustain) meint vielmehr aufrechterhalten, in Gang halten, d. h. mit menschlichen Potentialen so umgehen, dass sie wirksam genutzt werden und sich entfalten können, um derzeitigen und zukünftigen Herausforderungen zu begegnen.

Nachhaltigkeit ist somit ein wesentlicher Aspekt der Zukunftsfähigkeit von Organisationen.

Um nachhaltige Personalentwicklung zu etablieren, müssen zwei Aspekte berücksichtigt werden:

- Einmal die Frage der Rahmenbedingungen, in denen Lernen stattfindet. Wirksame Managementsysteme bilden hierbei eine lernfördernde Grundlage.
- Zum Zweiten die Betrachtung darüber, wie der Mensch wahrnimmt und verarbeitet im Lernprozess. Neue Erkenntnisse der Hirnforschung helfen, effektivere Wege zu finden.

Das Ganze im Visier

Die Vergangenheit zeigt, dass wir mit Managementsystemen unterschiedlicher Ausrichtung (Qualitätsmanagement, Umweltmanagement, Arbeitssicherheit, Risikomanagement …) deutliche Verbesserungen erzielen konnten.

Allerdings zeigte sich auch, dass wir mit fragmentierten Betrachtungsweisen und disziplinären Logiken oft an Grenzen stoßen.

Hinzu kommt, dass wir der Vieldimensionalität einer Organisation und deren Problemen mit einem monokausalen, linearen Denken nicht gerecht werden. Die Momentaufnahme eines Problems berücksichtigt nicht den Aspekt der Zeit und die damit verbundene Dynamik.

Beispiele für kurzfristig attraktive Lösungen, die auf lange Sicht keinen Erfolg haben, sind vielfältig. Denken wir nur an die zahlreichen Fusionen, die kurzfristig zu Kostensenkungen führen; nach fünf Jahren liegt aber ein großer Teil fusionierter Unternehmen deutlich unter dem Branchendurchschnitt bezüglich seiner Profitabilität.

Ein Managementsystem, was auch zukünftigen Aufgaben gewachsen ist, kann kein starres mechanistisches sein. Es wird ganzheitlich und evolutionär sein, es orientiert sich an der Vielschichtigkeit, Komplexität und Dynamik von sozialen Systemen und fördert das Denken in multiplen Verknüpfungen und Vernetzungen (Kausalitäten).

Der erste Versuch der Entwicklung eines umfangreichen Managementsystems durch die Addition von Teilsystemen führte nicht zu dem gewünschten Erfolg. Erfahrung ist, dass sich die Komplexität häufig sogar noch erhöht und oftmals lähmend wirkt auf die Organisation. Ein Kennzeichen hierfür ist die nur noch mit großem Aufwand handhabbare Dokumentation. Auch die Verschmelzung von Teilsystemen auf der Dokumentationsebene ist keine ausreichende Lösung.

Erst die Integration aller Teilsysteme in ein *ganzheitliches* Managementsystem ermöglicht die gewünschten Effekte. Diese sind: weniger Redundanz und Bürokratie und gleichzeitig mehr Effizienz und Sicherheit.

Das wirksame integrierte Managementsystem ist somit die Basis für eine selbstlernende Organisation, in der Teilsysteme nicht miteinander konkurrieren, sondern mit vereinten Kräften die operative Leistungsfähigkeit eines Unternehmens steigern.

- Das wirksame Managementsystem hat drei Ebenen:
  - Normatives Management: Mental-kultureller Bereich/Sinn der Unternehmensleistung im gesamten Umfeld (Gesellschaft), zielt auf die Entwicklung des Unternehmens, Erhaltung der Lebensfähigkeit (Nachhaltigkeit) → Unternehmensleitlinien, Unternehmenspolitik.
  - Strategisches Management: Mittel und Wege für erfolgreiches Handeln (Wirtschaftlichkeit und Sicherheit) → strategische Ziele.
  - Operatives Management: Auf die Umsetzung der Strategien durch aktives Handeln ausgerichtet → operative Ziele.
- Das wirksame Managementsystem muss integrativ sein.
  Das Zusammenwirken der drei Ebenen mental/kulturell (normativ) – strategisch – operativ entscheidet darüber, wie eine Organisation oder eine Person erlebt wird und wie sich Energien wirkungsvoll ausrichten.
  Bei dem optimalen Zusammenwirken dieser drei Ebenen werden eine Organisation wie auch eine Persönlichkeit als authentisch erlebt. Das einheitliche/ganzheitliche Zusammenwirken der drei Ebenen bedeutet integrativ.

Lernen und speziell die Entwicklung von persönlichen Kompetenzen werden wesentlich durch integratives Management unterstützt.
Der Transfer der Lerninhalte steht hierbei im Vordergrund, nachgeordnet ist die Betrachtung einzelner Werkzeuge.
Dies ist die Grundlage für Nachhaltigkeit.

- Das wirksame Managementsystem prägt die Unternehmenskultur.
Erscheinungsbild und Ergebnisse eines Unternehmens sind bedingt durch die dahinter liegenden Verhaltensweisen, Werte und Denkhaltungen. In integrierten Managementsystemen sind diese kongruent und keine Scheinergebnisse aus Alibiaktionen.

- Das wirksame Managementsystem bedient sich modellhafter Abbildungen, um komplexe Zusammenhänge zu veranschaulichen.
Integrierte Unternehmensmodelle beinhalten grundlegende Komponenten der Unternehmensführung.

- Das wirksame Managementsystem ist ziel- und prozessorientiert.
Die Betrachtung des Unternehmensgeschehens anhand der Unternehmensprozesse und ihrer vernetzten Wirkung steht eindeutig im Zentrum des Interesses vor Abteilungs- und Bereichsdenken.
Die unterschiedlichen Forderungen an die Prozesse, z. B. auch durch Regelwerke, sind integrierbar. Ziele, Kenn- und Steuergrößen kennzeichnen die Leistungsfähigkeit von Prozessen.

- Das wirksame Managementsystem ist selbstlernend.
Das Prinzip *Plan, Do, Check, Act* (PDCA – ständige Verbesserung) findet sich in allen Modulen und Ebenen des Managementsystems und wird durch systemeigene Strukturen und Methoden umgesetzt. Die Überwachung der Wirksamkeit geschieht durch:
Methoden der Selbstreflexion,
vom kritischen Hinterfragen von Verhaltensweisen und Handlungen in einer Situation bis zur Anwendung von Bewertungsinstrumenten wie Management Review, Audits, Assessments;
Methoden der Fremdreflexion,
unabhängige Systemaudits, Assessments.
Wesentlich ist, dass bei der Überwachung der Wirksamkeit des Managementsystems nicht nur die Ergebnisse im Zentrum stehen, sondern auch die dahinter liegenden Handlungen, Einstellungen und Werte berücksichtigt werden.
Darüber hinaus ist es erforderlich, dass durch den PDCA-Prozess die wesentlichen Verbesserungspotentiale identifiziert werden können und die nötigen Veränderungen rechtzeitig vollzogen werden. Überwachende Werkzeuge werden in diesem Zusammenhang eindeutig als Hilfe und Unterstützung verstanden.

- Das wirksame Managementsystem ist dynamisch.

Ein Managementsystem unterliegt Einflüssen von innen und außen.
Ändern sich Ziele, verändern sich Aufgaben und Prozesse gemäß den neuen Zielen. Es entsteht ein neues Netzwerk von Prozessen, das sich aber immer an Schwerpunkten wie Wirtschaftlichkeit, Sicherheit und Qualität orientiert und das dem Managen des Gesamtunternehmens dient.
- Das wirksame Managementsystem fördert vernetztes Denken.

Durch die Erhöhung der Transparenz der Prozesse und ihrer Wechselwirkung wird die Wahrnehmung der Menschen in den Prozessen erweitert. Unterschiedliche Perspektiven können beleuchtet und das vorhandene Wissen des Unternehmens kann effektiver genutzt werden (bereichsübergreifend, Erfahrungswissen und Fachwissen).

Die Eigenverantwortung wird durch das Denken in Verknüpfungen und Kausalitäten (Vernetzungen) gestärkt.

Wahrnehmung und Lernen im Wandel

Lernen im Wandel stärkt die Fähigkeit zur Veränderung, orientiert sich an der Zukunft und vertraut nicht auf statisches, träges Wissen. Lernen im Wandel betrachtet die Dynamik des Ganzen, denkt in Netzwerken und erklärt Ereignisse multikausal, nicht monokausal.

Folgende Erkenntnisse sind über unsere Wahrnehmung und Verarbeitung bedeutungsvoll.

- Lernen wird gefördert, wenn der Lernende eine Erleichterung erfährt, z. B. komplexe Zusammenhänge besser verstehen zu können. Durch das Erkennen von Sinn und Bedeutung ist es möglich, vernetzte Zusammenhänge leichter zu durchdringen und komplexe Aufgaben schneller zu lösen.
Transparenz wird geschaffen, wenn der Zusammenhang zu übergeordneten Zielen und die Bedeutung für das Unternehmen und den Mitarbeiter selbst deutlich werden.
- Systemisches Denken heißt, zielorientiert, lösungsorientiert und zukunftsorientiert zu denken und zu handeln. Diese Lernperspektive hat in Phasen der Veränderung eine große Bedeutung. Erforderlich ist hierbei das Erkennen von Wechselwirkungen in Systemen und das Suchen nach dem Hebel, sie zu beeinflussen – finden, was wirkt! Es ist weniger interessant, Schuldige zu benennen, wichtiger ist es, Wege zu finden, ein Problem dauerhaft zu beseitigen.
- Es gibt nicht nur eine Wirklichkeit, sondern unterschiedliche Wirklichkeitskonstruktionen (Konstruktivismus).

Der Mensch macht im Laufe seines Lebens unterschiedliche Erfahrungen und baut daraus individuelle Strukturen auf. Diese bestimmen seine Wahrnehmung, sein Handeln und auch sein Lernverhalten.

Der Mensch nimmt die Welt nicht wahr, wie sie objektiv ist, sondern sie besteht aus Bildern, aus gelebten und erlebten Landkarten (Landkarten sind nicht das Land). Beim Lernen wird demgemäß nicht etwas Vorgegebenes einfach widergespiegelt oder abgebildet, sondern es wird etwas Eigenes geschaffen.

Lernen findet dann besonders leicht statt, wenn innere Landkarten bestätigt und erweitert werden. Die Wahrnehmung wird dann mit eigenen Bildern, Absichten, Erfahrungen und Assoziationen gekoppelt. Sie folgt dem Nutzen für den Wahrnehmenden und orientiert sich an der Praxis.

Lernprozesse kommen aber auch in Gang, wenn Muster destabilisiert werden. In diesem Fall gerät etwas aus der Balance, wird durcheinander gebracht. Gefühle werden dabei stimuliert. Die Auseinandersetzung mit dem Neuen wird als Herausforderung erlebt, Neugier und vielleicht Faszination sind damit verbunden.

Kognition und Emotion sind neuronal verknüpft und beeinflussen sich wechselseitig. Lernen und Veränderungsbereitschaft werden stimuliert durch Gefühle (limbisches System).

- Ergebnisse der Gehirnforschung haben gezeigt, dass die Arbeitsweisen der beiden Hirnhälften unterschiedlich sind. Die linke Hälfte verarbeitet Sprache (digital) während die rechte Hälfte in Bildern und Analogien (analog) funktioniert. Links ist die Logik (Ratio), das analytische und linear sequenzielle Denken angesiedelt, rechts hingegen die Intuition, die Kreativität, das nicht lineare ganzheitliche Denken. Klassisches Lernen (z. B. Pauken von Vokabeln oder Formeln) wendet sich eher an die linke Gehirnhälfte.

In einer komplexen, dynamischen Welt, wo wir mit Linearität an Grenzen stoßen und wo Vernetzung eine wesentliche Rolle spielt, brauchen wir verstärkt Bildungsangebote, die die rechte Hirnhälfte mit einbeziehen.

In der Vernetzung von Gefühl und Verstand, in dem ganzheitlichen Lernen, liegt die Chance, die Welt des Wandels zu meistern.

Gestaltung des Lernens in der Erwachsenenbildung

Wie in den vorangegangenen Abschnitten bereits gezeigt, spielt in einer komplexen dynamischen Welt Lernen eine immer größere Rolle. Um gelerntes Wissen anzuwenden, reicht es nicht, dass Wissen im Gedächtnis behalten wird, sondern es muss wirklich *verstanden* werden. Forschungen zeigen, dass „träges Wissen" nicht dazu führt, Prinzipien zu verstehen. Damit ist auch die praktische Anwendung nur eingeschränkt möglich.

Bei der Gestaltung von Lernen gilt es zu beachten:

- Lernende in der Erwachsenenbildung wollen immer weniger „belehrt" werden, sondern selbst lernen. Lernen heißt dabei nicht mehr Stoff einfach aufzunehmen, sondern selbstständig neue Wissensstrukturen aufzubauen. Eigene Denk- und Lernstrategien werden dabei entwickelt.
- Der Mensch nimmt ganzheitlich wahr.
  Es reicht nicht, nur die linke Hirnhälfte (Logik) anzusprechen.
  Die rechte Hirnhälfte (Emotionen) ist entscheidend beteiligt bei der Übernahme und späteren Anwendung von Wissen.
  Kognition und Emotion sind neuronal verknüpft und beeinflussen sich wechselseitig.
  Folgende Lernperspektiven sind hilfreich:
    - Erlebensorientiertes Lernen/konstruktives Lernen (Konstruktivismus). Konstruktives Lernen ist ein autonomes Lernen. Individuelle Strukturen sind bereits aufgebaut, die helfen, die Welt wahrzunehmen und darauf zu reagieren (innere Landkarten). Wissen wird aufgenommen, wenn es die Orientierung in der Praxis erleichtert, d. h. Nutzen bringt.
    - „Tell it", besonders bei personengebundenem, erfahrungsgestütztem Wissen eignet sich das Erzählen. Weitergeben von Erlebtem und Erfahrenem aktiviert die rechte Gehirnhälfte und fördert die Auseinandersetzung mit den Inhalten.
    - Perspektivenwechsel, das Einnehmen unterschiedlicher Sichtweisen und Rollen hilft, Blockaden aufzubrechen, neue Aspekte zu entdecken und Handlungsalternativen zu entwickeln.
    - Aus Erfolgen lernen, positive Erfahrungen und Erfolge sind die Basis für zukünftiges Handeln, Würdigung von Vorhandenem stärkt, schafft Vertrauen und entdeckt Ressourcen.
- Aufbau von Wissensstrukturen.
  Lernen wird dabei als ein Prozess gesehen, in dem Lernende neugierig werden und „etwas wissen wollen".
  Das heißt, der Lehrstoff wird nicht mehr in kleine Portionen geteilt und dargeboten, sondern mit Hilfe einer Inszenierung wird eine Situation erzeugt, in der die Lernenden ein eigenes Interesse entwickeln, ein Phänomen oder ein Prinzip zu erkennen und zu erklären.
  Anhand dieser Erkenntnis findet dann der Transfer statt.
- Trainer, Dozenten und Personalentwickler werden mehr und mehr zum Lernbegleiter/Lernberater. In diesem Selbstverständnis „belehren" sie nicht, sondern schaffen Bedingungen, in denen das Wissen selbstständig entdeckt und übernommen werden kann.

Bei dieser Gestaltung des Lernprozesses arbeiten sie ziel- und zukunftsorientiert. Dabei helfen sie, Ressourcen aufzudecken in Form von positiven Erfahrungen, die für das zu Lernende genutzt werden können.

Sie helfen, Lernerfahrungen zu machen, begleiten die Erkenntnisse daraus und unterstützten den Transferprozess in die Praxis. Die Anwendung und Umsetzung werden unterstützt und abgesichert.

Auf einen Blick

- Zunehmende Dynamik und Komplexität sind eine große Herausforderung für den Menschen im Arbeitsprozess.
- Lernprozesse managen wird zum Strategiefaktor im Wettbewerb.
- Lernen ist Kompetenzentwicklung in Richtung der Unternehmensziele und dient der Verbesserung der operativen Leistungsfähigkeit von Organisationen.
- Personalentwicklung ist Vermögensentwicklung.
- Wirksame Managementsysteme sind die Basis für lernende Strukturen.
- Lebendiges Wissen entsteht unter Berücksichtigung von menschlichen Wahrnehmungs- und Verarbeitungssystemen.
- Lernbegleitung heißt:
  – Wissensstrukturen aufbauen,
  – dem Wissen Halt geben.

Lernen ist die Fähigkeit zum Wandel!

15 Qualitätsorientierte Gestaltung der innerbetrieblichen Kommunikation

Robert Schmitt, Horacio Borghese

15.1 Kommunikation: Schlüsselfaktor für Qualität

Im Laufe der Zeit hat sich das Verständnis von Qualität stark gewandelt. Unter Qualität wird heute die Gesamtheit der Merkmale eines Produkts oder einer Dienstleistung verstanden, die für einen Kunden relevant sind. Aus diesem Grund müssen auch Faktoren berücksichtigt werden, die nur indirekt mit dem angebotenen Produkt oder der Dienstleistung in Verbindung stehen, aber für den Kunden von Bedeutung sind (z. B. Service, Gebrauchsanweisungen usw.). Diese Entwicklung ist in die Qualitätsmanagementkonzepte und somit auch in die Qualitätsmanagementsysteme (QM-Systeme) eingeflossen [PFE 01].

Um die Funktionen und Aktivitäten eines Qualitätsmanagementsystems darzustellen, werden verschiedene Modelle und Ansätze angewandt, die auf einer generischen Ebene die Reichweite eines QM-Systems zeigen [ZOL 01]. Eine detaillierte Analyse der verschiedenen Modelle und Ansätze ermöglicht es, die wesentlichen Eigenschaften und wichtigsten Elemente eines QM-Systems zu identifizieren.

Eines der bekanntesten Modelle wurde von der European Foundation for Quality Management (EFQM) entwickelt. Es ist aus dem Bestreben entstanden, nicht nur den Kundenanforderungen zu genügen, sondern die Organisation in Richtung Excellence zu führen. Dieses Streben nach Excellence ist als überragende Vorgehensweise beim Managen einer Organisation und Erzielen ihrer Ergebnisse definiert. Dieses Modell besteht aus acht Grundkonzepten, auf denen die Kriterien der Excellence einer Organisation basieren. Ein Werkzeug zur Überprüfung des Erfüllungsgrades dieser Kriterien ist die Selbstbewertung, welche die Organisation bei der Einschätzung des zurückgelegten Weges in Richtung Excellence unterstützt.

Im Vergleich zum EFQM-Modell ist allerdings das Prozessmodell der DIN EN ISO 9001 in der Praxis stärker verbreitet. Die Anforderungen an ein QM-System werden den vier Elementen dieses Prozessmodells zugeordnet und spiegeln die derzeitige

Tendenz nach einer starken Kunden- und Prozessorientierung wider und greifen somit auch Grundgedanken von Exzellenzmodellen auf. Das Prozessmodell umfasst sowohl alle Prozesstätigkeiten als auch die Schnittstellen von der Erfassung der Kundenanforderungen bis zum Versand eines Produkts bzw. bis zur Erbringung einer Dienstleistung [DIN 00].

Der Ablauf sowohl innerhalb als auch zwischen den Prozessen ist von entscheidender Bedeutung für den Erfolg einer Organisation. Um reibungslose Prozessabläufe zu gewährleisten, ist nicht nur eine genaue Prozessdefinition, sondern eine optimale Kommunikation zwischen den Prozessbeteiligten erforderlich [MEC 02]. Generell wird unter Kommunikation die Vermittlung von Nachrichten und Informationen zwischen einem oder mehreren Sendern und Empfängern verstanden. Darunter kann sowohl die direkte Kommunikation zwischen Menschen als auch die indirekte Kommunikation mit Hilfe technischer Einrichtungen wie Telefax, Computer etc. verstanden werden.

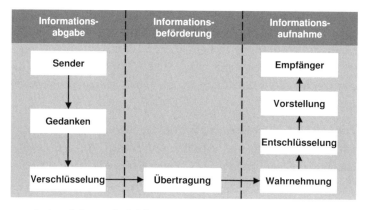

Bild 15.1 Kommunikation als Prozess in Anlehnung an [BIR 00]

Neben dieser allgemeinen Definition ist Kommunikation sowohl ein fach- als auch ein alltagssprachlich verwendeter Begriff mit zahlreichen Bedeutungen. Diese große Vielfalt von Begriffsbestimmungen ist auf die Verwandtschaft und Verzahnung vielfältiger Wissenschaftsdisziplinen zurückzuführen, die sich primär oder sekundär mit dem Wesen der Kommunikation beschäftigen, wie z. B. Psychologie, Soziologie, Linguistik, Nachrichtentechnik, Informationsmanagement, Wirtschaftsinformatik, Organisationstheorie etc.

Im Folgenden werden nur diejenigen Aspekte der benachbarten Wissenschaften berücksichtigt, welche für die Kommunikation in einer Organisation als zielführend betrachtet werden. Hierzu wird die interne Kommunikation als Prozess zwischen

Mitarbeitern (Sender und Empfänger) verstanden, die Ressourcen (Instrumente) in Anspruch nimmt [KOE 00].

Der Kommunikationsprozess entsteht aus Informationsabgabe, -beförderung und -aufnahme. Bei der Informationsabgabe, auch als Enkodierung bezeichnet, verschlüsselt der Sender zunächst seine Gedanken und Absichten z. B. in Form von Sprache. Diese werden dann mittels der Kommunikationsmedien persönlich, schriftlich oder elektronisch an den Empfänger übertragen. Diese Art der Informationsbeförderung wird als Informationstransfer bezeichnet. Auf Empfängerseite folgt als Erstes die Informationswahrnehmung, dann die Entschlüsselung der Signale. Anschließend deutet er die Nachricht und ordnet dieser eine Bedeutung und eine Absicht zu (Bild 15.1).

15.2 Gestörte Kommunikation im Unternehmen

In der Praxis haben sich vier Kernprobleme im Bereich der Kommunikation herausgestellt. Das erste Problem einer Organisation ist das Fehlen eines Systems, mit dem die grundlegenden Elemente der internen Kommunikation gemanagt, integriert und miteinander vernetzt werden können. Dieses Problem wird anhand der Betrachtung eines Qualitätsmanagementsystems deutlich. Die Erzeugung der Informationen innerhalb der Prozessschritte ist offenbar eindeutig durch Prozessbeschreibungen, Abläufe usw. im QM-System definiert. Die Vorgehensweise bei der Übertragung dieser Informationen an die entsprechenden Prozessschritte jedoch wird von der Norm DIN EN ISO 9001 nicht gefordert und daher meistens in keinem System in den Organisationen festgelegt [KEL 04].

Aufgrund dieser fehlenden systematischen Vorgehensweise für die Gestaltung der internen Kommunikation entstehen Mängel in den Abläufen der Geschäftsprozesse [GUC 03]. Gründe dafür sind auf der einen Seite die unzureichende Verantwortungsübernahme der Organisationsleitung bezüglich der Kommunikation [HEL 03]. Auf der anderen Seite ignorieren die Organisationen die Mitarbeiterforderungen für eine reibungslose Kommunikation und sind auf ein effektives und effizientes Managen der benötigten Ressourcen nicht vorbereitet. Neben einem System, in dem die Kommunikationsprozesse definiert sind, fehlen den Organisationen geeignete Methodiken zur Bewertung und zum Controlling der internen Kommunikationsabläufe [SEG 02].

Das zweite Problem sind die stark abteilungs- bzw. funktionsorientierten Strukturen, die die Analyse und Gestaltung der abteilungsübergreifenden Kommunikationsprozesse erschweren [MEC 02]. Der Handlungsbedarf in den Prozessen resultiert aus der unzureichenden Schnittstellendefinition und den unklaren Anforderungen an die zu erbringende Leistung [MOL 03]. Dies führt zu unvollständigen oder verspäteten Informationsweitergaben, die sich wiederum negativ auf die Kooperation zwischen den Prozessbeteiligten auswirken.

Der Handlungsbedarf bezüglich der internen Kommunikation als drittes Problem besteht nicht nur in der Organisation, sondern auch in der Qualifikation der Beteiligten [BIN 03]. Besitzen diese nicht die angemessenen Fähigkeiten, um optimal zu kommunizieren, entstehen Informationsverluste, die einen reibungslosen Ablauf der Prozesse behindern. Dieser Umstand wird jedoch bei den Qualifizierungsmaßnahmen der Organisationen nicht berücksichtigt [CRO 99].

Das vierte Problem sind die benötigten Ressourcen bzw. Instrumente für die interne Kommunikation. Obwohl sie ausschlaggebend für eine optimale Kommunikation sind, wird in der Praxis keine methodische Analyse der Kriterien, die ein Instrument erfüllen muss, durchgeführt [GER 02]. Ohne eine solche Analyse wählen die Organisationen Kommunikationsinstrumente aus, die entweder die Anforderungen nicht ausreichend erfüllen oder die Anforderungen übertreffen. Beide Möglichkeiten wirken sich negativ sowohl auf die Zufriedenheit der Anwender als auch auf die Benutzerfreundlichkeit der Kommunikationsinstrumente aus.

15.3 Konzept für eine praxistaugliche Kommunikationsverbesserung

Ein übergreifendes Konzept zur Kommunikationsverbesserung berücksichtigt diese vier Probleme und stellt sie systematisch in einen Zusammenhang. Dazu wird für jedes dieser Probleme eine Ebene (*System*, *Prozess*, *Mitarbeiter* und *Instrument*) definiert und jeweils eine Lösung erarbeitet, die definierte Schnittstellen zu den anderen Ebenen besitzt.

Die Komplexität der Zusammenhänge zwischen den verschiedenen Elementen, die in der internen Kommunikation beteiligt sind, machen die Entwicklung eines organisatorischen Modells zur Gestaltung der internen Kommunikation notwendig. Aspekte und Konzepte aus dem Bereich Qualität lassen sich übernehmen, um sie im Modell des Kommunikationsmanagementsystems anzuwenden. Qualitätsorientierte Anforderungen, die sowohl aus der Normenreihe DIN EN ISO 9000 ff. als auch aus den Kriterien des EFQM-Modells stammen, werden dabei berücksichtigt und in einem Kommunikationsmanagementsystem integriert.

Das vorgestellte Modell wird für die Ebene *System* als Leitfaden für die qualitätsorientierte Gestaltung der innerbetrieblichen Kommunikation genutzt und bildet die Basis für die Bewertung der internen Kommunikation. Die Bewertung hilft bei der Identifizierung der Schwachstellen, die im Prozess selber, bei der Qualifikation der Mitarbeiter oder bei den angewandten Instrumenten zu finden sind.

In der Ebene *Prozess* wird ein Werkzeug zur Analyse, Gestaltung und Verbesserung der Kommunikationsprozesse benötigt. Dieses Werkzeug muss die Identifizierung der Schnittstellen, bei denen Handlungsbedarf besteht, ermöglichen. Durch die anschließende Harmonisierung der Handlungsbedarfe wird eine Verbesserung des analysierten Prozesses erreicht. Dieses Werkzeug identifiziert zusätzlich die kommunikationsorientierten Anforderungen an die Prozessbeteiligten sowie an die Kommunikationsinstrumente und stellt sie den Ebenen *Mitarbeiter* und *Instrument* zur Verfügung.

In der Ebene *Mitarbeiter* bilden diese kommunikationsorientierten Anforderungen die Basis für die Definition eines Soll-Profils. Durch einen Soll-Ist-Vergleich werden die Schwachstellen der Mitarbeiterfähigkeiten identifiziert und mittels Qualifizierungsmaßnahmen behoben. Anhand des Werkzeugs zur Planung von Qualifizierungsmaßnahmen wird der Erfüllungsgrad der kommunikationsorientierten Anforderungen durch Lernformen bewertet und werden die Lernmodule identifiziert, die in der Qualifizierung der Prozessbeteiligten angewandt werden. Hierfür wird die Methode des Quality Function Deployment (QFD) als Werkzeug zur Planung von Qualifizierungsmaßnahmen angepasst.

Für die Ebene *Instrument* wird ein Werkzeug zur Auswahl von Kommunikationsinstrumenten vorgestellt. Dieses ermöglicht die Bewertung der Eigenschaften der verschiedenen Kommunikationsinstrumente, damit sie mit den Anforderungen verglichen werden können. Dafür werden geeignete Kriterien angewandt, die die Klassifizierung sowohl der Kommunikationsinstrumente als auch der Anforderungen ermöglichen, wodurch die optimale Kombination gefunden wird.

15.4 Modellierung der internen Kommunikation

Auf der Basis der Kommunikationsanforderungen lässt sich ein qualitätsorientiertes Modell eines Kommunikationsmanagementsystems (KMS) entwickeln. Dafür werden Struktur und Elemente der DIN EN ISO 9001:2000 zusammen mit den Anregungen des EFQM-Modells übernommen (Bild 15.2). Auf diese Weise wird die Berücksichtigung relevanter Qualitätskonzepte und -methoden gewährleistet sowie eine systematische Struktur erzeugt, die eine große Affinität zu einem Qualitätsmanagementsystem aufweist. Dadurch können die Transparenz und das Verständnis bei den Anwendern verbessert werden.

Erfolgreiches Führen und Organisieren der Kommunikation in einer Organisation erfordert ein systematisches und wahrnehmbares Leiten und Lenken. Der Erfolg muss sich aus der Verwirklichung und der Aufrechterhaltung eines Managementsystems, das auf ständige Verbesserung der internen Kommunikation ausgerichtet ist, ergeben. Die Leitung muss die Organisation kommunikationsorientiert aufbauen. Dafür muss sie die Kommunikationsprozesse, die zu einer verbesserten Leistung der Organisation führen, festlegen, leiten und lenken. Die Organisation muss dafür sorgen, dass die Kommunikationsprozesse klar verstanden und in ihrer Wirksamkeit und Effizienz verbessert werden.

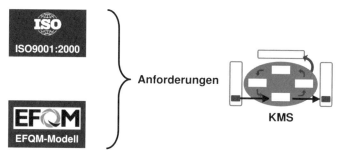

Bild 15.2 Modellierung der internen Kommunikation

Die Organisationsführung legt eine Dokumentationsstruktur fest, die den Aufbau, die Verwirklichung und die Aufrechterhaltung des Kommunikationsmanagementsystems ermöglicht und die Kommunikationsprozesse wirksam und effizient unterstützt. Art und Umfang der Dokumentation müssen den vertraglichen, gesetzlichen und behördlichen Anforderungen sowie den Erfordernissen und Erwartungen der Mitarbeiter genügen. Die Dokumentation kann in verschiedenen Formen oder Arten realisiert werden, muss jedoch den Erfordernissen der Organisation entsprechen.

Die Erstellung, Verwendung und Lenkung der Dokumentation werden hinsichtlich ihrer Wirkung auf die Organisationsleistung beurteilt. Dafür werden verschiedene Kriterien untersucht, wie beispielsweise die Funktionstüchtigkeit, Benutzerfreundlichkeit, erforderliche Ressourcen sowie die Erfüllung der gegenwärtigen und zukünftigen Kommunikationsanforderungen. Außerdem werden die von den Mitarbeitern verwendeten Schnittstellen analysiert. Für die Identifizierung von weiteren Optimierungspotentialen wird ein Benchmarking von Dokumentationssystemen durchgeführt.

Diese Anforderungen sind nur ein Teil der vielen Elemente, die ein Kommunikationsmanagementsystem berücksichtigen muss. Alle Anforderungen eines Kommunikationsmanagementsystem können einer einheitlichen Modellstruktur zugewiesen werden. Der Aufbau und die Struktur eines prozessorientierten Qualitätsmanage-

15.4 Modellierung der internen Kommunikation

mentsystems lassen sich zweckmäßigerweise auf ein Kommunikationsmanagementsystem übertragen [PFE 02].

Der Vorteil dieser Vorgehensweise liegt in der Kompatibilität beider Systeme. So lassen sich die Kommunikationsprozesse und -verfahren problemlos in das Qualitätsmanagementsystem eines Unternehmens integrieren. Das Kommunikationsmanagementsystem wird in ähnlicher Weise wie ein prozessorientiertes Qualitätsmanagementsystem nach DIN EN ISO 9001:2000 durch einen äußeren und inneren Regelkreis beschrieben (Bild 15.3).

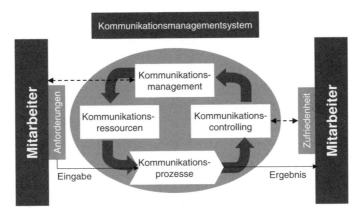

Bild 15.3 Modell des prozessorientierten Kommunikationsmanagementsystems

Der äußere Regelkreis des prozessorientierten Kommunikationsmanagementsystems schließt die Mitarbeiter des Unternehmens ein. Die Geschäftsleitung plant die zu realisierenden unternehmensinternen Kommunikationsprozesse zwischen den Mitarbeitern bzw. Mitarbeitergruppen. Die Informationsanforderungen der Mitarbeiter bilden die Basis für die unternehmensspezifischen Kommunikationsprozesse. Das Ergebnis dieser Prozesse bestimmt in essentieller Weise die Zufriedenheit der Mitarbeiter. Durch ein Kommunikationscontrolling kann kontinuierlich und systematisch diese Zufriedenheit erfasst und können die Ergebnisse an die Leitung berichtet werden. Resultierende Korrekturmaßnahmen zur Verbesserung der Mitarbeiterzufriedenheit und zur Erhöhung der Wirksamkeit des Kommunikationsmanagementsystems stoßen einen erneuten Durchlauf des äußeren Regelkreises an, wodurch eine ständige Verbesserung erfolgt.

Der innere Regelkreis umfasst alle Zusammenhänge zwischen den Hauptelementen des Kommunikationsmanagementsystems. Die Unternehmensleitung stellt den Mitarbeitern alle erforderlichen Ressourcen zur Realisierung der Kommunikationsprozesse innerhalb der Organisation zur Verfügung. Hierzu gehören Mitarbeiterqualifizierung, Infrastruktur, Arbeitsumgebung sowie finanzielle Ressourcen. Über das

Kommunikationscontrolling werden die Kommunikationsprozesse in der Organisation überprüft. Im Wesentlichen werden dabei der Nutzen und die Akzeptanz der innerbetrieblichen Kommunikation gemessen und bewertet. Durch das Kommunikationscontrolling werden auch Korrektur- und Vorbeugungsmaßnahmen zur ständigen Verbesserung des Kommunikationsmanagementsystems ermittelt.

Die Hauptelemente des beschriebenen Kommunikationsmanagementsystems umfassen das Kommunikationsmanagement, die Kommunikationsressourcen, die Kommunikationsprozesse und das Kommunikationscontrolling. Obwohl diese Hauptelemente stark miteinander verknüpft sind, wird eine getrennte Analyse dieser Elemente durchgeführt, um die entsprechenden Anforderungen genau und detaillierter zu definieren.

Die Anwendung und Validierung des Konzeptes soll ein Praxisbeispiel verdeutlichen. Das ausgewählte Unternehmen veredelt mit modernen Verfahren in seinem Werk 1 ausgesuchte pflanzliche Rohstoffe zu hochwertigen funktionellen Ölen und Fetten für die europäische Lebensmittelindustrie. Dabei wird beim fertigen Produkt zwischen Losware und abgepackter Ware unterschieden. Im ersten Fall wird das Produkt per Tanklaster vom Werk 1 zu den Kunden gebracht.

Bei der abgepackten Ware wird das Produkt über Rohrleitungen an das einige hundert Meter entfernte Werk 2 befördert und in verschiedenen Tankern vorübergehend gelagert. Bedarfsabhängig wird die benötigte Menge an Öl oder Fett in die entsprechende Anlage gepumpt. Dort wird das Öl oder das Fett in verschiedene Behälter (Karton, Box, Fass usw.) mit unterschiedlichen Größen (fünf oder 7,5 Liter, 20 oder 25 kg usw.) abgefüllt, verpackt und palettiert. Die Paletten werden abhängig von der Öl- oder Fettsorte in verschiedene Bereiche des Lagers, die unterschiedliche Temperaturen aufweisen, transportiert. Das Lagerpersonal stellt die Bestellungen für den nächsten Tag zusammen, damit die Paletten bei der Ankunft des LKW zur Verladung bereitstehen.

Die Anwendung des qualitätsorientierten Modells zur Gestaltung der internen Kommunikation hat als vorrangiges Ziel, Schwachstellen systematisch festzustellen und daraus Verbesserungsmaßnahmen abzuleiten. Die Kriterien des Modells dienten als Basis für einen Katalog zur Selbstbewertung mit 50 Fragen. Um die Berechnung und graphische Darstellung zu vereinfachen, sind die Fragen in eine Excel-Tabelle übertragen worden (Bild 15.4).

Dieser Katalog dient als Anleitung bei den Workshops zur Selbstbewertung. In den Workshop sind Vertreter aller Unternehmensbereiche und die Unternehmensführung beteiligt. Im Anschluss an die Erhebung der ersten Daten werden die Inhalte der Fragen diskutiert, wird der Erfüllungsgrad der Kriterien gemessen und werden die

15.4 Modellierung der internen Kommunikation

Stärken sowie die Verbesserungsbereiche der Organisation identifiziert. Die Antworten werden mit entsprechenden Nachweisen untermauert und dokumentiert.

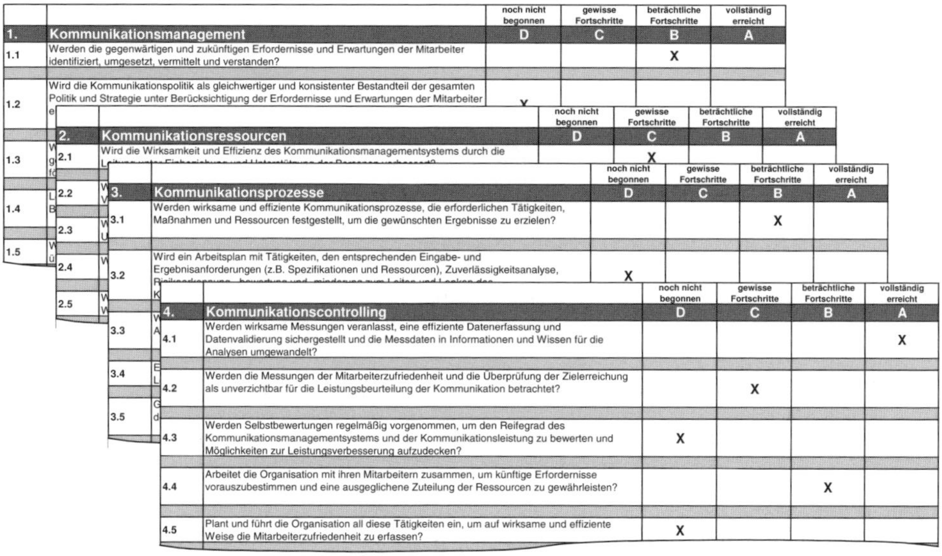

Bild 15.4 Fragenkatalog zur Selbstbewertung

Um den Erfüllungsgrad der Kriterien zu bewerten, wird eine Skala mit vier Werten verwendet: noch nicht begonnen (D), gewisse Fortschritte (C), beträchtliche Fortschritte (B) und vollständig erreicht (A). Ein Kreuz in der Spalte D bedeutet 0 %, eins in der Spalte C 33 %, eins in der Spalte B 67 % und eins in der Spalte A 100 %. Da davon ausgegangen wird, dass alle Fragen gleichwichtig sind, wird die Anzahl der Markierungen (a) mit dem entsprechenden Faktor (b) multipliziert. Die Ergebnisse aus jeder Spalte werden addiert (Gesamt) und durch die Anzahl der Fragen (50) dividiert, um den prozentualen Wert des Erfolgs zu errechnen (Tabelle 15.1).

Tabelle 15.1 Beispiel einer Gesamtbewertung

Kriterium	D	C	B	A	% Erfolg
1. Kommunikationsmanagement	3	5	2	0	29,90
2. Kommunikationsressourcen	2	5	2	1	39,90
3. Kommunikationsprozesse	1	3	4	7	71,13
4. Kommunikationscontrolling	8	2	3	2	31,13
Gesamtanzahl Markierungen (a)	14	15	11	10	
Faktor (b)	0	33	67	100	**Gesamt**
Wert (a x b)	0	495	737	1000	2232
Gesamtbewertung (Gesamt/50)	44,64	% Erfolg			

Zur Vorstellung der Ergebnisse in den Unternehmen dient eine graphische Darstellung in Form eines Netzes (Bild 15.5).

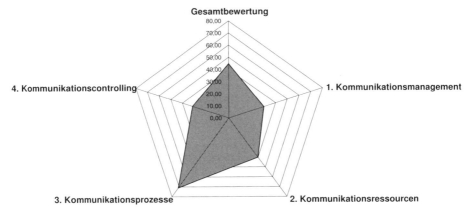

Bild 15.5 Beispiel der Ergebnisse einer Selbstbewertung

15.5 Werkzeuge zur Gestaltung und Verbesserung der internen Kommunikation

Im vorherigen Abschnitt wurde das Thema Kommunikation auf der *Systemebene* behandelt. In diesem Abschnitt werden Werkzeuge für die Ebenen *Prozess*, *Personal* und *Instrumente* sowie ihre Vorgehensweisen und ihre Einsatzmöglichkeiten zusammenfassend dargestellt.

Für die Analyse und anschließende Verbesserung der Kommunikationsprozesse innerhalb des Kommunikationsmanagementsystems wird das Werkzeug zur Gestaltung von Kommunikationsprozessen (siehe Abschnitt 15.5.1) angewendet. Auf Basis der gewonnenen Daten ist es auf der einen Seite möglich, das Soll-Profil der Prozessbeteiligten zu definieren und das Werkzeug zur Planung von Qualifizierungsmaßnahmen (siehe Abschnitt 15.5.2) anzuwenden. Auf der anderen Seite werden diese Daten durch das Werkzeug zur Auswahl von Kommunikationsinstrumenten (siehe Abschnitt 15.5.3) benutzt, um ein Instrument für die optimale Übertragung der Informationen innerhalb des Prozesses zu identifizieren.

15.5.1 Werkzeug zur Gestaltung von Kommunikationsprozessen

Entscheidend für eine erfolgreiche Entwicklung des Kommunikationsmanagementsystems ist, dass alle Mitarbeiter nicht mehr in Funktionen, sondern in Prozessen denken. Dafür sollten sie ihre Aktivitäten als einen Teil eines Prozesses erkennen, der

15.5 Werkzeuge zur Gestaltung und Verbesserung der internen Kommunikation

ein bestimmtes Ziel verfolgt, welches wiederum stark mit anderen Zielen der Organisation verkettet ist.

Um die genannten Aktivitäten durchführen zu können, werden bestimmte Informationen benötigt, die als Input dienen. Gleichzeitig werden als Output weitere Informationen generiert, die wiederum als Input für darauf folgende Aktivitäten genutzt werden. Diese Art der Kommunikation erzeugt eine Serie von internen Kunden-Lieferanten-Beziehungen, die im Detail analysiert werden.

Die Informationsübertragung erfolgt durch die Kunden-Lieferanten-Beziehungen, die über bestimmte Schnittstellen verfügen. In der Organisation existieren Beziehungen sowohl zwischen Aktivitäten innerhalb eines Prozesses, zwischen unterschiedlichen Prozessen der Organisation als auch zwischen den Prozessen der Organisation und den Kunden.

Durch die Schnittstellenanalyse werden die kritischen Informationen und die optimalen Übertragungsformen festgestellt sowie die Qualität des Prozesses sichergestellt. Um die Ziele zu erreichen, benötigen die Aktivitäten Informationen. Fehlende Information, ihre verspätete Übertragung oder die Unverständlichkeit der in der Information beinhalteten Daten sind mögliche Gründe für die Qualitätsminderung eines Kommunikationsprozesses [CRO 01].

Bedauerlicherweise führen viele Organisationen eine klare Definition und Analyse der Prozesse nur mit dem Ziel durch, die Reihenfolge der identifizierten Aktivitäten zu verbessern [ECK 03]. Entscheidend für die Definition effizienter und effektiver Prozesse ist zusätzlich eine optimale Festlegung der Schnittstellen und der zu übertragenden Informationen. Ohne eine Verbesserung der internen Kommunikation ist eine Verbesserung der Prozesse nicht möglich.

Bei der Untersuchung der Kommunikation innerhalb eines Prozesses kann oftmals festgestellt werden, dass die Schnittstellen nicht nur zwischen den direkt folgenden Aktivitäten bestehen, sondern dass ein Informationsaustausch zwischen allen Aktivitäten des Prozesses stattfindet. Die graphische Darstellung der Prozesse erlaubt normalerweise keine detaillierte Darstellung aller Zusammenhänge und Schnittstellen [PRE 95].

Anhand der Organisationsstruktur kann der Weg eines Kundenauftrages verfolgt und somit die große Anzahl an Barrieren, die er von einer Abteilung zur nächsten bzw. von einem Bereich zum anderen überwinden muss, veranschaulicht werden. Bei jeder Schnittstelle erfolgt ein Wechsel der Verantwortlichkeiten und Befugnisse, wodurch bei der Kommunikation ein Informationsverlust entsteht. Bei den Mitarbeitern sind die vor- und nachgelagerten Tätigkeiten bekannt, jedoch sind ihnen die meisten Aufgaben weiter entfernter Prozessschritte in der Produktionskette teilweise oder gänzlich unbekannt. In den vorgelagerten Prozessschritten werden die Entscheidungen getroffen, die den Informationsinput für nachgelagerte Prozessschritte darstellen und einen großen Einfluss auf deren Tätigkeiten haben. Die Prozesskette ist durch eine große Anzahl von Rückfragen, anschließende Informationsanfragen, Fehlern und Nacharbeit gekennzeichnet.

An dieser Stelle wird der Ansatz des prozessorientierten Qualitätsmanagements angewandt, der seinen Schwerpunkt auf die Prozesse durch eine Schnittstellenanalyse sowie durch eine übergreifende Verbesserung des Kommunikationsprozesses legt. Aus diesem Grund werden bei diesem Ansatz die Kommunikationsart in den Schnittstellen sowie die Ergebnisse und Informationen, die übertragen werden müssen, klar definiert. Das Ziel der optimalen Produkte und Prozesse sollte gemeinsam durch alle Mitarbeiter und Bereiche der Organisation erreicht werden. Eine Ausrichtung auf die Kommunikationsprozesse entlang der Produktionskette ist der erste Schritt zur richtigen Einschätzung der Anforderungen des Kunden an das Produkt und an die Organisation.

Für die Analyse der Kommunikation und der im Prozess benötigten Informationen kann auf das Werkzeug der Prozess-Struktur-Matrix (PSM) zurückgegriffen werden. Mit Hilfe dieser Methode lassen sich auf einfache und verständliche Weise die Struktur eines Prozesses, die benötigten Schnittstellen sowie die durch die Schnittstellen übertragenen Informationen graphisch darstellen (Bild 15.6).

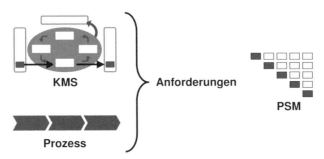

Bild 15.6 Gestaltung von Kommunikationsprozessen

Um die Vorgehensweise bei der Anwendung des Werkzeugs näher zu erläutern, wird auf dem Beispiel aus dem Abschnitt 15.4 zurückgegriffen. Anhand der Selbstbewertung und der anschließenden Besprechungen wird ein Kommunikationsprozess im Unternehmen, bei dem ein hoher Handlungsbedarf besteht, ausgewählt. In diesem Fall handelt sich um den Kommunikationsprozess im Werk 2. Dieser Prozess wird in elf Teilprozesse gegliedert und strukturiert (Bild 15.7).

Die Komplexität dieses recht einfach anmutenden Prozesses wird durch eine partielle Darstellung der vorhandenen Schnittstellen ersichtlich (Bild 15.8). Bei den persönlichen Interviews mit den Prozessbeteiligten aus Kunden- und Lieferantensicht lassen sich insgesamt 32 Schnittstellen identifizieren, über die 78 Informationen weitergegeben werden.

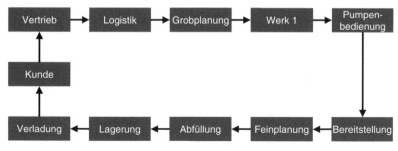

Bild 15.7 Betrachteter Prozess im Werk 2

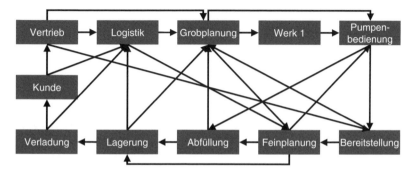

Bild 15.8 Teildarstellung der identifizierten Schnittstellen

Von den 78 Informationen werden 59 Informationen zwischen den Teilprozessen ausgetauscht (z. B. zwischen Logistik und Grobplanung). 17 Informationen werden intern generiert und ausschließlich innerhalb des jeweiligen Teilprozesses benötigt (z. B. in der Abfüllung zwischen Maschinenbediener und Meister). Zwei der 78 Informationen werden an prozessexterne Bereiche weitergegeben (Spediteur und Anwendungstechnik).

An jeder Schnittstelle und in jedem Teilprozess wird eine unterschiedliche Anzahl an Informationen weitergegeben bzw. erarbeitet. Um diese Interdependenzen graphisch darzustellen, wird eine Prozess-Struktur-Matrix angewendet. Die gefundenen Teilprozesse werden auf der Hauptdiagonalen eingetragen und die Schnittstellen zwischen den Teilprozessen werden als Rechtecke graphisch dargestellt. In der Matrix wird außerdem die Anzahl der Informationen, die zwischen den Teilprozessen ausgetauscht werden, in den jeweiligen Rechtecken eingetragen. Die Anzahl der Informationen, die lediglich im gleichen Teilprozess generiert und benötigt werden, wird in einem schwarzen Kreis dargestellt (Bild 15.9).

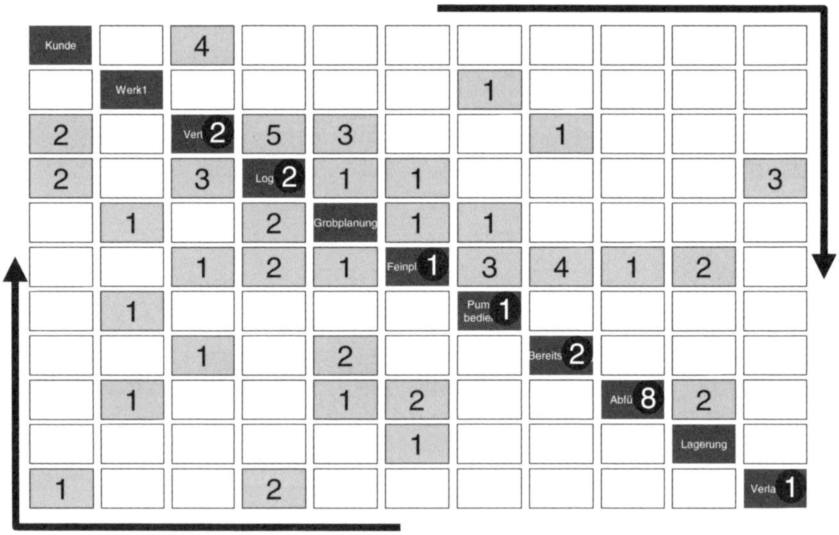

Bild 15.9 Identifizierte Schnittstellen und Anzahl der weitergegebenen Informationen

Im Folgenden wird beispielsweise die Schnittstelle zwischen Vertrieb und Logistik näher erläutert, um die Vorgehensweise bei der detaillierten Analyse der Kunden-Lieferanten-Beziehung vorzustellen. Aus der Matrix wird ersichtlich, dass der Vertrieb fünf Informationen an die Logistik weiterleitet (Bild 15.10). Diese Informationen können aus vielen Datensätzen bestehen. Wie z. B. die Information *Kontraktübersicht* aus den Daten *Kunde, Produkt, Zahlungsziel, Lieferkonditionen, Kalkulationsschlüssel, Preis* usw. besteht.

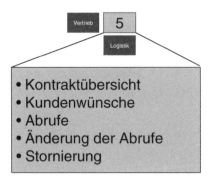

Bild 15.10 Beispiel einer Schnittstelle

Die Werte in der Matrix dienen zur Berechnung der Anzahl an Informationen, die ein Teilprozess an die anderen Teilprozesse überträgt (Aktivsumme), sowie der Anzahl, die ein Teilprozess von den anderen benötigt (Passivsumme) (Bild 15.11). Diese Berechnung ermöglicht, die für die Kommunikationsqualität relevanten Teilprozesse zu identifizieren.

15.5 Werkzeuge zur Gestaltung und Verbesserung der internen Kommunikation

Alle Informationen werden durch die persönlichen Interviews sowohl mit internen Kunden als auch mit internen Lieferanten der Informationen nach einem Ranking von A bis D (A: sehr wichtig, D: unwichtig) und einer Zahlenreihe von 1 bis 6 (1: sehr gut bereitgestellt und 6: ungenügend bereitgestellt) bewertet. Die Bewertung ermöglicht es, die Schwachstellen zu identifizieren und gleichzeitig zu priorisieren. 28 von den insgesamt 78 im Prozess benötigten Informationen (ca. 36 %) haben einen Harmonisierungsbedarf.

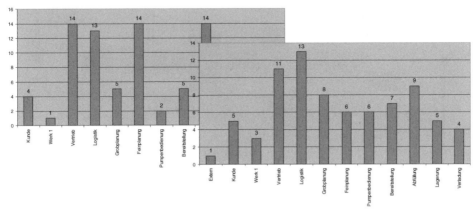

Bild 15.11 Darstellung der Aktiv- und Passivsummen

Von den 28 Informationen, die als Schwachstellen identifiziert werden, werden drei Informationen intern im Teilprozess *Abfüllung* erzeugt und verarbeitet. Die restlichen 25 Informationen werden über 16 Schnittstellen (50 % von den 32 identifizierten Schnittstellen) weitergegeben. Die Verteilung der Schwachstellen in den Schnittstellen bzw. in den Teilprozessen kann anhand der Prozess-Struktur-Matrix graphisch dargestellt werden. Im Bild 15.12 sind die Schnittstellen mit einem hohen Harmonisierungsbedarf in Schwarz und die Schnittstellen mit mittlerem Harmonisierungsbedarf in Dunkelgrau dargestellt. Schnittstellen, an denen kein Harmonisierungsbedarf besteht, sind hellgrau gekennzeichnet. Die Werte stellen die Anzahl der identifizierten Schwachstellen in den entsprechenden Schnittstellen dar.

Zur Verdeutlichung der Ergebnisse wird weiterhin als Beispiel die Schnittstelle zwischen Vertrieb und Logistik zu Grunde gelegt. An dieser Schnittstelle werden vier Informationen als Schwachstellen identifiziert. Eine davon ist die Kontraktübersicht, auf die hier näher eingegangen wird. Während des Interviews mit dem internen Kunden, in diesem Fall die Logistik, stellte sich heraus, dass diese Information sehr unverständlich ist. Der Grund dafür ist, dass diese Information zu viele unstrukturierte Daten enthält, wodurch die benötigten Daten sehr schwer aufzufinden sind. Erschwerend kommt hinzu, dass die Logistik je nach Produkt oder Kunde sehr unterschiedliche Informationsbedarfe hat. Kunden aus Osteuropa benötigen z. B. andere Zertifikate und Laboruntersuchungen als Kunden aus Westeuropa. Die Logistik erwartet vom Vertrieb vollständige und verständliche Informationen.

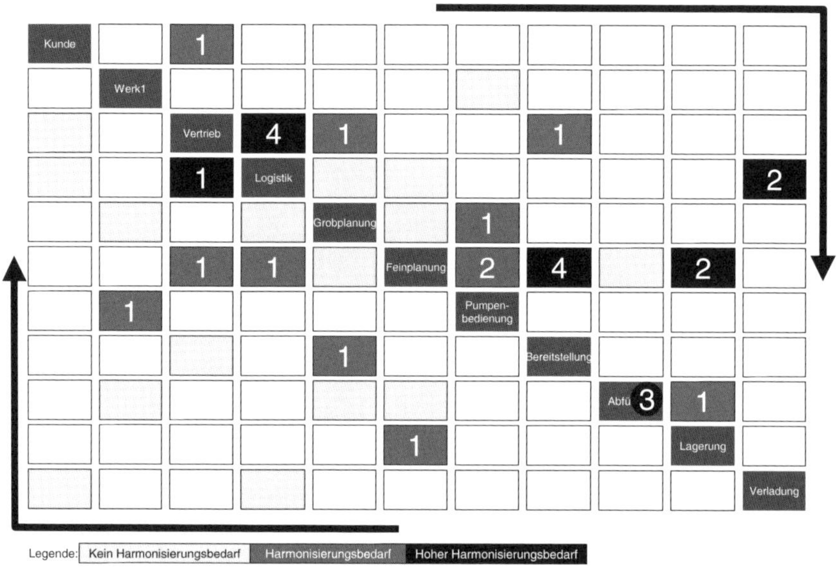

Bild 15.12 Darstellung der identifizierten Schwachstellen

Aus Kundensicht beurteilt die Abteilung Logistik die Bedeutung der Information Kontraktübersicht mit A (sehr wichtig) und bewertet sie aufgrund der oben genannten Anmerkungen mit einer 5 (mangelhaft bereitgestellt). Aus der Lieferantensicht beurteilt der Vertrieb die Information ebenfalls mit der Bedeutung A, jedoch fällt ihre Bewertung auf eine 2 (gut bereitgestellt) (Bild 15.13).

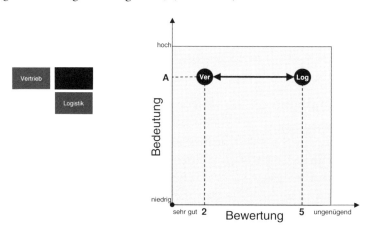

Bild 15.13 Bewertung der Kontraktübersicht

Alle Informationen, bei denen hoher Harmonisierungsbedarf besteht, werden nach der Bewertung zusammen mit den betroffenen Teilprozessen sowie einer kurzen Erläuterung der identifizierten Schwachstellen aufgelistet. Durch die Zuordnung zu den betroffenen Schnittstellen werden die Schwachstellen gruppiert und als Katalog für die Maßnahmendefinition zur Verfügung gestellt. Im weiteren Verlauf des Projektes werden die Schwachstellen zusammen mit den betroffenen Personen genauer analysiert. Anschließend werden Maßnahmen definiert, die Verantwortlichen für ihre Umsetzung festgelegt sowie die Umsetzung der Maßnahmen geplant und verfolgt. In Tabelle 15.2 sind exemplarisch die vier Schwachstellen, die zwischen Vertrieb und Logistik identifiziert werden, mit den entsprechenden Maßnahmen aufgelistet.

Tabelle 15.2 Tabellarische Darstellung der Schwachstellen

Schnittstelle: Vertrieb → Logistik		
Information	Schwachstelle	Maßnahme
Abrufe	Nicht einheitlich, Missverständnisse	Vereinbarung zwischen den Prozessteilnehmern
Kontraktübersicht	Unverständlich, zu viele Daten	Definition genügender Felder für Vermerke und für Fließtexte im ERP-System
Kundenwünsche	Unvollständige Erfassung	Information an Logistik über Sondervereinbarungen in Kontrakten
Stornierung	Unzureichende Weitergabe der Information	Weitergabe einer Kopie der Änderung des Lieferscheins

Bei der Schwachstelle Kontraktübersicht werden z. B. als Maßnahme die Anforderungen an die Eingabemaske für die Kontraktdaten im ERP-System definiert. Diese Anforderungen werden gemeinsam von Logistik und Vertrieb festgelegt und an die EDV-Abteilung zu deren Umsetzung in das ERP-System übergeben.

15.5.2 Werkzeug zur Planung von Qualifizierungsmaßnahmen

Das Werkzeug zur Gestaltung von Profilbeschreibungen unterstützt die Organisationen bei der Planung der benötigten Qualifizierungsmaßnahmen unter Berücksichtigung der spezifischen Tätigkeiten der Prozessbeteiligten. KMU benötigen ein leicht anzuwendendes Werkzeug, das gleichzeitig alle Anforderungen an eine korrekte Planung der Mitarbeiterqualifizierung erfüllt. Diese Planung ist organisations- bzw. prozessspezifisch, da sie sowohl von den durchgeführten Tätigkeiten als auch von den Schnittstellen zwischen den Tätigkeiten und den übertragenen Informationen abhängt. Deswegen wird mit einer Analyse der Prozesse, z. B. mittels der Methode der Prozess-Struktur-Matrix (siehe Abschnitt 15.5.1), begonnen.

Mit der Anwendung der Prozess-Struktur-Matrix werden zuerst alle Anforderungen an die internen Lieferanten, die für die optimale Durchführung des Kommunikationsprozesses notwendig sind, identifiziert. Anschließend werden alle Informationen, die die Prozessbeteiligten an die internen Kunden übermitteln, bewertet. Auf diese Weise entsteht eine detaillierte Beschreibung der Informationen, die die beteiligten Personen benötigen (verstehen, erarbeiten, übermitteln, archivieren usw.).

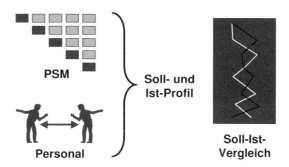

Bild 15.14 Gestaltung von Mitarbeiterprofilen

Anhand der definierten Kommunikationsprozesse wird eine Profilbeschreibung für jeden Teilprozess bzw. für jeden Verantwortlichen eines Teilprozesses entwickelt. Dafür werden zuerst die allgemeinen, personalorientierten Anforderungen, die ein Kriterium zur Beschreibung jeder einzelnen Tätigkeit sind, identifiziert und gewichtet.

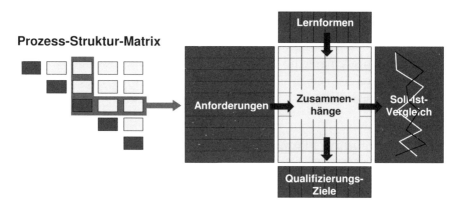

Bild 15.15 Werkzeug zur Planung von Qualifizierungsmaßnahmen

Diese Anforderungen ermöglichen die Beschreibung des Profils, das ein Mitarbeiter für das Management der internen Kommunikation innerhalb eines Teilprozesses benötigt (Soll-Profil). Durch den Vergleich des Soll-Profils mit dem Erfüllungsgrad

15.5 Werkzeuge zur Gestaltung und Verbesserung der internen Kommunikation

der Anforderungen durch den Mitarbeiter (Ist-Profil), können individuelle Qualifizierungsbedarfe abgeleitet werden (Bild 15.14).

Um diese Bedarfe durch Qualifizierungsmaßnahmen abzudecken, werden Lernformen ermittelt und strukturiert. Die Zusammenhänge zwischen den Anforderungen und den Lernformen werden anhand der Methode des Quality Function Deployment (QFD) identifiziert und quantifiziert (Bild 15.15).

Identifizierung der Lernformen

Zusätzlich zu den identifizierten Lernformen werden die definierten Anforderungen mit ihren Gewichten, die im Rahmen eines paarweisen Vergleichs ermittelt werden, in das House of Qualification (HoQ) eingetragen. Anschließend werden die Lernformen, die für die Unternehmen in Frage kommen, ausgewählt und wird der Unterstützungsgrad der Anforderungen an die Kommunikation durch diese Lernformen bewertet und in die Bewertungsmatrix eingetragen. Im Bild 15.16 werden die Ergebnisse aus dem Unternehmensbeispiel dargestellt.

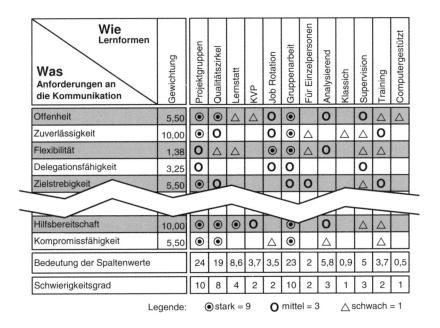

Bild 15.16 Erste Phase des HoQ

Identifizierung der Lernmodule

In der zweiten Phase werden in einem weiteren House of Qualification die Zusammenhänge zwischen den ausgewählten Lernformen und den verschiedenen Lernmodulen analysiert (Bild 15.17). Auf diese Weise können für die anstehenden Qualifizierungsmaßnahmen objektiv die für jeden Mitarbeiter geeignetsten Lernmodule identifiziert werden.

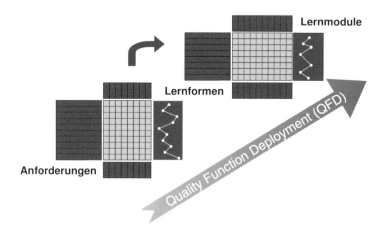

Bild 15.17 Phasen der QFD-Methode in der Planung von Qualifizierungsmaßnahmen

In dieser Phase stellen die Lernformen die Anforderungen (*Was*) des HoQ dar. Ihnen sind Gewichtungen zugeordnet worden, die dem Schwierigkeitsgrad der ersten Phase gleichen. Die Lernmodule, die anhand einer Analyse der zur Verfügung stehenden Qualifizierungsmaßnahmen identifiziert werden, stellen die Merkmale des HoQ dar (Bild 15.18).

Die Ergebnisse für das Unternehmen werden grob in drei Klassen eingeordnet. Die erste Klasse bilden die Qualifizierungsmaßnahmen mit einer sehr starken Unterstützung der Lernformen. Zu ihnen zählen: Integration von Kommunikationsmodellen, Konfliktmanagement, Persönlichkeit und Kommunikation sowie Gespräche, Persönlichkeit und Körpersprache. Hierbei handelt es sich um Qualifizierungsmaßnahmen, die sich sehr stark der Kommunikationsverbesserung widmen und übergreifende Hilfestellungen und Anregungen geben. Der innerbetriebliche Informationstransfer wird durch solche Qualifizierungsmaßnahmen stark unterstützt, da den Mitarbeitern Verhaltensweisen für verschiedene Gesprächssituationen näher gebracht werden. Dabei spielt auch die Persönlichkeitsentwicklung eine entscheidende Rolle, wodurch die Mitarbeiter in ihrem Auftreten und der Motivation gestärkt werden.

15.5 Werkzeuge zur Gestaltung und Verbesserung der internen Kommunikation

Die zweite Klasse bilden die Lernmodule mit einer starken Unterstützung der Lernformen. Zu dieser Gruppe zählen: Strategien zum sofortigen Reagieren und Handeln, Prozesskommunikation, Verhaltens- und Kommunikationstraining, Moderationstechniken, Mitarbeitergespräche und Kommunikation in Veränderungsprozessen. Diese Qualifizierungsmaßnahmen beschäftigen sich weniger stark mit der allgemeinen Kommunikation, sondern sind schon weiter spezialisiert. Sie sind dagegen besser geeignet, wenn gerade die behandelten Themen als Schwächen in der internen Kommunikation identifiziert werden und aufgehoben werden sollen. Diese Klasse bildet somit eher die Auswahl an Lernmodulen, die direkt für die Mitarbeiterqualifizierung einsetzbar sind.

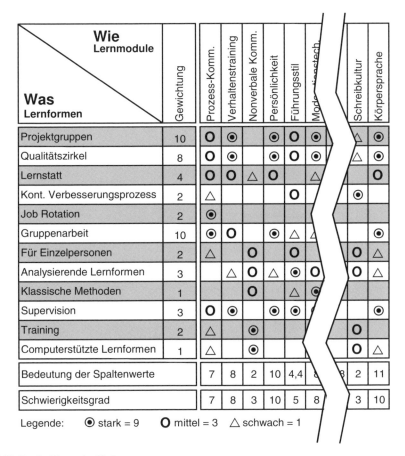

Bild 15.18 Zweite Phase des HoQ

Die dritte Klasse, zu der nonverbale Kommunikation, Persönlichkeit und Führungsstil, interne Kommunikation, Intranet sowie Schreibkultur zählen, sind spezieller und häufig auch individueller Art. Sie haben ihre Berechtigung, wenn es um die Unterstützung ausgewählter Lernformen geht. Sind spezielle Lernziele vorhanden, können durch sie enorme Verbesserungspotentiale realisiert werden, jedoch sind sie von untergeordneter Bedeutung, wenn es um eine allgemeine Verbesserung der Kommunikation geht.

15.5.3 Werkzeug zur Auswahl von Kommunikationsinstrumenten

Nach der Gestaltung und Bewertung der Kommunikationsprozesse anhand der Prozess-Struktur-Matrix (siehe Abschnitt 15.5.1) liegt eine Liste mit allen ausgetauschten Informationen für jeden Prozess vor. Für eine optimale Gestaltung der internen Kommunikation ist die Identifizierung des geeigneten Instruments zur Übermittlung dieser Informationen erforderlich.

Um dieses zu erreichen, wird ein Werkzeug zur Auswahl von Kommunikationsinstrumenten angewendet, das bei allen Arten von Kommunikationsprozessen, unabhängig vom analysierten Organisations- oder Prozesstyp, benutzt werden kann. Dafür werden Kriterien zur Klassifizierung der Kommunikationsprozesse definiert und in einer Integrationsmatrix zusammengefasst, um die Kommunikationsanforderungen mit geeigneten Kommunikationsinstrumenten in Zusammenhang zu bringen.

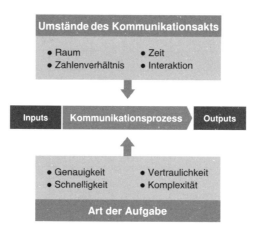

Bild 15.19 Klassifizierungsebenen und -kriterien

In der Literatur sind derzeit noch keine konkreten Schemata oder Vorgehensweisen zur Klassifizierung von Informationen vorhanden. Daher werden die vier wichtigsten Kriterien zur Klassifizierung herausgearbeitet, bei denen die technisch-physikalischen Bedingungen berücksichtigt werden. Für eine vollständige Analyse des Kommunikationsprozesses werden weitere Kriterien berücksichtigt, die sich zu einem hohen Grad aus dem Kommunikationsinhalt ergeben und somit soziale und psychologische Aspekte betrachten. Dabei lassen sich zwei Klassifizierungsebenen ermitteln (Bild 15.19).

Die Kommunikationsbedarfe stellen Anforderungen an den Kommunikationsprozess dar, wobei die einzelnen Kommunikationsinstrumente unterschiedlich gut geeignet sind, diese Anforderungen zu erfüllen. Das Werkzeug zur Auswahl der Kommunikationsinstrumente besteht somit aus einer Integrationsmatrix, die Folgendes leistet:

1. Bewertung und Erfassung der Anforderungen an den Kommunikationsprozess, die sich aus den Kommunikationsbedarfen ergeben (Anforderungsmatrix).
2. Beurteilung der Eignung der einzelnen Kommunikationsinstrumente, um den Kommunikationsanforderungen gerecht zu werden (Eignungsmatrix).
3. Kombination beider Elemente zur systematischen Kopplung beider Gestaltungsobjekte.

Im Kern dieser Integrationsmatrix stehen die Klassifizierungskriterien der Kommunikationsprozesse. Diese Kriterien ermöglichen es, sowohl die Kommunikationsbedarfe zu klassifizieren als auch die Kommunikationsinstrumente zu bewerten. Da sie für beide Gestaltungsobjekte gleich sind, bilden sie die gemeinsame Plattform, um beide Elemente miteinander zu kombinieren.

Dabei ist Folgendes zu beachten: Bei der Erstellung der Integrationsmatrix ist Subjektivität nicht vermeidbar und andere Anwender können unter Umständen andere Ergebnisse erzielen. Dessen ungeachtet bietet die Struktur der Matrizen durch die allgemein gültigen Klassifizierungskriterien ein effizientes Tool zur Unterstützung der Integration von Kommunikations- und Qualitätsmanagementsystemen.

15.6 Zusammenfassung

Um die interne Kommunikation systematisch und methodisch in Organisationen zu optimieren, wird das Kommunikationsmanagement ähnlich wie das Qualitätsmanagement prozessorientiert gestaltet. Der Vorteil dieser Vorgehensweise liegt in der entstehenden Kompatibilität beider Systeme. So lassen sich die Kommunikationsprozesse und -verfahren problemlos in das Qualitätsmanagementsystem einer Organisation integrieren.

In Anlehnung an die DIN EN ISO 9000 ff. wird das Modell für das Kommunikationsmanagementsystem entwickelt und durch die Kriterien des EFQM-Modells ergänzt. Hierdurch wird Organisationen ein Leitfaden zur Gestaltung und Aufrechterhaltung von Systemen für die interne Kommunikation zur Verfügung gestellt. Darüber hinaus bekommen sie ein Werkzeug, mit dem sie eine Selbstbewertung zur Erhebung der Schwachstellen in der internen Kommunikation durchführen können.

Das Modell für ein Kommunikationsmanagementsystem beschreibt das erforderliche Kommunikationsverhalten moderner Geschäftsprozesse und stellt die benötigten Informationen für die Erstellung der Mitarbeiterprofile bereit. Dabei hat sich gezeigt, dass die Integration kommunikationstheoretischer Erkenntnisse, die insbesondere die Anforderungen vor- und nachgelagerter Prozesse im Sinne interner Kunden-Lieferanten-Verhältnisse berücksichtigen, wesentlich bei der Erstellung eines Mitarbeiterprofils ist. Um die Transparenz dieses Verhaltens und der inneren Prozessstruktur zu erzielen, wird die Prozess-Struktur-Matrix eingesetzt.

Eine weitere Methode des Qualitätsmanagements, das Quality Function Deployment, wird im Bereich der Personalentwicklung angewendet. Ziel ist die Forcierung der präventiven Qualifizierungsmethoden im Bereich der Personalentwicklung und betrieblichen Weiterbildung. Schwerpunkt ist die Entwicklung eines Werkzeugs zur Bewertung der Anforderungen an die betriebliche Kommunikation. Hierfür werden die Anforderungen ermittelt und gewichtet. Mit Hilfe von Lernformen wird anschließend der Bogen zu Weiterbildungsmodulen, in Form von auf dem Markt erhältlichen Angeboten, gespannt.

Die Qualifizierung der Mitarbeiter allein reicht jedoch nicht aus, um eine vollständige und reibungslose interne Kommunikation zu gewährleisten. Die Organisationen müssen eine geeignete Struktur bzw. eine Plattform zur Verfügung stellen, die diese Kommunikation unterstützt und fördert. Dafür müssen Kommunikationsinstrumente eingeführt werden, die das formale Gerüst bieten und die Kommunikation ermöglichen. Das Spektrum von Instrumenten ist heutzutage sehr breit und umfasst beispielsweise die täglichen Dialoge, die Mitarbeiterzeitungen, das Internet usw. Bevor eine Organisation sich für die Einführung eines Instrumentes entscheidet, müssen eine Analyse der Vor- und Nachteile des Instrumentes sowie ein Vergleich gegenüber anderen Instrumenten durchgeführt werden.

Literatur

[BIN 03] Binner, H. F.: Prozessorientierte Personalentwicklung, in: *REFA-Nachrichten*, 3. Jg., H. 4, S. 18–23, REFA Bundesverband, Darmstadt 2003

[BIR 00] Birker, K.: Betriebliche Kommunikation – Praktische Betriebswirtschaft, 2. Aufl., Cornelsen Girardet Verlag, Berlin 2000

[CRO 99] Crostack, H.-A.; Floel, J.; Peisert, P.: Den internen Kunden fördern – Mitarbeiterorientierung mit Motivations-QFD, in: *QZ Qualität und Zuverlässigkeit*, 44. Jg., H. 11, S. 1413–1417, Carl Hanser Verlag, München 1999

[CRO 01] Crostack, H.-A.; Pfeifer, T.; Borghese, H.; Schneider, F.: Problembereich Kommunikation – Über Schnittstellen zur Prozessverbesserung, in: *QZ Qualität und Zuverlässigkeit*, 46. Jg., H. 7, S. 891, Carl Hanser Verlag, München 2001

[DIN 00] DIN EN ISO 9001:2000: Qualitätsmanagementsysteme – Anforderungen, DIN Deutsches Institut für Normung e. V., Beuth Verlag, Berlin 2000

[ECK 03] Eckert, Th.: Stufenweise ausbauen – Erfahrungen mit eigener Methodik zur individuellen Prozessgestaltung, in: *QZ Qualität und Zuverlässigkeit*, 48. Jg., H. 4, S. 996–1000, Carl Hanser Verlag, München 2003

[GER 02] Gernert, H.; Meinhold, J.: Funktionsbeschreibung in prozessorientierten Unternehmen, in: *IM Information Management & Consulting*, H. 2, S. 66–71, Verlag imc, Saarbrücken 2002

[GUC 03] Gucanin, A.: EFQM-Modell auf dem Prüfstand – Forschungsergebnisse über Schwächen des EFQM-Modells für Excellence, in: *QZ Qualität und Zuverlässigkeit*, 48. Jg., H. 2, S. 109 f., Carl Hanser Verlag, München 2003

[HEL 03] Helm, R.; Meiler, R. C.: Unternehmensvision, Interne Kommunikation und Effizienz des Wissensmanagement, in: *Controlling*, H. 3/4, S. 201–207, Verlag Franz Vahle & C.H. Beck, München/Frankfurt 2003

[KEL 04] Keller, Ch.; Kuhn, S.: Erfolg im Doppelpack – Qualitäts- und Wissensmanagement, in: *Management und Qualität*, Bd. 39, H. 9, S. 12 ff., SAQ/RDV, Berneck 2004

[KOE 00] Koeppler, K.: Strategien erfolgreicher Kommunikation – Lehr- und Handbuch, R. Oldenbourg Verlag, München/Wien 2000

[MEC 02] Mechlinski, M.: Denken in Prozessen – Vier Kernelemente der Prozessorientierung, in: *Management und Qualität*, Bd. 37, H. 4, S. 42 ff., SAQ/RDV, Berneck 2002

[MOL 03] Molitor, M.; Overheu, A.: Prozessorientierung – Mit Pragmatismus zur Perfektion, in: Berichte zum Qualitätsmanagement, Konferenz-Einzelbericht, GQW Gesellschaft für Qualitätswissenschaften e. V., Bd. 5, S. 17–33, Shaker Verlag, Aachen, 2003

[PFE 01] Pfeifer, T.: Qualitätsmanagement – Strategien Methoden Techniken, 3. Aufl., Carl Hanser Verlag, München/Wien 2001

[PFE 02] Pfeifer, T.; Borghese, H.: Kommunikation managen und systematisch integrieren – Gestaltung eines prozessorientierten Systems zum Kommunikationsmanagement, in: *wt Werkstatttechnik online*, 92. Jg., H. 10, S. 536–541, Springer VDI-Verlag, Düsseldorf 2002

[PRE 95] Prefi, T.: Entwicklung eines Modells für das prozessorientierte Qualitätsmanagement, FQS-Schrift 92-02, Beuth Verlag, Berlin/Wien/Zürich 1995

[SEG 02] Seghezzi, H.-D.: Messen und bewerten – Leistungs- und Unternehmensqualität erfassen, in: *Management und Qualität*, Bd. 37, H. 1, S. 17–21, SAQ/RDV, Berneck 2002

[ZOL 01] Zollondz, H.-D.: Lexikon Qualitätsmanagement – Handbuch des modernen Managements auf der Basis des Qualitätsmanagements, Oldenbourg Wissenschaftsverlag, München/Wien 2001

16 Umfassende Unternehmensqualität im 21. Jahrhundert

Walter Masing

Das Buch zum Gedenken an Walter Masing soll mit einem Vortrag von ihm anlässlich der Bochumer Qualitätstage 1996 zum Thema „Umfassende Unternehmensqualität im 21. Jahrhundert" abgeschlossen werden. Damit möchten wir zum Ausdruck bringen, dass die Gedanken von Walter Masing und seine das Qualitätsmanagement in Deutschland maßgeblich prägenden Aussagen nach wie vor und auch in Zukunft ihre Bedeutung beibehalten werden.

Herr Professor Schnauber hat mich gebeten, heute einige Gedanken zum Thema „Umfassende Unternehmensqualität im 21. Jahrhundert" vorzutragen. Nun habe ich aber Physik und nicht Metaphysik studiert, und, obwohl ich mich einiger nützlicher Gaben erfreue, gehört Wahrsagen nicht dazu.

Nehmen Sie folgende Überlegungen für das, was sie sind: Die Gedanken eines Mannes, der Erfahrungen eines langen Lebens in Worte fasst, ohne den Eindruck erwecken zu wollen, er verkünde ewige Wahrheiten. Wir werden dabei Grenzen erkennen müssen, die dem Management der Qualität gezogen sind. Wir werden jedoch auch Mittel und Wege nennen, die diese Grenzen gewiss nicht beseitigen, aber doch weiter verschieben können, wenn wir den Mut und die Kraft dazu aufbringen.

Qualitätsmanagement ist noch ein recht neuer Begriff, aber die Beschäftigung mit Qualität ist so alt wie die Menschen selbst. Immer schon musste für den Gebrauch geeigneter gemacht werden, was die Natur anbot: Den Flintstein zu spalten, das Schaf-Fell zu gerben war die Aufgabe. Wenn das schon für die Subsistenzgesellschaft galt, um wie viel wichtiger ist es für ein marktwirtschaftliches System, in dem Waren für den Verkauf an Dritte hergestellt werden.

Derartiges muss geplant, ausgeführt und beurteilt, ggf. korrigiert werden. Das Deming'sche Rad rollte also schon im Neandertal wie heute, wo es um Qualität geht. Und wo geht es nicht um Qualität? Man kann es nicht oft genug sagen:

Qualität ist gewiss nicht alles,
aber ohne Qualität ist alles nichts.

Der Mathematiker würde sagen, dass Qualität eine notwendige, leider aber nicht hinreichende Bedingung für den Erfolg im Wirtschaftsleben ist und das nicht nur dort.

Qualität war niemals selbstverständlich, sie darf andererseits auch nicht dem Zufall überlassen werden, dazu ist sie zu wichtig. Aber ein Selbstläufer ist sie nicht.

Qualität im Kunden-Lieferanten-Verhältnis

Sie werden sicherlich meine Meinung teilen, dass die Bedeutung der Qualität dessen, was wir essen, womit wir fahren, worin wir wohnen, und auch aller Dienstleistungen im 21. Jahrhundert eher noch zunehmen wird. Das heißt, dass nicht nur die Anforderungen und Erwartungen der Kunden an die Beschaffenheit der Produkte, also der Waren und Dienstleistungen als solche, steigen werden, sondern auch, dass die Akzeptanz der Nichterfüllung dieser Anforderungen und Erwartungen, also von Fehlern, sinkt. Es liegt in der Natur des Menschen, dass er neue Anforderungen konzipiert, sobald die gegenwärtig gültigen erfüllt sind. Wäre es nicht so, wohnten wir heute noch in Höhlen und fristeten unser Leben als Sammler und Jäger. Wir erschlügen einander höchst unwirtschaftlich mit Spieß und Keule, statt viel effektvoller mit Atombomben. Die Anforderungen richten sich nicht nach dem gegenwärtig Machbaren. Sie sind zunächst immer mehr oder weniger utopisch. Aber sie sind da, sie „stehen im Raum", wie man sagt. Weil sie da sind, werden neue Wege gesucht, um sie zu realisieren. Wir sehen ein faszinierendes Wechselspiel von Anforderungen, die Realisierungen auslösen, und Realisierungen, die Anforderungen erzeugen.

Dieses Wechselspiel läuft überall, wo Menschen tätig sind: Maschinenbau, Verkehr, Kommunikationstechnik, Chemie und das große Gebiet der medizinischen Versorgung. Überall schaffen Wünsche Möglichkeiten und Möglichkeiten Wünsche. Ein Ende dieser Kette ist nicht zu sehen, es ist noch nicht einmal denkbar.

Dabei verschieben sich die Akzente. Stand früher die Produktivität im Mittelpunkt, der sich alles unterordnete, so gewinnen heute Akzente wie Sozialverträglichkeit und Umwelt deutlich an Interesse.

Anforderungen beziehen sich auf einzelne Qualitätsmerkmale, oft auch auf ganze Merkmalsgruppen. Der Kunde trägt sie vor, der Hersteller vergleicht sie mit seinen

Ressourcen, man wird sich einig, der Auftrag erteilt. So läuft es am Zeitungskiosk und im Restaurant, beim Steuerberater oder im Reisebüro, in der Chefetage beim Vertrag über das neue Kraftwerk oder im Ministerbüro bei der Vergabe des Auftrags für die Autobahnbrücke.

Sind damit 100 % Qualität gesichert? Gewiss nicht. Der Kunde hatte gesagt: „hellgrau" oder „möglichst leicht". Derart vage Anforderungen lassen unterschiedliche Interpretationen zu. Sie sind der Übergang zu einer noch unbestimmteren Klasse von Merkmalen, die der Kunde voraussetzt, ohne sie zu erwähnen, die Erwartungen.

Vage formulierte Anforderungen und nicht richtig erkannte Erwartungen bilden eine der Grenzen im Qualitätsgeschehen. Doch dieses Problem ist lösbar. Bei auf Bestellung gefertigten Waren (und dies gilt auch für Dienstleistungen) gibt es kein Naturgesetz, das es unmöglich machte, Anforderungen und Beschaffenheit in Übereinstimmung zu bringen, d. h. Qualität zu erzeugen. Die Grenze zieht der Mensch durch sein Verhalten. Das wird auch im 21. Jahrhundert so sein.

Im Gegensatz dazu besteht diese Grenze aus sachlogischen Gründen bei massengefertigten Produkten. Diese wenden sich an den Massenmarkt. Diesen Massenmarkt bilden aber Individuen, die ihre eigenen Anforderungen und Erwartungen haben. Jedes belegt eine Eigenschaft des Produkts mit einem unterschiedlichen Gewicht. Es wäre Zufall, wenn sich Kundenwunsch und Produktbeschaffenheit auf der für beide akzeptablen Preisebene einmal wirklich deckten.

In dieser Situation müssen Kunde und Anbieter zu Kompromissen bereit sein. Der Anbieter sorgt für Typenvielfalt und schafft so dem Kunden Auswahlmöglichkeiten. Der Kunde passt seine Wünsche dem Angebot an. Volle Zufriedenheit ist dabei eher die Ausnahme als die Regel. Damit werden wir auch im 21. Jahrhundert leben müssen.

Qualität im Unternehmen selbst

Wenden wir uns nun dem Geschehen innerhalb des Unternehmens zu. Hier entstehen die Kosten, die den Gewinn des Unternehmens bestimmen. Der Preis bildet sich ja am Markt unter Einfluss des Wettbewerbs. Fehler, die an irgendeiner Stelle des Unternehmens entstehen, erhöhen die Kosten und mindern den Gewinn, weil die Fehler gesucht, gefunden und korrigiert werden müssen. Der Markt akzeptiert sie heute weniger als gestern und dieser Trend setzt sich fort.

In einem Markt mit geringer Dynamik hat man Zeit, aus Fehlern zu lernen. Man erkennt im Laufe der Arbeit die Ursachen der Fehler und beseitigt sie. Diese Märkte sind für ein hochentwickeltes Industrieland wie Deutschland weitgehend verloren. Andere können genauso gut und dabei viel billiger liefern. Diese Art Waren müssen wir mit sehr komplexen Prozessen herstellen, wenn wir im Wettbewerb bestehen wollen. Wir verlagern dabei die Dynamik in die Gestaltung der Prozesse. Dort brauchen wir hohe Innovationsraten, um den Wettbewerbsvorteil zu halten.

Leider heißt das, dass die Zeit, die zur Beseitigung der Fehlerursachen zur Verfügung steht, immer knapper wird. Und so gibt jede Innovation neue Impulse für das Qualitätsmanagement. Es handelt sich dabei nicht nur um neue technische Abläufe. Organisatorische Innovationen haben die gleichen Folgen. Man denke nur an das Stichwort „Simultaneous Engineering". Ich sehe hier große Aufgaben für das Qualitätsmanagement, aber nur sehr wenig Substanz bei deren Lösung. Die Problematik ist doch mit Händen zu greifen. Zunehmende Komplexität steigert das Fehlerpotential, mit dem sich das Qualitätsmanagement auseinander setzen muss. Während aber das technische Fehlerpotential nur linear mit der Komplexität wächst und damit – wenn schon mit Schwierigkeiten – beherrschbar bleibt, nimmt das logistische Fehlerpotential exponentiell zu. Es ist leicht zu sehen, dass man sich dabei einer Qualitätsschallmauer nähert.

Diese Entwicklung zu beklagen ist wenig sinnvoll. Wir leben heute unter den Bedingungen von heute und schon heute gilt:

- Wer zu spät kommt, findet den Markt besetzt.
- Wenn er sich über den Preis hineindrängen will, bleibt ihm eine zu kleine Marge, um seinen Fortbestand zu sichern.

Fundierte Untersuchungen haben immer wieder gezeigt, dass nicht so sehr die Großen die Kleinen, als vielmehr die Schnellen die Langsamen fressen. Wenn sie das heute schon tun, um wie viel mehr wird es in Zukunft so sein.

Lösungsansätze

In dieser Situation sollte das Qualitätsmanagement auf einen Gedanken zurückgreifen, der auf Armand V. Feigenbaum zurückgeht. Danach sind für Waren in unterschiedlichen Marktphasen unterschiedliche Qualitätsmerkmale wichtig.

In der Pionierphase geht es vor allem um die Neuheit des Produkts. Es muss funktionieren, jedoch spielt die Zuverlässigkeit nur eine geringe, die Wirtschaftlichkeit eine völlig untergeordnete Rolle. Viele Produkte verschwinden schon in dieser Phase vom Markt. Es wäre somit völlig kontraproduktiv gewesen, besonderen Aufwand für deren Reparaturfähigkeit zu betreiben.

Anders bei den Produkten, die die Pionierphase überleben. Sie werden im Laufe der Zeit Gebrauchsgegenstände. Jetzt wird Funktionssicherheit vorausgesetzt und Wirtschaftlichkeit wie Lebensdauer werden wichtig. Geschicktes Qualitätsmanagement muss die Prioritäten kennen und entsprechend agieren. Das kann viel Aufwand und vor allem viel Zeit sparen.

Um die Komplexität logistischer Abläufe in den Griff zu bekommen, schlägt Professor Warnecke vor, sich an Organisationsformen der Natur ein Beispiel zu nehmen. Sie bringt es fertig, ungemein komplexe Organismen lebensfähig zu halten, indem sie sie als ein aufeinander abgestimmtes Konglomerat von einzelnen definierbaren, sich selbst regelnden und auf die Umwelt reagierenden „Fraktalen" organisiert. Der nach wie vor erforderlichen Zentrale bleiben allgemeine strategische Leitfunktionen. Alles andere wird dezentralisiert. Es gibt inzwischen schon interessante Ansätze auf der Basis dieses Konzeptes in Deutschland.

Menschenbedingte Grenzen

Der wichtigste Aspekt dessen, was uns im kommenden Jahrhundert erwartet, fehlt freilich noch: die Grenze, die unser Wollen zieht. Wollen wir überhaupt Qualität?

Das ist gar nicht so sicher. Vor der Autobahnbaustelle steht ein Schild, das in einem roten Kreis die Zahl 50 zeigt. Wer von Ihnen will behaupten, er habe diese Aufforderung strikt eingehalten, wenn nirgends Polizei zu sehen war und er eine völlig freie Strecke vor sich hatte? Unter diesen Bedingungen entsteht eine erhebliche Differenz zwischen der Anforderung hinsichtlich der Schnelligkeit und der Beschaffenheit des Tempos. Wenn nun gesagt wird, es handele sich nicht um eine Kundenanforderung, und nur auf diese beziehe sich der Qualitätsbegriff nach DIN ISO 8402, ließe sich darüber lange diskutieren. Lassen wir das. Betrachten wir lieber das Geschehen im Geschäft. Hier will der Kunde seine Wünsche voll erfüllt sehen, der Lieferant einen auskömmlichen Gewinn erzielen und beide sich auf einen akzeptablen Termin einigen. Ein langes Leben in der Industrie hat mich gelehrt, dass dies alles in der Regel nicht zur Deckung zu bringen ist. Die Hauptrolle spielt das gegenseitige Abhängigkeitsverhältnis. Eine Kunden-Lieferanten-Beziehung zwischen nicht aufeinander angewiesene Partner läuft eben anders als eine zwischen Partnern, die als Kunde oder Lieferant von anderen abhängig sind.

In der Mehrzahl der Fälle ist der Kunde, zumal als Großunternehmen, in der dominierenden Position. Als solcher stellt er überhöhte Anforderungen, drückt den Preis nach Kräften und verlangt extrem kurze Lieferfristen. Der Lieferant, auf den Auftrag angewiesen, versucht unter diesen Umständen mit zweifelhaften Mitteln einen bescheidenen Gewinn zu erwirtschaften. Er konzentriert seine Bemühungen auf die Qualitätsmerkmale, die der Kunde beim Wareneingang prüfen kann. Alles andere wird nebensächlich. Die Handlungsweise beider Partner ist verständlich und üblich. Qualitätsfördernd ist sie nicht. Sie beruht auf beiden Seiten auf Misstrauen. Das

Schlimme daran ist der Teufelskreis, in dem sich beide Partner befinden. Das Misstrauen vertieft sich und führt zu immer extremeren Forderungen, denen der andere Partner mit immer extremeren Maßnahmen begegnet. Ganz Ähnliches gilt auch für interne Kunden-Lieferanten-Beziehungen innerhalb des Unternehmens.

Diesen Teufelskreis gilt es aufzuschlagen. Dafür gibt es zwei unterschiedliche Vorgehensweisen.

Die erste greift das Problem an seiner ethischen Wurzel an. Ihr Wortführer ist der bekannte amerikanische Qualitätsguru Dr. Deming mit seiner großen Vision von einer besseren Welt ohne Misstrauen und Hinterhältigkeiten. Ein wunderbarer Gedanke! Jeder nickt zustimmend, der ihn hört, es ist ja auch alles gut und richtig. Wer wollte nicht in einer besseren Welt leben? Aber das Tagesgeschäft läuft bei uns nun einmal anders. Der ideal-ethische Ansatz verlangt von erfolgreichen leitenden Leuten nichts weniger als eine Umkehr im Denken. Selbst wenn die zugeben, dass man dies und das anders machen sollte, greifen sie auf bewährte Denkmuster zurück, wenn es einmal darauf ankommt.

Wilhelm Busch hat ein Bild gezeichnet, das uns in diesem Zusammenhang nachdenklich macht. Man sieht einen Kauz mit höchst griesgrämigem Gesicht auf einem Ast sitzen, während im Hintergrund der Vollmond aufgeht. Dazu die Unterschrift:

> *„Der holde Mond erhebt sich leise.*
> *Ein alter Kauz denkt nur an Mäuse."*

In einem marktwirtschaftlichen System denkt die ganze Wirtschaft nur an „Mäuse" und sie muss es auch. Das wird auch im 21. Jahrhundert nicht anders sein, weil sich niemand vorstellen kann, dass wirtschaftlicher Erfolg nicht in Geld bewertet wird. Das bedeutet aber, dass wir nur über diesen Ansatz eine Chance haben, das Qualitätsproblem wirklich zu lösen. Alles andere ist eine Symphonie in Frust. Ich bedauere ehrlich, das sagen zu müssen.

Die zweite Vorgehensweise, um die menschlich bedingten Grenzen im Qualitätsgeschehen weiter hinauszuschieben, ist die Quantifizierung der finanziellen Folgen unzureichender Qualität im externen wie im internen Bereich. Wir müssen den bekannt-berüchtigten Eisberg der Fehlerkosten zum Aufschwimmen bringen. Damit wäre erstmals eine Kosten-Nutzen-Rechnung für Qualität möglich und Entscheidungen würden auf eine feste, nachvollziehbare Basis gestellt.

Bevor wir also darauf warten, dass sich alles durch Mahnen, Bereden und kluge Schriftsätze zum Besseren wenden werde, sollten wir unsere ganze Energie und unsere ganze Phantasie auf Machbares konzentrieren. Unsere Aufgabe an der Wende zum nächsten Jahrhundert heißt also, qualitätsfördernde Änderungen im System unserer

Kostenrechnung zu erreichen. Unser Kontenrahmen ist nicht vom lieben Gott gemacht. Er ist reparaturbedürftiges und reparaturfähiges Menschenwerk.

Ich will Ihnen Mut machen, nicht nachzulassen im Bemühen, die rein menschlich bedingten, also auch von Menschen verschiebbaren Grenzen der Machbarkeit im Qualitätsgeschehen zu beseitigen. Welche Aufgabe! Um mit Ihnen dieses Ziel zu verwirklichen, nur darum wünsche ich, noch einmal 30 aktive Jahre vor mir zu haben. So muss ich es Ihnen überlassen, tue es aber in der festen Überzeugung, Sie werden es schaffen.

Diese Ausführungen von Walter Masing machen deutlich,
dass er mit seinen Gedanken nach wie vor aktuell und unter uns ist.

Walter Masing ist tot, es lebe Walter Masing!

Autoren

Horacio Borghese, Dipl.-Ing., ist Senior Consultant bei Capgemini Deutschland GmbH im Bereich Automotive, Manufacturing & High Technology. Vorher war er wissenschaftlicher Mitarbeiter am Lehrstuhl für Fertigungsmesstechnik und Qualitätsmanagement des Laboratoriums für Werkzeugmaschinen und Betriebslehre (WZL) der RWTH Aachen.

Hans-Jörg Bullinger, Prof. Dr.-Ing. habil. Prof. e. h. Dr. h. c., ist Präsident der Fraunhofer-Gesellschaft mit Sitz in München. Vorher leitete er das Fraunhofer-Institut für Arbeitswirtschaft und Organisation IAO in Stuttgart und zusätzlich das Institut für Arbeitswissenschaft und Technologiemanagement (IAT) der Universität Stuttgart.

Tito Conti, Dr., is a consultant in organizational quality, in particular organizational diagnosis for performance improvement. He is member of the formal Assessment Task Forces of the two largest Italian Universities, La Sapienza in Rome and Francesco II in Naples. He is Vice President of the International Academy for Quality.

Su Mi Dahlgaard-Park holds BA in Political Science & Diplomacy at Yonsei University in Seoul, Korea, BA, MA and Magister degree in East Asian Study at the Aarhus University, Denmark, Licentiate as well as Doctoral degree in Business Administration from Linköping University, Sweden.

Jens J. Dahlgaard is currently chair and professor at the Division of Quality Technology at Linköping University, Sweden. He was one of the founders of the Danish Quality Award (1993) and has been serving as the chairman of the jury. In 2005 he received the Lancaster Medal from American Society for Quality.

Regina von Diemer, Dipl. Psych., ist selbständige Unternehmensberaterin ip – Industrielle Psychologie in Königstein/Taunus. Ihr Arbeitsschwerpunkt liegt in der Begleitung von Organisationen bei der Einführung, Umsetzung und Weiterentwicklung von Managementsystemen und Veränderungsmaßnahmen. Sie ist Vorstandsmitglied der DGQ e.V.

Armand V. Feigenbaum, Dr., is President and CEO of General Systems Company, a global leader in implementing greatly improved results in many of the major manufacturing and services companies throughout the world by designing and installing proprietary management operating systems.

Willi Fuchs, Dr.-Ing., ist Direktor und geschäftsführendes Präsidiumsmitglied des VDI. Er ist Vorstandsvorsitzender der ASIIN, Vize Präsident der FEANI und Mitglied mehrerer Aufsichtsratgremien. Der Deutschen Gesellschaft für Qualität e. V. stand er von 1994 bis 1998 als Vorstandsmitglied und von 1996 bis 1998 als deren Präsident zur Verfügung.

Kevin Hendricks is a Professor of Operations Management and Information technology at the Richard Ivey School of Business, London, Ontario, Canada. He has a Bachelor (1983) in Electrical Engineering, Master (1984) in Electrical Engineering, and Ph. D. (1990) in Operations Management, all from Cornell University at Ithaca, New York, USA.

Gerd F. Kamiske, Prof. Dr.-Ing., war Leiter der Qualitätssicherung bei VW, Wolfsburg, Professor für Qualitätswissenschaft an der TU Berlin und langjähriger Herausgeber der Zeitschrift QZ Qualität und Zuverlässigkeit.

Yoshio Kondo, Dr., is professor emeritus of Kyoto University, Japan. His present major interest is human motivation, creativity, leadership and participation in the field of quality management. He was graduated from Department of Metallurgy, Kyoto University in 1945. He was Associate Professor, 1950 to 1961, Professor, 1961 to his retirement in 1987.

Bernhard von Mutius, Dr., ist Sozialwissenschaftler, Philosoph und Autor. Er arbeitet als Grenzgänger und Vermittler zwischen Wissenschaft und Praxis an strategischen Zukunftsprojekten für Führung, Innovation und Organisation.

Peter Ohlhausen, Dipl.-Ing., ist Dozent an der Universität Stuttgart und an der Linzer Management Akademie. Seine aktuellen Arbeitsfelder sind Wissens- und Innovationsmanagement.

Tilo Pfeifer, Prof. Dr.-Ing. Dr. h.c. mult. Prof. h.c., ist Professor im Laboratorium für Werkzeugmaschinen und Betriebslehre (WZL) an der RWTH Aachen und war dort bis zu seiner Emeritierung 2004 Inhaber des Lehrstuhls Fertigungsmesstechnik und Qualitätsmanagement. Er ist Vorsitzender des wissenschaftlichen Beirates der Deutschen Gesellschaft für Qualität e.V. (DGQ).

Robert Schmitt, Prof. Dr.-Ing., leitet den Lehrstuhl für Fertigungsmesstechnik und Qualitätsmanagement. Er ist Direktoriumsmitglied des Fraunhofer-Instituts für Produktionstechnologie IPT. Vorher war er bei der MAN Nutzfahrzeuge AG für die LKW-Produktion am Standort Steyr (A) verantwortlich.

Herbert Schnauber, Prof. em. Dr.-Ing. habil, war Inhaber des Lehrstuhls Arbeitssystemplanung und -gestaltung am Institut für Arbeitswissenschaft der Ruhr-Universität Bochum. Er ist Gründer der Innosys GmbH, seit 1994 Mitglied des Vorstandes der Deutschen Gesellschaft für Qualität (DGQ) und seit 1998 deren stellv. Präsident.

Hans Dieter Seghezzi, Prof. Dr., ist Professor emeritus der Universität St. Gallen, wo er Vorsitzender des Instituts für Technologiemanagement war. Davor war er bei HILTI AG Schaan/Liechtenstein in der Konzernleitung tätig.

Vinod Singhal is a Professor of Operations Management at the College of Management at Georgia Tech, and Associate Director for the Center for Paper Business and Industry Studies, an industry center funded by the Sloan Foundation.

Jürgen Varwig, Dr., ist Präsident der Deutschen Gesellschaft für Qualität e.V. (DGQ). Davor war er Director Quality Management BASF Group und Leiter Fachberatung bei der BASF.

Kristina Wagner, Dipl.-Ing., ist wissenschaftliche Mitarbeiterin am Fraunhofer Institut für Arbeitswirtschaft und Organisation IAO und leitet das Competence Center „Rapid Product Development" am Fraunhofer IAO.

Gregory H. Watson is Chairman of Business Systems Solutions International, Inc. and Assistant Professor in the Department of Industrial Engineering and Management at Oklahoma State University where he teaches distance learning courses on engineering technology and management.

Klaus J. Zink, Prof. Dr., ist Professor an der Technischen Universität Kaiserslautern (Lehrstuhl für Industriebetriebslehre und Arbeitswissenschaft). Neben seiner Tätigkeit in der Lehre leitet er das „Institut für Technologie und Arbeit" an der Universität Kaiserslautern. Er ist Vorsitzender der Jury für den Ludwig-Erhard-Preis.